公共管理学

（第三版）

张 良 编著

華東理工大學出版社
EAST CHINA UNIVERSITY OF SCIENCE AND TECHNOLOGY PRESS
·上海·

图书在版编目(CIP)数据

公共管理学/张良编著. —3版. —上海：华东理工大学出版社，2017.12(2025.7重印)

ISBN 978-7-5628-5250-6

Ⅰ.①公… Ⅱ.①张… Ⅲ.①公共管理—高等学校—教材 Ⅳ.①D035-0

中国版本图书馆CIP数据核字(2017)第267261号

项目统筹 / 刘 军
责任编辑 / 刘 军
装帧设计 / 戚亮轩
出版发行 / 华东理工大学出版社有限公司
地址：上海市梅陇路130号，200237
电话：021-64250306
网址：www.ecustpress.cn
邮箱：zongbianban@ecustpress.cn
印 刷 / 上海邦达彩色包装印务有限公司
开 本 / 889 mm×1194 mm 1/32
印 张 / 10.75
字 数 / 278千字
版 次 / 2017年12月第3版
印 次 / 2025年7月第2次
定 价 / 39.00元

第 三 版 序

进入 21 世纪后，我国公共管理在实践探索和理论研究两个方面都取得了丰硕的创新成果，公共管理学科也有了长足的进步和发展。公共管理学界在关涉公共管理学的一系列重大问题上（如研究对象、学科性质、领域范围、发展方向等）形成了越来越多的共识。

公共管理学教材必须吸收和反映公共管理实践创新和理论创新的最新成果，更好地体现公共管理学所具有的综合性和实践性特征。按照追根溯源和与时俱进相结合的要求，本书在基本保持《公共管理学》第二版原有脉络和面貌的基础上作了较多的修订，部分章节进行了改写和重写。

《公共管理学》第三版主要在以下四个方面作了较大变动：第一，吸收新的学术研究成果。梳理我国公共管理领域学术研究的进展，对相关章节进行了补充和一定程度的改写。第二，整体调整部分章节内容。依据公共管理学研究重点的变化，对第八章、第九章进行了重写，对第七章、第十章进行了较大幅度的改写。第三，增加新的教学案例。为反映公共管理实践创新的新成效，替换了部分章节所附的教学案例，新的教学案例大部分是作者实地调研的成果。第四，统一全书编写体例。为了有利于学生更好地使用本教材学习，对全书编写体例进行统一规范，每章由六个部分组成：内容提要、本章主体、教学案例、主要概念、提示问题和章节文献。

希望《公共管理学》第三版能够为公共管理学科本科生、研究生以及公共管理硕士(MPA)学员,学习和理解公共管理学的基本理论和方法提供有效的帮助。

张 良

2017 年 10 月

第二版前言

20 世纪 90 年代中期，在经济体制改革和科学技术革命双重动力的推动下，我国政府职能转变和管理体制变革的任务被提上了重要的议事日程。与此同时，“新公共管理”运动正如火如荼地向全球蔓延。“新公共管理”运动的目标与我国政府改革的方向存在许多契合之处。华东理工大学行政管理系的教师敏锐地观察到了这一变化趋势，提出了在行政管理专业建设中融入公共管理新内核的设想。

从 1993 年 6 月筹建行政管理专业时起，我们就“双管齐下”开始探索我国公共管理的理论：一方面，了解公共管理的现实需要和发展态势；另一方面，对公共管理的理论进行系统研究，把握公共管理理论的前沿进展和发展趋向。

1994 年至 1996 年，我们在行政管理专业本科教学中开设了“公共管理发展研究”专题讲座，系统介绍全球公共管理理论的最新进展，实证分析我国公共管理实践的状况和问题。这可以看作是在传统行政管理的深宅大院中引进了公共管理的清新气息。

1997 年，我们在行政管理专业中正式开设了作为“公共管理学”课程前身的“公共管理导论”课，并出版了专著《公共管理导论》(张良、何云峰、郑卒著，上海三联书店 1997 年 9 月版)。这既是我国高校最早开设的公共管理学方面的课程，也是我国最早出版的公共管理学研究著作之一。

在跨入新世纪之际，我国兴起了学习和研究公共管理学的热潮。国际上“新公共管理”运动的理论和实践被大量介绍到国内，同时，国内各地区各部门积极推进公共管理改革的实践，取得了明显成效。在此背景下，许多高校的行政管理专业纷纷开设“公共管理学”课程。2001 年起，我国开始试行公共管理专业硕士(MPA)。公共管理教学的快速发展迫切需要具有特色的公共管理专业教材。

在总结前几年公共管理学课程教学经验的基础上，结合公共管理理论的最新进展，本人出版了《公共管理学》一书(华东理工大学出版社 2001 年 9 月版)。作为当时为数不多的专业教材之一，该书有许多创新之处，引起了良好的反响，被一些大学用作专业课程的教材，其中的一些理论观点和概念被许多论者所引证。

在华东理工大学行政管理系开设“公共管理学”课程之初，我们就形成了一个重要共识，即公共管理学具有综合性和实践性的特征，在教学过程中必须充分体现这些特征和要求。根据这一共识，我们在组织课程教学内容时，注重不同学科知识的融合，注重对现实问题进行理论分析。在教学过程中特别强调“案例教学法”，以案例为中心阐述公共管理学的重要概念和理论核心。为此，我们专门组织编写了教学案例，以增强教学的现实感，提高学生理论分析能力和实际应用能力。案例教学过程被设计为四个步骤：介绍案例—提出问题—引导讨论—归纳小结。同时，邀请政府部门官员及相关研究人员来学校授课，向学生介绍我国公共管理发展的实际情况。

在实际的教学过程中，我们对以案例为中心进行教学的针对性和有效性有了进一步的认识。由于现有的教材较少有案例材料，不能完全适应案例教学的需要。本人根据实际教学的需要，对

《公共管理学》教材进行了修订，在此基础上推出了《公共管理学》第二版。与第一版相比，《公共管理学》第二版内容主要有三个方面的调整：第一，按照系统合理的要求，对全书结构做了微调；第二，根据近年来公共管理理论的新进展，对一些观点和提法进行了补充完善；第三，针对不同章节的理论要求，增加了具体的案例内容，以增强学习者的现实感。

在《公共管理学》第二版的修订过程中，本人注意吸收我国公共管理学界新的研究成果，并尽可能在书中作了说明和注释，但限于篇幅，未能全部列出，在此向有关作者表示感谢。同时，认真听取了华东理工大学相关专业本科生和研究生的建议，仅表谢忱。本人非常欢迎来自各方面读者的批评与建议，一旦条件成熟，将根据这些意见对本教材再作修订。

张　良

2005 年 7 月于上海

第一版序

2001年10月24日，华东理工大学行政管理系举办了“地方公共管理和公共政策研究暨课程建设研讨会”，正是在这次会议上，与会的上海市各高等院校、科研机构的专家学者们，一致建议把“都市公共管理和公共政策研究暨课程建设”作为华东理工大学行政管理系今后专业建设和学科发展的基本方向。

定位在“都市”，一是因为我国理论界关于特大城市、超大城市（即大都市、国际性都会）的研究尚是一个明显的薄弱环节；二是我国的特大城市或超大城市均是我国某一地区的中心，在带动区域经济、政治、文化的全面发展，实现城市一体化，促进我国的改革开放事业中起着举足轻重的作用；三是因为上海作为全国最具综合竞争力的城市，有可能率先建设成为国际性大都市，对上海的研究有一定的典型性和代表性，它将预示着我国大城市发展的美好前景。

定位在“都市”，既要看到都市政府及管理的特殊性，又要看到都市政府及其管理的普遍性，这种普遍性说明都市研究与地方政府及其管理的研究、中央政府及其管理的研究具有密切的相关性。

定位在“都市”，毫无疑问要关注都市的历史演变，包括都市功能、都市政府管理职能和体制的演变；要关注社会转型时期，有内源动力推动的我国都市政府及其管理体制的改革；要关注加入WTO以后，根据国际准则，由外部环境推进的我国都市管理体制的改革等。要认真研究与都市政府及其管理相关的一切新问题、新情况、新挑战和新机遇。

定位在“都市”,当然是把“特大城市、超大城市”作为研究的重点和立足点,但也并不否定对中小城市,甚至对小城镇的研究,原因在于绝大多数都市行政区域内部或都市群区域内部都包含着数量众多的卫星城、镇,包含着一定区域的农村及其县、镇(乡),这些都是研究“都市”的重要内容。

我们很高兴地看到华东理工大学行政管理系根据上述定位。正在抓紧时间编著“都市公共管理和公共政策”系列教材,在专业课程建设和学科研究方面开辟了一个新领域,拓展了一片新天地。

我们相信,华东理工大学行政管理系的教师们经过若干年的努力,在这个新领域和新天地里必然会有新作为、新发现、新创造和新贡献。

“都市公共管理和公共政策”系列教材

顾问委员会

2002年7月

目录 CONTENTS

第 1 章　导论 …… 1

第一节　公共事务：公共管理学研究的逻辑起点 …… 2

第二节　公共管理的基本内涵 …… 11

第三节　公共管理学的研究对象和方法 …… 14

第 2 章　公共管理的发展进程 …… 21

第一节　公共事务管理的演化与公共行政学的形成 …… 22

第二节　当代公共管理学发展的历史背景 …… 32

第三节　当代公共管理学发展的主导理论 …… 43

第 3 章　公共管理的原则和职能 …… 59

第一节　公共管理的原则 …… 60

第二节　公共管理的目标 …… 65

第三节　公共管理机构的职能 …… 76

第 4 章　公共管理的主体行为 …… 90

第一节　政府职能的重新定位 …… 91

第二节　国有公共企业的民营化改革 …… 101

第三节 社会组织的积极作用 …… 106
第四节 公共管理多主体的合作关系 …… 113

第 5 章 公共管理的运作过程 …… 127
第一节 公共管理问题的确认和目标的确立 …… 128
第二节 公共管理运作方案的决策 …… 133
第三节 公共管理运作方案的实施和修正 …… 147

第 6 章 公共管理的方式变革 …… 161
第一节 公共管理方式变革的市场化取向 …… 162
第二节 公共管理方式市场化的过程和形式 …… 166
第三节 公共管理方式市场化成效的评价 …… 180

第 7 章 公共管理的资源配置 …… 193
第一节 公共管理的资源配置机制 …… 194
第二节 公共管理的多元筹资模式 …… 199
第三节 公共支出的决定 …… 211
第四节 公共支出的效应分析 …… 216

第 8 章 公共管理评价体系 …… 227
第一节 公共管理评价的标准和方法 …… 228
第二节 公共项目的绩效评价 …… 236
第三节 公共服务的质量管理 …… 242

第 9 章 公共管理的组织战略 …… 260
第一节 公共组织战略管理内涵和要素 …… 261
第二节 公共组织战略管理过程和方法 …… 263

第三节　公共管理机构的形象战略…………………… 275

第 10 章　公共管理的发展展望 …………………… 292
第一节　现代信息技术发展的社会影响…………… 293
第二节　从电子政府到智慧政府…………………… 300
第三节　信息社会公共管理发展的条件和对策…… 311

后记 …………………………………………………… 329

第1章　导　论

本章提要

公共管理是社会公共组织以及社会其他组织推进社会整体协调发展、增进社会公共利益实现，通过制度创新和手段创新对公共事务进行调节和控制的活动。

公共管理发展的重要特点是基于合作取向的多元主体协同、多种手段配合、多维评价整合，在整体上提高公共管理能力和提升公共管理水平。

公共管理学是研究社会公共组织以及社会其他组织对公共事务进行管理的过程、原则和规律的科学。

公共管理学既是一门交叉性学科，涉及多种门类的学科和知识；又是一门应用性学科，为公共管理的实践提供系统的知识和理论，提炼新的模式。

公共管理学是研究社会公共组织以及社会其他组织对公共事务进行管理的过程、原则和规律的科学。在现代社会，政府作为社会公共组织最为典型和最为重要的主体，承担了大量管理社会公共事务、改善公众生活质量、保证社会有序运行、推动社会稳定发展的任务。随着科学技术的快速发展和经济社会的不断进步，对公共事务实施有效管理的重要性更加突出，同时，公共事务管理的传统理论、原则和方式也受到新的挑战，迫切需要进行变革和创新,探索新的方式,形成新的模式,以适应未来社会发展的要求。

管理作为一种普遍的社会活动,由来已久。在人类社会进入20世纪之后,管理活动日益频繁、管理内容更加丰富、管理外延不断扩展、管理方式愈加复杂,人们对管理的认识进一步深化,对管理的研究逐步深入。现代管理科学已经发展成为一个庞大的学科体系,除了专门研究现代管理一般规律的管理学原理之外,还有众多研究特定领域管理特殊规律的学科,例如经济管理学、社会管理学、军事管理学、科技管理学、教育管理学等。在上述大类划分的基础上,还可以进一步进行多层次的细分。公共管理学属于特定领域管理学的范围,研究的是公共事务管理的特殊规律和主要过程。

第一节 公共事务:公共管理学研究的逻辑起点

一、公共事务的内涵和特性

公共管理学从管理客体入手研究公共事务的管理。作为管理客体的公共事务是公共管理学研究的逻辑起点。

从一般意义上说,公共事务是相对于私人事务而言的,但是,学术界至今尚未形成普遍认可的关于公共事务的确切定义。造成这一状况的原因,一方面是由于公共事务客观上存在着不确定性,例如公共事务的范围多变,公共事务的内容重叠等;另一方面是由于各国(各地)社会发展的程度不同导致对公共事务的认识难以一致,因此对公共事务的理解必然歧见纷呈。

为了准确地认识公共管理学的学科边界及特点,首先必须对公共事务的内涵作出科学的界定。长期以来,经济学家对公共物品进行了深入的研究和详尽的分析，构建了较为完整的公共物品理论体系，可以为理解公共事务的内涵提供有益的启示。

公共物品是与私人物品相对应的概念，经济学理论对公共物品和私人物品作出了明确的区分："与来自纯粹的私有物品的效益不同，来自公共物品的效益牵涉对一个人以上的不可分割的外部消费效果。相比之下，如果一种物品能够加以分割因而每一部分能够分别按竞争价格卖给不同的个人，而且对其他人没有产生外部效果的话，那么这种物品就是私有物品，公共物品常常要求集体行动，而私有物品则可以通过市场被有效率地提供出来。"[1]

公共物品是指，物品和劳务的利益由社会成员共同享有，而不能为一个人所单独享有。虽然物品和劳务共同享有的范围可以有所不同，但是作为公共物品必然是人们能够集体使用这种物品，并共同享有其利益，而难以把集体使用部分与个人使用部分的获利加以区分。

从实际状态的角度分析，公共物品具有两个重要特征，即共同消费和非排他性。所谓共同消费是从物品使用的特点来看，即当某人在消费一定物品的同时，其他人也可以消费等量的同类物品。所谓非排他性是从物品的所有关系来看，即同一物品不仅供其占有者消费，而且无法排斥占有者以外的人消费。

如果把物品是否具有共同消费特征和是否具有排他性特征结合起来，可以得到物品的以下四种组合关系（表1.1）。

表1.1　物品不同特征的组合

		排他性	
		是	否
共同消费	是	Ⅰ	Ⅱ
	否	Ⅲ	Ⅳ

在这四种组合中,第Ⅱ种组合是同时具有共同消费和非排他性特征的物品,这是典型的公共物品;第Ⅲ种组合是既不具有共同消费特征,又不具有非排他性特征的物品,这是典型的私人物品。而第Ⅰ种组合是具有排他性质的共同消费的物品;第Ⅳ种组合虽然具有非排他性特征,但是难以做到完全的共同消费的物品。也就是说,第Ⅰ种组合和第Ⅳ种组合所代表的物品介于典型公共物品与典型私人物品之间,如果其更倾向于典型公共物品的性质,可称之为准公共物品。在现实社会生活中,典型公共物品是少数,大部分是准公共物品。因此,在一般情况下,公共物品的范围不仅包含准公共物品,并且准公共物品占据大部分比例。

这里需要强调指出两点:第一,公共物品和私人物品的理论划分与社会制度之间没有必然联系,私有制国家照样存在公共物品,公有制国家也存在私人物品。第二,不同社会中公共物品的范围存在着客观的差别,这既受到社会发展程度的制约,也受到社会制度性质的规定,例如森林、土地、矿产资源等在私有制国家完全可以为私人所有,其公共性并不确定;而在公有制国家则为国家(或集体)所有,具有较强的公共性,并且往往以法律形式予以明确规定。

公共物品不仅直接表现为物质形式,也可以表现为服务形式。由此引申出可以更加准确地说明公共事务的涵义。如果说公共物品这一概念是对物品的客观状态或性质进行界定的话,那么公共事务则是对公共物品形成过程和产生效能的实际描述。

公共事务是指,涉及全体社会公众整体的生活质量和共同利益的一系列活动,以及这些活动的实际结果。

从公共事务的定义可以反映出公共事务的四大基本特征。

第一,公益性。公益性是指公共事务的受益对象是全体社会公众。虽然社会公众的具体范围可大可小,但既为公共事务也就意味着社会中的全体社会公众都可以享受这种利益，也就是说，与公共事务有关的物品和服务既是由全体社会公众来享用，又是整个社会发展必不可少的条件。因此，公共事务的公益性反映的是代表社会整体利益和体现社会发展方向的公共利益。

第二，非营利性。非营利性是指提供与公共事务有关的管理和服务不能以获取利润为目的。公共事务的公益性决定了在一般情况下，社会公众在享受与公共事务有关的物品和服务时是不需要交费的。有时在下面三种情况下也可以采用收费的办法：第一种情况是为了弥补在提供与公共事务有关的管理和服务过程中的资源不足；第二种情况是为了平衡在享受与公共事务有关的物品和服务方面存在的实际差异；第三种情况是避免在享受与公共事务有关的物品和服务中可能出现的过度现象。但是，这三种情况下的收费都不是以获取利润进行分配为目的。

第三，规模性。公共事务的规模性有两层意思：其一，公共事务对于社会整体而言是不可分割的，这虽然有技术上的因素，但更主要的是强调"共同"的特质；其二，公共事务的范围十分庞大，建立覆盖全社会的与公共事务有关的公共设施和公共服务体系需要大量的投入，而且大部分属于经常性支出，同时，与公共事务有关的许多设施和服务必须达到一定规模后才能体现应有的整体效益。公共事务的规模性要求公共管理主体具有较强的资源整合能力。

第四，阶级性。由于人类社会相当长的时期处在阶级社会，社会的共同利益中必然包含着统治阶级的利益要求，公共事务的具体内容也要求满足统治阶级的需要。从阶级性的角度可以把公共事务分成两类：一类反映长期历史发展的客观要求；另一类反映特定阶段统治阶级的特殊要求。当然，这种区分并非一成不变，它的变动往往取决于统治阶级对于社会整体利益的认识和判断。

就实际状态而言，公共事务的边界随时空变化而呈现动态变化，也就是说，对于公共事务构成内容及现实边界的观察要有动态可变的观念,但是,公共事务的“公共性”本质是清晰明确的。概而言之,在现实社会中,公共事务内涵的“公共性”本质源自四个方面的要求。(1) 外部效应解决的要求。根据经济学理论,外部效应是指经济主体(厂商或消费者)的经济活动对其之外的其他人的福利所产生的影响。这种影响既可能是有利影响,也可能是不利影响,而有利影响带来的收益或不利影响带来的成本,都不是由造成外部效应的厂商或消费者所获得或承担。[2]外部效应的存在意味着经济主体的一部分活动没有在市场价格中得以体现,使市场机制无法实现对资源的优化配置,转而成为“公共”问题。(2) 生活质量提升的要求。社会公众的实际生活状况既取决于物质财富的积累,也取决于社会公共服务的供给。在现代社会,随着社会物质财富的积累和丰富,社会公众的生活水平也不断提高,因此,对生活质量提出了更高的要求,而生活质量的提升依赖于社会提供公共服务的整体能力和水平。(3) 公民权利实现的要求。从法学角度看,公民权利是作为一个国家的公民所享有的公民资格和与公民资格相关的一系列政治、经济和文化权利。[3]公民权利是社会成员的个体自主和自由在法律上的反映,是国家对公民所承诺和维护的权利,因此,要通过公共政策供给和公共资源配置,为公民权利的实现提供基础和保障。(4) 社会发展理想的要求。自古以来,无论是东方的“大同”社会还是西方的“理想国”,都寄托着对权益平等、安居乐业、享有自由、每个社会成员都可以得到全面发展的理想社会的向往和追求,这既是社会发展的动力来源,也是社会进步的价值尺度,因而是一种全社会“公共”的目标和要求。

公共事务所具有的“公共性”本质,要求对公共事务的管理必须具有一定的权威性,这种权威性集中表现为公共权力中心。在现代社会,公共权力中心的主要表现形式或承担者是政府,也就是说,政府作为公共权力中心掌握了社会的公共权力,从而具备了管理公共事务的权威性,由此,管理公共事务就成为政府的重要职能。

二、公共事务的构成内容

公共管理以公共事务作为管理对象，对于公共事务的具体构成内容存在不同的划分标准。依据公共事务现实存在状态，可以把公共事务的具体构成内容划分为公共问题、公共项目和公共财产。

1. 公共问题

在任何社会和任何时代，都面临着这样或那样需要重视和解决的问题，其本质是现实状况与理想目标之间存在的差距，这些问题被统称为社会问题。但是，现实中的社会问题又是多种多样的，而且，在不断得到解决的同时又会不断发生新的问题。因此，公共管理不可能解决所有的社会问题。社会问题只有在属于公共管理机构职责范围、与其“公共”目的或目标相符合的情况下，才被看成是“公共问题”，成为公共管理的对象。尽管如此，作为公共管理对象的公共问题仍然是相当广泛的，其主要内容涉及文化教育、社会福利、公共卫生、市政交通、生活方式、生活环境等领域。

既然作为公共管理对象的公共问题仅包括一部分社会问题，而不是其全部，因此就必须善于识别各类社会问题，合理地选择那些主要的或重大的社会问题作为公共管理对象的公共问题。社会问题要转变为公共问题，必须具备以下前提条件：(1) 必须是一种客观存在的状态。要转为公共管理对象的社会问题应当是客观存在的事实，而不是无中生有、主观臆想出来的。(2) 必须是一种能察觉的、可认知的状态。如果社会问题是潜在性的，尚未被人们发觉，尤其是未能被公共管理机构的决策者所发觉、所认知，即使已经客观存在，也不能转为公共管理的对象。(3) 必须是与一定范围内所有社会成员(直接或间接)相关的状态。也就是说，社会问题应是绝大多数社会成员所普遍关注的问题，如果所涉及的仅是个别社会成员或少数社会成员利益的问题，则不可能转为公共管理的对象而上升到全社会加以重视的高度。(4) 必须是一种有必要在当前或今后加以解决的状态。既然社会问题与所有社会成员或大多数社会成员相关,并为大多数社会成员所关注,那就必然要求尽快加以解决,有利于维护公共利益和满足公共需要。(5)必须是能达到公共利益的目标要求。社会问题的解决将有助于实现社会成员合理的利益要求或一定程度上推动社会整体进步与发展。正因为这样,把社会问题看成是公共问题并纳入公共管理的对象范围才有意义,才符合公共管理的目的和宗旨。

凡是符合上述要求的社会问题都可以被看成是公共问题而成为公共管理的对象,由此也反映出作为公共管理对象的公共问题的三个基本特征。

首先是公共性。这里的公共性包含两方面的含义:一方面涉及社会各方面的问题,影响社会整体的运行目标和进程,因而与一定范围内所有社会成员的利益都有直接或间接的关系;另一方面是公众化的问题,即已公开化并被许多社会成员所意识或认识到的问题,因而产生加以解决的迫切愿望。

其次是可变性。作为公共管理对象的公共问题并不是一成不变的。随着社会的发展和各种条件的变化,公共问题本身也会发生变化。旧的问题被解决,新的问题又会产生;此时此地是公共问题而被纳入公共管理的对象范围,彼时彼地就可能不再是公共管理的对象。因此,必须用变化和发展的眼光去分析作为公共管理对象的公共问题。

最后是不确定性与确定性的统一,也就是公共管理范围内的公共问题是可控性与不可控性的统一。社会问题一旦被看成是公共问题而纳入公共管理的对象范围,必定是社会公众所知晓和意识到的,对其重要性、解决的必要性都有一定的理解,这就是公共问题的确定性。但另一方面公共问题所涉及的环境因素、前提条件等无时不在变化,而且这些因素极其复杂,对公共问题的把握不可能绝对正确,而且也不可能完全无误地预测解决公共问题所带来的结果。这些情况反映出公共问题在公共管理的对象范围内仍有某种不可控性、不确定性。因此，任何公共问题都是确定性与不确定性的统一。

2. 公共项目

公共管理的主要过程是通过有关的公共政策解决现实中的公共问题，这些公共政策通常是由公共管理机构根据解决公共问题的需要而制定的一系列行为准则。因此，公共政策本身并不是行为，而是行为的指导原则，有时候也成为行为的衡量标准。公共政策的具体化和操作化则体现为不同类型的公共项目。

公共项目是指，公共管理机构依据公共政策而采取的一系列行为及其过程，是公共管理最直接的对象。

公共项目具有下列五个特点：(1) 把特定的公共管理活动划分为必要的行为步骤或阶段，以有效地实现公共管理的目标。(2) 仔细考虑每个步骤之间的关系，尤其是与特定结果之间的关系。也就是说，公共项目指向于达到某种与一定社会所有社会成员的利益相一致的结果。(3) 明确每一步骤的实施者和责任者，也即为完成公共项目而组织起来的人力资源应当有明确的分工与责任。(4) 有明确的时间表，包括每一步骤所需要的时间及完成期限。整个公共项目的完成日期和每一步骤的完成日期都应该事先预定。(5) 核查资源分配状况与预先规划之间是否吻合。整个公共项目的预算应当是确定而合理的，同时，对每一步骤使用的资源情况和预算执行情况进行动态核查。

由于公共项目直接关系到社会公众的生活环境和生活质量，是看得见、可感知的公共管理行为，必须予以高度重视。一方面，公共管理人员应该善于把公共管理目标和公共政策原则转换成具体的公共项目。如果没有公共项目的制定，社会公众看不到公共管理的作用及与其自身生活的直接关系，就不容易调动社会公众参与公共管理的积极性。另一方面，公共项目确定后，要加强公共项目的实施和管理，尤其要对公共项目的结果和资源配置与使用情况实行有效的监控，建立完善的公共项目管理的反馈机制及相关的责任机制。

3. 公共财产

> 公共财产是指，为一定社会(社区)范围内的社会公众所共同拥有的财产。

虽然公共财产在名义上是一定社会(社区)范围内每个社会成员都享有的财物，但实际上任何个人都不可能完整地得到、占有和使用。在现代国家，公共财产属于公共物品的范畴，一般情况下由公共财政支出而形成，其来源是纳税人的税收。每个社会成员都具有享用公共财产的权利，但公共财产又不是单个社会成员所购买的产品，因而只能作为公共物品而存在。

作为公共管理对象的公共财产主要包括以下几类。

(1) 公共自然资源。即一定社会赖以存在和发展的各种自然性物质条件，如矿产资源、水资源、土地资源、森林资源等。这些自然资源不属于个人所有，而是一定社会(社区)范围的共同财产。对公共自然资源的合理利用与开发、保护与再造是公共管理的重要内容。

(2) 公共设施资源。即一定社会(社区)范围内所有社会成员都有可能享用和受益的物质性存在，且本身必须是劳动产品，如城市道路、路灯、桥梁、交通标志、公园等。如果不是一定社会(社区)范围内所有社会成员都可能享用，而仅仅是部分社会成员可能享用的物品，则不属于公共管理的范围。

(3) 公共人力资源。即一定社会(社区)范围内的劳动力资源、人才资源等所形成的社会资源。在公共财产或公共资源中，人力资源是最活跃和最宝贵的财富，因此，公共管理机构必须重视公共人力资源管理，包括公共人力资源的形成(培训、激励、更新、引导)、利用和开发等方面。需要强调的是，作为公共管理对象的公共人力资源是指一定社会(社区)范围内共有的人力资源,而不是指企业及各种机构内部的人力资源。

(4) 公共信息资源。即一定社会(社区)范围内所有社会成员共同拥有和可能享用的各种精神产品,包括文化产品、科技成果、经济信息等。人类社会跨入信息社会后,信息已经成为最重要的资源。信息资源可以分为两大类:第一大类是一定社会(社区)范围内所有社会成员所共同拥有和可能享用的信息资源;第二大类是只有局部范围(如企业)内成员可享用的信息资源。只有前者才是公共信息资源并可成为公共管理的对象。随着信息化时代的到来,公共信息资源越来越成为关键性资源。

(5) 公有企业(或公司)。即公共资金(以纳税人的税收为主)投资建立起来的、社会公众共同所有的企业(或公司)。因此,管理公有企业(或公司)是公共管理机构应尽的责任。当然,不同性质的公共管理机构所管理的公有企业(或公司)的范围不尽相同。公共管理机构管理公有企业(或公司)的基本职责是获取公共收益,并实现公共资金的保值和增值,这同时也是公共投资的目的。

第二节 公共管理的基本内涵

一、公共管理内涵的演变

进入20世纪80年代,世界上许多国家开始对公共事务的管理体系进行一系列重大的调整和改革,这股改革浪潮涉及对公共事务进行管理的原则、结构、方式、手段等重大问题,在世界范围内出现了"新公共管理运动"的改革实践,并导致公共管理思潮的盛行。美国学者针对"新公共管理运动"改革浪潮明确指出:"这一改革的标志是以公共管理代替行政管理,使公共行政管理的旧世界在公共管理的新标题下复活。”[4]

公共管理是在西方的社会结构和理论体系中产生的概念。在20世纪90年代之前,对于公共管理涵义的理解一直比较宽泛,许多研究者从不同的角度赋予了多样化的解释。根据公共管理这一概念所涉及的范围,可以从两个角度来理解其涵义:第一个角度是在公共行政的范畴中,公共管理专指公共行政中的管理技术,“把公共管理看作是公共行政下面的一个较低层次的技术性领域”;[5]第二个角度是把公共管理用于描述特定领域的管理。

本书主要是从第二个角度(即特定领域)的涵义来理解和运用公共管理这一概念的。从这个角度来看,大部分研究者对公共管理客体的认识趋于一致,即认为公共管理的客体是公共事务。但是,对于公共管理主体的界定却不尽相同,主要有两种观点:第一种观点认为,公共管理的主体是狭义的政府,也就是与立法部门、司法部门相并立的行政部门,就此意义而言,公共管理这一概念与公共行政是同义语,常常被等同或替换使用。第二种观点认为,公共管理的主体是非营利社会组织,它既不同于企业,因为不以营利为目标;也不同于政府,因为不具有行政性权力。非营利社会组织是通过其专业化能力和自愿奉献精神来满足社会公众的某类共同需求,从而体现其对公共事务管理的功能和作用。因此,公共管理这一概念常常被用来特指非营利社会组织对公共事务的管理。

上述对公共管理的两种解释实际上都是以“公共行政”为参照标准而展开的,前者与公共行政基本相似,后者与公共行政相互对应,两者虽然对管理主体范围的界定有所区别,但是管理主体的单一性特点却是相同的,因而仍然可以归于公共行政的范式之内。

二、公共管理的内涵扩展及基本特征

20世纪90年代以来,作为对20世纪70年代末80年代初出现的世界范围内对公共事务管理变革的反映,公共管理这一概念被赋予新的时代内涵。在美国,“进入90年代,公共管理逐步成为一种与传统公共行政、公共政策分析并驾齐驱的公共部门管理活动研究的三大途径或三大范式之一”[6]，公共管理的内涵得到新的扩展并表现出新的基本特征。

> 公共管理是指，社会公共组织以及其他组织推进社会整体协调发展、增进社会公共利益实现，通过制度创新和手段创新对公共事务进行调节和控制的活动。

公共管理内涵的扩展反映了当代公共管理发展的五大基本特征。

第一，公共管理主体在多元化基础上形成协同和合作关系。公共管理主体是多元的，包括社会公共组织和社会其他组织两大类。社会公共组织的特点是非营利性，其范围涉及政府行政机构、准行政性组织、非营利性社会组织、社会民间团体等。社会其他组织主要是指营利性企业、投资基金等，在参与公共管理过程中有盈利的要求，但是，其盈利的程度是被严格控制的。不同的主体根据自身的行为特点，在公共管理运作中发挥各自的作用，并进一步形成多层次、多类型的协同和合作关系，从整体上提高公共管理的能力。

第二，作为公共管理客体的公共事务表现出不断扩展的趋势。随着经济的不断发展和社会的持续进步，一方面公共事务的具体内容逐渐扩大，其整体性更加突出；另一方面公共事务涉及的地域范围不断扩展，已经出现全球范围的公共事务，诸如全球性的生态平衡、环境保护等。

第三，公共管理的目的是推进社会整体协调发展和增进社会公共利益实现。整体协调是以系统论和控制论的理论为基础，要求社会大系统内的多个子系统按合理有序的原则，相互促进，相互推动，保证整个社会平衡和均衡发展，因而协调发展体现了公共事务整体性的要求。公共利益是社会成员在共同使用公共资源基础上共享的利益，增进公共利益实现既是公共管理的根本目的，也是公共管理的本质要求。

第四，公共管理的职能是调节和控制。调节就是根据公共管理客体的变化，及时调整公共管理的任务和目标，引导公共管理主体之间的互相协同和配合；控制就是在公共管理具体实施过程中，随时纠正偏离目标的行为，使各项管理活动保质保量，按时完成。通过调节和控制使公共事务处于有序、有效、可控的状态，以充分满足社会公众的共同需要。

第五，公共管理体制和手段面临创新的迫切任务。管理体制和手段必须与管理内容和目标相一致，这是管理学的基本原则。公共事务的广泛性和复杂性，公共管理目标的整体性和超前性，使传统的对公共事务进行管理的体制和手段已经不再适应，迫切需要进行重大的创新。在 20 世纪 70 年代末 80 年代初以来公共管理发展的实践中，因多种手段之间的配合和互补而呈现出丰富性、层次性和灵活性，在整体上推动了公共管理体制的重新构建。可以说，在相当长的时间内，管理体制和手段的创新是公共管理发展的主要内容。

上述对公共管理内涵的扩展及基本特征的分析表明，公共管理发展中所表现的多元主体协同、多种手段配合和多维评价整合等新变化，与公共行政之间存在明显的差别，这种差别不是局部、个别的，而是全面、整体的。由此可以判断，人类社会对公共事务的管理正在进入一个新的阶段。

第三节 公共管理学的研究对象和方法

一、公共管理学的研究对象

任何一种理论或一门学科都是通过对客观世界和社会运动中

权力等式,社会群体或社会系统就是一个权力组织体系。同时,权力也可看作是施加影响和提出要求的潜力。虽然权力与施加影响是有区别的,但是,如果缺乏权力则可以通过施加影响(或压力)达到目的,同样,如果缺乏影响也可利用权力扩大其影响。因此,权力大小也常常用影响力的大小来测量,即权力大小与影响力大小之间存在正向关系。

一般而言,整个社会的权力体系包括人身权力、财产权力和公共权力。

公共权力是用于处理公共事务的权力,由社会的共同需要而产生,其基本目的在于维持、调整或发展整个社会生活和社会运行的基本秩序。

对于公共权力的来源,存在着两种互相对立的观点。一种观点认为,公共权力是社会中的强者为维护自己的利益而以法律的形式制定并规范的。因此,作为公共权力来源的法律只是强权的合法化。另一种观点认为,公共权力是人们互相平等地签订契约而达成“联合意志”的结果。因此,公共权力不是某些强者的意志,而是社会公众的“公意”。

在前一种观点看来,在原始社会末期,氏族部落首领及其贵族阶级以强权破坏了氏族部落原始的生产、分配、交换、消费等社会习俗规范,建立起与氏族部落一般社会成员相对立的公共机构,此时,公共权力即随最初公共机构的建立而形成,不管公共权力是否符合氏族部落大部分成员的意志,也不管公共权力的形成和公共机构的建立是否经过由氏族部落大部分成员同意的一套程序。而在后一种观点看来,氏族部落首领和贵族阶级以强力形成的公共权力并不合法。卢梭在《社会契约论》中指出,“强力并不产生权力”,[1]也就是说,以强力形成的公共权力和公共机构没有合法性。合法的公共权力必须反映社会成员“共同”意志,并且必须由氏族部落全体成员以契约程序一致同意或多数同意授予公共机构。

按照一般逻辑,正是因为公共权力是全体社会成员共同意志的集中表现,因而才对全体社会成员具有普遍的约束力。但是,历史上大量存在的却是氏族部落首领和贵族阶级通过强力取得统治和管理社会的"公共权力"的事实。

当人类社会演进到原始社会末期,随着私有财产和阶级的产生,围绕财产私有权和公有权的斗争极为尖锐复杂。一方面,大部分公有财产,如土地、工具和食物等生产资料和生活资料已转归家庭实际所有;另一方面,氏族部落首领及贵族阶级得到了大量良好的生产资料和生活资料,有了影响其他氏族部落成员行为的物质基础,于是原来属于氏族部落成员职责的对内管理生产和生活等社会事务,对外保障部落安全、防御侵略等安全事务,逐步集中到氏族部落首领及贵族阶级手里。于是,原本属于氏族社会整体性的职能逐渐成为集团化和专业化的管理任务,社会内部分离出专业从事管理的人员和机构,他们所控制的管理权力也就取得了公共权力的名义。

作为社会的控制系统,公共权力承担着将具有利益差异和冲突的个人与群体整合为社会共同体的职能。公共权力的作用体现在以下三个方面:首先,公共权力要维持社会生活的基本秩序,使其具有一定程度的稳定性,保证人类社会的生存与发展。其次,随着社会生活各个方面的不断变化与发展,公共权力对某些变化了的社会基本秩序作出调整,以克服社会内部的一般矛盾与冲突,防止其向对抗方向转化。再次,根据社会发展变化的需要,公共权力还会推动和引导原有的社会生活秩序向一定的方向演变。

在社会成员之间的利益差异和冲突普遍存在的情况下,没有一批专门从事管理的人员和机构以社会整体的名义来行使社会管理职能,就无法保持社会基本秩序的统一。但是,这种秩序的维持毕竟是以社会中一部分人对另一部分人的控制,也即社会成员分裂为管理者和被管理者,由管理者对被管理者实施一定程度的控制为存在条件的,因此,公共权力从其产生的那一天起,强制力量就成为其不可或缺的构成要素，在维护既定的政治关系和社会秩序过程中起着不可替代的作用。“这种公共权力在每一个国家里都存在。构成这种权力的，不仅是有武装的人，而且还有物质的附属物，如监狱和各种强制机关”。[2]而公共权力一旦产生，就具有了相对的独立性，行使公共权力的主体就有可能具有一种凌驾于整个社会之上的特殊地位。同时，行使公共权力的主体的特殊利益取向也会渗透在公共权力的运用中。因此，关于公共权力运用过程中利益关系的调整问题就成为公共权力研究的重要内容之一。

作为人类社会由野蛮状态进入文明状态的一个重要标志，公共权力的意义在于，社会形成了一个专门的机构来管理和运用强制力，任何个人不得以任何理由对其他受到法律保护的个人实施暴力伤害，除非是在特定情况下为了自身安全所采取的正当防卫措施，这样私人之间暴力侵害行为就不再具有合理性和正当性。公共权力作为社会成员公共意志的体现，自然享有了行使一种社会公认的人身强制的特许权。公共权力所具有的强制性，不仅能够有效地约束社会成员之间的冲突，而且可以在一定的社会范围内建立起统一的行使强制力的程序和标准，从而使形成普遍适用的法律秩序成为可能。

2. 公共权力的形式

在公共管理中，公共权力主要有两种表现形式：一是强制性权力，即以强制的方式要求绝对服从的力量；二是非强制性权力，即通过说明、引导而使之服从的能力。

公共权力具有强制性是其最重要的特征，这既是人类社会文明进化的结果，又是公共权力实现对社会有效控制的必要条件。如果公共权力不具有防止其他人或集团为满足自身的利益要求而诉诸强制力量的能力，就会被证明无力限制非合作的、反社会的行为，从而就不能实现其维护公共秩序的基本职能。公共权力之所以对社会成员具有约束力，在一定程度上就是依赖于其以集中的、有组织的强制力量来对付分散的个人。

但必须指出的是,公共权力的强制性特征并不意味着公共权力主体凭借着掌握的强制力量可以随心所欲地支配客体。也就是说,对于公共权力主体实现其目标和利益而言,强制力必然存在着一定的限度。其原因在于:一方面,强制力并不是公共权力合法化的力量;另一方面,强制力的作用必须符合价值合理性,即只有当惩罚行为的结果不仅符合社会整体利益,从根本上说也符合每个社会成员的利益时,这种惩罚行为才是合理的。使用强制力的价值在于使那些破坏社会公认准则的社会成员为自己的行为付出一定的必要代价,同时,对其他社会成员象征性地表明违反准则的行为的不利后果以及遵从准则的意义,从而强化社会成员对社会准则的认同。[3]

确切地说,公共权力的强制力仅仅是保障社会规范效力、实现公共权力主体目的和利益的手段。公共权力使用强制力的合理性离不开它的准确性和有效性。随着人类社会文明程度的提高,强制力的使用范围与效能会缩小,因而通过一定的制度安排和程序设计保证公共权力在使用强制力过程中的准确性和有效性,已经成为衡量一个社会文明程度的重要指标之一。

虽然在公共管理中不可能完全取消使用强制力,但是,公共管理的目的确实不同于政治统治,其主要目的是满足社会全体成员的共同要求和公共利益。管理的形式应与管理的目的相适应。比较而言,在公共管理中,非强制性权力更容易被社会成员所接受,更能有效地实现公共管理的目的。非强制性公共权力的形式主要包括以下,(1)公共规范:提出和倡导公共领域的行为规范。(2)法定义务:颁布和明确特定的法定义务,但不执行者并不受罚。(3)树立榜样:树立各种具有典型意义的榜样并号召社会公众学习。(4)价值导向:利用大众媒介和其他鼓励手段引导社会公众的行为。(5)仲裁和调解:公共管理机构以其权威性对各种社会纠纷做出仲裁、进行调解等。由于公共管理的客体是社会公共事务,公共管理机构本质上是一种公益性组织,因此,在公共管理的实践中非强制性权力占据主导地位。

在实际的公共管理运作过程中，强制性权力与非强制性权力往往同时并存，两者之间的关系是：强制性权力是公共管理正常运作的基础性条件和基本保证；非强制性权力则在公共管理的具体过程中占主导地位，而且非强制性权力的作用范围不断扩大。不管是强制性权力还是非强制性权力，公共管理的运作过程实际上可以看做是公共权力的作用过程。但是，公共权力仅仅是实施公共管理的必要条件，有了公共权力并不一定能保证有效地进行公共管理，关键在于如何运用公共权力来实施公共管理。恩格斯在论述权力对社会发展所起作用时指出："它(指权力)可以沿着同一方向起作用，在这种情况下就会发展得比较快；它可以沿着相反方向起作用，在这种情况下它现在在每个大民族中经过一定的时期就都要遭到崩溃；或者它可以阻碍经济发展沿着某些方向走，而推动它沿着另一种方向走，第三种情况归根到底还是归结为前两种情况中的一种。"[4]也就是说，权力作用的结果存在正效应和负效应。同样，公共权力的作用结果也存在着两重性，即增进或减少社会公众对公共事务的满意程度。因此，必须对公共权力进行必要的制约，尤其是对强制性权力的制约更为重要。从权力制约理论来看，可以分为"以权力制约权力"和"以社会力量制约权力"这两种情况。而权力制约的这两种力量要显示出真正的作用，必须按一定的程序形成较为完整和严密的对公共权力的制约体制及机制，其基本的形式是通过法律明确公共权力的地位、范围和限度，以及所相应承担的责任。

二、政府成为公共事务管理主体的历史过程

马克思和恩格斯系统地考察了国家的历史演变过程，提出了国家(政府)的产生和发展是与管理公共事务、行使公共权力的职能联系在一起的思想。

恩格斯认为国家萌芽于维护社会公共利益的需要。恩格斯在

《反杜林论》中,以"开化得比较晚的民族的原始农业公社"为例,指出:"在每个这样的公社中,一开始就存在着一定的共同利益,维护这种利益的工作,虽然是在全社会的监督之下,却不能由个别成员来担当:如解决争端;制止个别人越权;监督用水,特别是在炎热的地方;最后,在非常原始的状态下执行宗教职能。这样的职能,在任何时候的原始公社中,例如,在最古老的德意志的马尔克公社中,甚至在今天的印度,还可以看到。这些职位被赋予了某种全权,这是国家权力的萌芽。"[5]

在《论住宅问题》中,恩格斯从社会生产和交换的需要的角度论述了国家的起源。他指出:"在社会发展某个很早的阶段,产生了这样的一种需要:把每天重复着的生产、分配和交换产品的行为用一个共同规则概括起来,设法使个人服从生产和交换的一般条件,这个规则首先表现为习惯,后来便成了法律。随着法律的产生,就必然产生出维护法律为职责的权力——公共权力,即国家。"[6]

恩格斯在《家庭、私有制和国家起源》一书中认为,"国家是以一种与全体固定成员相脱离的公共权力为前提的"[7],恩格斯进一步通过对雅典国家产生过程的分析,提示了"国家是怎样靠部分地改造氏族制度的机关,部分地用设置新机构来排挤掉它们,并且最后全部以真正的国家权力机关来取代它们而发展起来的"。[8]这种通过部分改造和排挤而取而代之的结果是,形式上保留了"公共权力"的形态,本质上却"是和人民大众分离的公共权力"。于是,国家一方面具有管理公共事务的社会职能,另一方面具有抵御外敌和压制奴隶的统治职能。前者是后者的基础,因为"政治统治到处都是以执行某种社会职能为基础的,而且政治统治只有在执行了它的这种社会职能时才持续下去"。[9]

马克思和恩格斯在理论上概括了国家起源的两种典型类型。第一种类型与阶级矛盾、阶级斗争的联系最为密切、最为直接,这种类型国家的出现是社会内部阶级矛盾不可调和的产物。古希腊的雅典国家和罗马国家的产生就属此类。不过,罗马国家产生的原因,不仅是由于当时罗马氏族内部的阶级斗争,还由于外族居民反对罗马贵族、争取平等权利的斗争。第二种类型是与社会分工和生产管理直接相关的,从一定意义上可以说,这种类型国家的出现是社会组织与社会生产之间矛盾的产物。东方古国,如古埃及、巴比伦、印度和中国就属此类。当然,从历史演变过程来看,这两种关于国家起源类型的区分并不是绝对的,只不过是在某一个时期或某一个阶段,阶级矛盾因素或公共管理因素更加明显和典型而已。

国家起源的阶级性和社会性这两重原因,归根到底还要由社会经济的发展来说明。根据历史唯物主义的观点,经济发展必然引起两方面的结果;一方面,它为私有制和阶级的产生创造了物质前提;另一方面,它以规模更大的社会生产为自己创造规模更大的生产管理组织。这两方面的结果造成氏族这种古老的社会组织的内在危机,最终被国家所取代。正如恩格斯在总结国家产生的条件时所指出的:"氏族制度已经过时了。它被分工及其后果即社会之分裂为阶级所炸毁。它被国家所代替了。"[10]

从公共权力的角度看,国家代表了一定地域范围的公共权力,是抽象的;政府则是具体行使公共权力的权威机构,也就是说,政府是公共权力的执掌者,同时,政府是按照一定规则建立起来的组织机构体系。由此,组织化的政府依据其所执掌的公共权力从事对公共事务的管理。从历史上看,政府最终取得公共事务管理主体的地位经历了一个渐进的演化过程。

奴隶社会是一种庄园经济,国王是最大的奴隶主,并通过分封制对整个国家实行统治。由于每个奴隶主既是实际的统治者,又是庄园经济的经营者,因而一切公共事务也就成为奴隶主庄园内部的事务。在奴隶社会,统治社会的"国事"与庄园内部管理的"家事"在事实上是不分,也无法分开的。这样,奴隶主既是地方的行政长官,又是奴隶的所有者。因此,虽然当时已经出现了社会统治机构的某些职能,但在“家事”与“国事”不能分开的情况下,就无法产生真正的公共权力机构。在奴隶社会国家仍处在形成阶段。

随着奴隶社会的解体,生产单位由庄园缩小到家庭。由于家庭数量众多,且分工不完善,在许多方面不得不求助于社会。这样,在社会成员之间就产生了许多共同利益,客观上需要公共权力机构进行管理,这些属于众多社会成员共同利益的事务就是公共事务。公共事务一旦由专门的公共管理机构进行管理,也就出现了真正意义上的“国事”。在封建社会,封建王朝的“家事”与社会成员共同利益的“国事”之间有了一定的分离,虽然这一界限是模糊的,而且从整体上看公共事务表现为内容少、范围小和形式简单的状况,但是,国家已基本成型,政府的概念也已经得到显现。

到了资本主义社会,随着商品经济的发展和社会生产力的提高,特别是随着城市规模的不断扩大和功能的日趋完善,公共事务的内容急剧膨胀,范围迅速增大,这不仅使对公共事务实行有效管理变得十分迫切,而且对管理组织和管理方式提出了进一步要求。在资本主义社会,政府职能的分解更加清晰,在政治统治职能和公共事务管理职能分立状态越来越稳固的同时,开始将公共事务按不同的受益范围分为地方事务和中央事务,出现了真正意义上具有独立利益的地方政府。由此,形成了多级政府的格局,现代意义上完整的政府最终成型。

上述分析说明,国家(政府)的产生和发展是与公共事务管理的需要密切相关的。在漫长的历史演变过程中,政府作为国家的权力中心逐步取得了公共事务管理最为重要的主体的地位。

三、公共行政学的形成

虽然早在封建社会初期,政府就作为“公共权力”的化身出现并发挥作用,但是,把公共事务管理作为特定的研究领域,对公共事务管理的机制和过程进行专门和系统的研究,则是 19 世纪末以后才开始,并在其后的 100 多年中经历了不断深入和完善的发展过程。

19 世纪末 20 世纪初，在对政府管理公共事务的机制和过程进行系统研究的基础上，逐渐形成“公共行政”这一核心概念。

公共行政是指，国家行政机关依法管理社会公共事务的有效活动。[11]

这一时期针对政府管理公共事务的活动进行专门研究并逐步形成系统化的理论是由多方面原因造成的。

首先，政府对公共事务管理的职能日益扩大。随着工业经济和科学技术的发展，政府管理所涉及的内容不断增多，其管理活动已经包括经济监督、社会救济、发展教育、公用事业、税收调节等多个方面。随之而来的是，政府部门逐渐扩展，管理人员队伍迅速增长。政府对整个社会经济活动已经有较大的影响力。

其次，工业资产阶级对政府的管理效率提出了更高的要求。工业革命后机械化大生产取代了传统的手工业，社会生产效率大幅度提高，工业资产阶级积累起大量财富，他们迫切希望借助于政府的力量，进一步发展经济，积极对外扩张，因而要求政府的管理工作像工业生产一样，尽可能地提高效率。

再次，文官制度改革运动的推动。19 世纪中叶和 19 世纪末，英国和美国先后出现了文官制度改革运动，其目的就是适应社会经济发展的要求，建立中立的文官制度和功绩制，使文官队伍从政治中分离出来，成为职业化的政府机构行政管理人员，采用科学的方法对工作实绩进行考核和评定。这样，对行政管理人员的考核、培训、廉洁、效率等问题就必须进行专门的研究。

最后，科学管理理论提供了理论基础。近代工业管理的发展，掀起了研究工业管理问题的热潮。19 世纪末 20 世纪初，以“泰罗制”为代表的科学管理理论产生，对早期公共行政的研究者有很大的影响。科学管理理论的许多原理和方法被运用于公共行政的研究,使公共行政研究产生之初就表现出科学性特征。

1887 年,美国学者伍德罗·威尔逊发表了著名的论文《行政学的研究》,标志着公共行政学的诞生。到 20 世纪 20—30 年代,公共行政学的理论体系初步形成,研究内容基本确定,即以正式的政府组织机构的活动过程作为主要的研究对象,以效率标准作为最高准则,探索公共行政管理的一般规律和普遍原则。在其后几十年的发展中,其理论的系统性更加完善,虽然其间出现过一些变革的要求,例如 20 世纪 60—70 年代,在美国出现了“新公共行政学”运动,其主要倾向是强调在公共行政管理中必须增强社会公平程度,[12]但是公共行政学的体系结构和主要内容没有出现根本性的变化。

第二节 当代公共管理学发展的历史背景

一、西方国家公共管理发展的动因

从 20 世纪 70 年代末 80 年代初开始,发达国家先后开始对公共行政领域进行改革,被称为“新公共管理运动”。这一改革的根本动因来自三个相互联系、相互影响的重大变化。

1. 社会经济危机加剧

第二次世界大战后,西方国家经历了一段经济发展的“黄金时期”,整个社会也表现出新的发展势头。但是,从 20 世纪 60 年代末期开始,西方国家却从发展的高峰跌入危机的深渊,出现了一系列深刻的矛盾。其一,经济滞胀。20 世纪 70 年代后西方国家陷入了长达 10 年的经济滞胀的泥潭,经济增长停滞不前和通货膨胀居高不下同时并存,基于凯恩斯理论的政府宏观调控政策难以奏效。其二，严重的福利病。战后广泛的社会福利政策的实施，虽然在一定程度上起到了缓和社会矛盾的作用，但却造成社会效率的损害，并加重政府的财政负担，使政府逐渐力不从心。其三，政府失灵。面对长期的不景气以及政府调控政策上两难选择的现状，有些学者对政府作用的有效性产生怀疑，提出了“政府失灵”的观点，即政府的作用并不能保证把资源有效配置到最佳状态。也就是说政府不是万能的：一方面，政府的行为必然受到各种主观和客观条件的限制，政府的能力有一定限度，起不到决定一切的作用；另一方面，在许多情况下政府发挥作用的效率往往不高。

2. 科层制陷入严重困境

传统的行政管理模式是一种被马克斯·韦伯称之为科层制的模式。这种模式是在 19 世纪和 20 世纪之交随着西方各国工业化的完成而建立起来的。其主要特点是：行政机构权力集中，层级分明；公务员照章办事、循规而行；公务员行为标准化、非人格化；运用相对固定的行政程序来实现既定目标。这种科层制的行政管理模式就像是一部受到严格控制的机器，公务员只是机器齿轮上的“齿”，工作分工细致，行为过程必须依照明确的规则和秩序。当西方工业社会处于科学技术发展相对平稳阶段时，科层制模式的公共行政管理符合社会的现实状态，因而表现出其应有的效率和价值。

进入 20 世纪 70 年代后，以信息技术为代表的科学技术新的革命性突变，动摇并改变了原有的政治、经济和社会运行模式，全球政治、经济、文化发生了前所未有的变化，给传统的科层制迎头一击，使它的先天性不足和与时代发展的不适应性日渐暴露出来。[13]

首先，科层制对程序、规则和制度的过度推崇已难以应付政治、经济、社会等方面个性化的发展要求。科层制以细致完备的制度保证社会运行的理性和效率，但其结果却在很大程度上扼杀了个性，因而这是一个缺乏灵活性、主动性和创造精神的刚性系统。这种运行机制在循规蹈矩、按部就班的大工业生产条件下能够使得各种控制型管理井然有序、富有效率。然而在一个追求灵活、崇尚个性的科技创新的新时代,日益成为阻碍社会发展进步的严重障碍。因为它把理性推到了极端,其最大弊端就是只追求局部效率,忽略整体利益;把整个社会效率限制在狭小的范围内,难以激发起社会各阶层和各领域的主观能动精神。

其次,强烈的专业技术崇拜和固定的专业化分工使政府功能日益衰退。科层制行政管理模式下相互分割的专业部门如同"鸽笼",彼此隔笼相望,分工而不合作,缺乏必然的有机统一。如果这种"鸽笼"无休止地扩展下去,最终的结局就是使政府成为"项目政府""孤岛政府",陷入部门林立、重叠交叉、臃肿庞大、官僚主义盛行的境地。

再次,责任保障机制日渐丧失。由于科层制体制中存在着部门分割、各自为政和互不通融的问题,公务员普遍只关注本部门的权力和利益,而缺乏整体性的视野,因此,这种体制最终造就出来的各级各类公务员大多是不求有功但求无过者。

显而易见,缺乏生机的半封闭型的科层制官僚系统,已无力面对日新月异、具有鲜明个性和旺盛生命力的信息社会的压力与挑战。

〔案例1〕英国政府的程序迷宫

1979年,英国保守党在大选中获胜,撒切尔夫人就任英国首相。当时,英国面临着经济增长乏力,政府工作低效、社会矛盾复杂的困境。撒切尔夫人上台后,立即任命雷纳爵士为首相的效率顾问,并在内阁办公厅设立一个效率小组,负责行政改革的调研和推行工作。雷纳及其领导的效率小组随即展开了著名的"雷纳评审"。

"雷纳评审"是以解决问题为导向的经验式调查,调查的起点都是人们已经了解的内容。正是针对那些人们相当熟悉并似乎司空见惯的部分,评审者提出问题和进行质疑,以便发现存在的不足。评审的目的并不在于发现"最佳方案",而是要避免和中止那些不理想的部分,包括过时的不合时宜的工作任务、无效率的工作程序和方法等。

雷纳领导的效率小组对政府失业救济工作的程序进行评审。失业救济是政府的一项十分繁重的工作，1980 年，英国政府向失业者发放的救济金总额是 14 亿英镑。救济金管理由英国政府的就业部、卫生与社会保障部两个部门负责，涉及约 3.5 万名公务员，行政经费约 1.4 亿英镑。此外，还有分散在全国各地职业中心的 1 万名工作人员部分地介入这一工作。

由于涉及的部门较多，失业者领取救济金的程序非常复杂，雷纳的小组称之为“政府的程序迷宫”。失业者申请失业救济的步骤如下(参见图 2.1)。

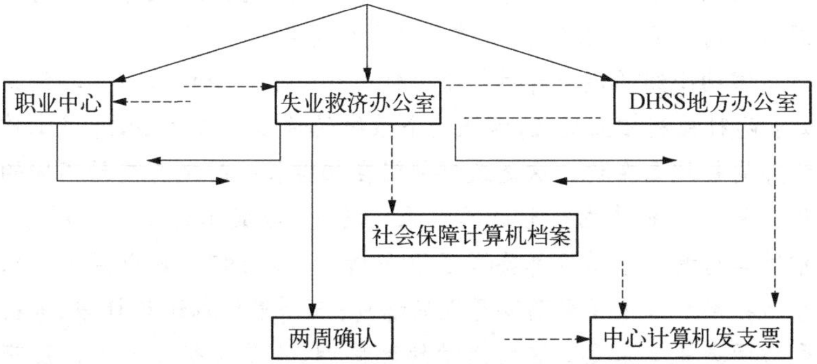

说明：(1) 图中实线为失业者行动，虚线为信息流动；(2) DHSS 为卫生与社会保障部；(3) 这是一个简化的图表，省略了许多实际中的细节。

图 2.1　英国政府的程序迷宫

第一步是申请救济。申请者可以到职业中心或失业救济办公室提出申请。如果他首先进入失业救济办公室，工作人员会让他填一个表格，然后约定“两周确认”的时间。所谓“两周确认”，就是申请者每隔一周要来签字，证明在此期间没有找到工作，这是领取失业救济的必要条件。随后，他会得到一张“转移卡”，持转移卡到职业中心注册，这是失业救济的另一个必要条件。职业中心给失业救济办公室一份回执，证明申请者确已注册。如果他首先进入职业中心,他要经历顺序相反的同样程序。也就是说,无论先进入哪一个部门,申请者最终都必须去这两个部门。

第二步是情况核实。失业救济办公室工作人员要对申请者的情况进行核实,弄清申请者在过去几年中是否按规定向政府交纳了足额的社会保障金。这一核实过程主要是把申请者的情况输入卫生与社会保障部的计算机档案中心。

第三步是做出答复。如果申请者交纳的社会保障金符合规定,计算机档案中心的计算机签发支票给申请者。对于那些自愿离职者或由于行为不当而被解雇的人,前六周不能享受失业救济金。因此,工作人员要向新失业者询问失业的原因,并向原雇主寄发表格核实情况。更困难的是,60%～70%的失业救济金申请者同时申请了其他救济,使工作程序更加复杂。

雷纳小组的调查者对整个工作程序进行了分析诊断。其结论是:两种福利相互交叉,涉及两个系统的许多工作单位,造成工作程序的极端复杂化。这是政府部门在相当长的时期为应付不同的压力采取零星措施而形成的结果。首先,造成工作重复。图 2.1 中第二行的三个单位都要求了解申请者个人细节;其中两个单位负有接触原雇主了解离职原因的责任;三个单位都进行评审、考察和访问失业者家庭。这些活动缺乏协调,各单位获得的信息没有共享。其次,不同单位之间的电话来往频繁,占用了工作人员的许多工作时间——调查者曾观察到,为了处理一个申请,工作人员给四个相关机构打过电话。再次,由于程序复杂,许多工作人员只局限于对自身工作环节的了解,而对整个过程不甚了了,因而给申请者提供错误信息的情况屡见不鲜。

案例资料来源:周志忍.当代国外行政改革比较研究.北京:国家行政学院出版社,1999:78-80.

案例思考题:

(1) 科层制是如何导致“政府程序迷宫”形成的?

(2)“政府程序迷宫”的存在会产生哪些方面的消极影响?

3. 科学技术的新发展深刻改变着人类社会

20世纪80年代后，世界科学技术发展出现了新的特点，尤其重要的是，信息技术取得突破性的发展，呈现加速度发展的趋势，新技术和新发明层出不穷，同时，信息技术对社会经济的影响日益增强，信息技术的广泛应用深刻地改变着人类社会的各个方面。

这种根本性的变化对政府的运作和管理提出了全新的要求，政府必须更加灵活、更加高效；必须具有较强的应变力和创造力；必须积极响应社会公众的意愿和回应社会公众的诉求，使社会公众更多地参与公共事务的管理过程。

二、我国公共管理发展的深层因素

20世纪80年代后，我国也开始行政管理制度改革和公共管理发展的进程。虽然其中也有与西方国家公共行政变革相似的一些原因，但从深层因素来看，根本的动因来自经济体制改革的不断深化。伴随着社会主义市场经济体制的逐步完善，我国经济社会的许多方面出现了根本性的转折，经济转型和社会转型的进程进一步加快，表现出新的发展趋势。

1. 社会结构从金字塔型向网络型转变

在传统的计划经济条件下，整个社会结构呈现出明显的科层制特征，表现为由上而下的金字塔型的形态。随着经济体制改革的不断深入，单位体制逐步被打破，传统的纵向型行政控制的体制框架逐步消解，产生由“单位人”向“社会人”的转变。在市场经济的大潮中，新型的经济组织和社会组织大量涌现，大量社会成员进入新型的经济组织和社会组织就业或工作，与传统体制进一步“疏远”，社会结构越来越呈现横向的网络型结构的发展趋势。

2. 利益结构从高度整体性向竞争化转变

改革开放之前，中国社会的利益结构具有高度整体性，公有制是社会唯一的利益源泉，各种集体性组织是社会的基本利益单元，利益分配趋向平均。改革开放以后，社会的整体性利益结构开始崩解,首先,利益源泉多元化。在打破了公有制一统天下的呆滞局面后,社会利益源泉迅速涌现,一些利益意识觉醒较早的人们毅然告别“大锅饭”和“铁饭碗”,到充满机遇和风险的广阔天地谋求发展。其次,利益单元个体化。改革开放使社会的利益单元迅速从集体性的组织缩小到能切实感受利益得失的家庭和个人,尤其是个人利益主体地位的确认,使社会利益单元因获得个人逐利本性支持而充满活力,这是一个社会经济发展所必不可少的最强大、最根本的内源动力。再次,逐利行为公开化。伴随着利益意识的觉醒,人们的逐利行为日趋公开化,人们开始勇敢地、正当地追求利益,“君子爱财,取之有道”逐步成为社会的共识。最后,利益关系矛盾化。由于社会成员在利益确认和追求上的差异性,社会成员之间在根本利益一致基础上的具体利益矛盾渐趋活跃,激励着每个社会成员作出持续不断的努力谋求自身利益最大化。从总体上看,由利益矛盾引发的利益竞争是一种具有积极意义的社会现象,它使我国社会摆脱了动力缺乏状态,进入欣欣向荣的良性发展轨道。[14]

3. 社会成员的需求从单一化向多元化转变

在社会转型过程中,社会成员的需求出现了重大变化:第一,社会利益要求出现分化。计划经济体制下的单位人转变为市场经济体制下的社会人,逐步形成具有不同经济地位、社会地位和不同利益特点的多层次的社会阶层。第二,思想观念和价值取向发生重大变化。随着市场经济的发展、社会结构的变化和利益格局的调整,人们的思想观念和价值取向出现多样性趋势,越来越倾向于实现自我价值与获取经济利益的并重。第三,社会需求日益多样化。人们的社会需求内容由单一的生存需求向精神享受等综合需求发展;需求水平由低层次向低、中、高多层次并列发展;社会成员中已经发展出政治参与、志愿奉献等较高层次的需求。

4. 公众的社会心理从依附型向自主型转变

在市场经济发展过程中,社会公众的主体意识开始觉醒并日趋成熟,社会心理从依附走向自主。首先,绝对集体主义的观点被抛弃。在集体和个体关系上，那种绝对集体主义取向的观点被越来越多的人所摒弃，社会开始承认并尊重个体独立的价值，集体之中的个体地位日渐凸显。其次，自主意识和责任感明显增强。利益源泉的多元化及政府行政控制的弱化，使社会公众的行为自由度大大增加，可以根据市场和社会需要进行自我设计、自我选择，以谋求自我生存和发展，长期的自主性社会实践锻炼了社会公众的自主能力，也增强了自主意识、独立意识以及对自主行为负责的责任感。这反过来又促使社会公众更进一步要求在政治、经济、文化和其他社会生活中有更多更大的选择自由。再次，权利观念逐渐普及。改革开放明确肯定了个人利益的价值，承认逐利行为的正当性和道德性，在社会公众对个人利益的不懈追求中，逐渐产生了作为民主政治内在精神底蕴的公民权利观念。社会公众逐渐了解宪法和法律所赋予的诸多权利，认识到个人利益的价值，进而要求他人、社会和政府予以尊重，一旦发现其权利受到非法侵害，就会诉诸各种手段加以维护。[15]

在整个社会进入整体性和激烈性的变迁阶段时，传统的政府行政管理模式出现了难以适应的问题。面临严峻的挑战，政府对公共事务的管理能力也受到了普遍怀疑，这就必然要求从理论、体制、方法等各方面对公共事务管理进行彻底的变革。

〔案例2〕从“家庭养老”到“社会养老”——上海养老社会化趋势

（一）上海人口老龄化状况

进入21世纪，上海人口老龄化进程呈持续增长态势，中心城区老年人口呈明显高龄化趋势。

1. 基本数据

2003年末，上海户籍人口总数1 341.78万人。其中，60岁及60岁以上老年人口254.67万人，占全市户籍人口的18.98%；80岁以上老年人口37.62万人，占全市户籍人口的2.8%。2014年末，上海户籍人口总数1 438.69万人。其中，60岁及以上老年人口413.98万人,占全市户籍总人口的28.77%;80岁及以上人口75.32万人,占全市户籍总人口的5.24%。

2012年底,上海"纯老家庭"老年人84.6万人,占全部老年人口的23%。其中,80岁及以上"纯老家庭"老年人数21.49万人。2014年末,上海全市100岁及以上老年人口共计1 631人,每10万人中拥有百岁老人11.3人(参见表2.1)。

表2.1 上海户籍人口年龄结构(2003—2014年)

年份	户籍人口数(万人)	60岁及以上(万人)	60岁及以上/户籍人口(%)
2003	1 341.78	254.67	18.98
2004	1 352.39	260.78	19.28
2005	1 360.26	266.37	19.58
2006	1 368.08	275.62	20.15
2007	1 378.86	286.83	20.80
2008	1 391.04	300.57	21.61
2009	1 400.70	315.70	22.54
2010	1 412.32	331.02	23.44
2011	1 419.36	347.76	24.50
2012	1 426.93	367.32	25.74
2013	1 432.34	387.62	27.06
2014	1 438.69	413.98	28.77

2. 主要特点

第一,老龄人口上升速度较快。从1982年到2001年,全市60岁及以上老年人口从109.23万人增加到246.61万人,平均每年增加7.23万人。从2003年到2014年,全市60岁及以上老年人口从254.67万人增加到413.98万人,平均每年增加14.48万人。其中,

80岁以上的高龄老人人数明显增加,1982年上海80岁及以上老年人口仅为10.7万人,2001年增加到32.91万人,2014年增加到75.32万人,其增长速度高于60岁及以上老年人口总体增长的速度。

第二,老年抚养系数持续提高。到2001年底,上海户籍人口的总抚养系数达41.6%,其中,老年(60岁及以上)抚养系数已达26.4%,少儿(0—14岁)抚养系数为15.2%,即100个劳动年龄人口同时要负担26.4个老人和15.2个少年儿童。到2014年底,上海户籍人口的总抚养系数达61.8%。其中,老年抚养系数已达46.6%,少儿抚养系数为15.2%。据预测,到2025年至2030年,上海将进入人口高龄化高峰时,总抚养系数将达到85%,其中,老年抚养系数将超过60%。

第三,老龄化程度与经济发展程度脱节。与发达国家相比,上海达到目前的老龄化程度时,经济发展程度还比较低。

(二) 人口老龄化进程加快原因分析

1. 社会现代化发展使人口寿命逐渐延长

20世纪80年代以来,我国加快社会主义现代化发展的步伐,随着人民生活水平和生活质量的提高,人口寿命普遍延长。上海作为我国特大型城市,物质生活和文化生活的条件比较优裕,各项社会保障措施得到落实,2008年,上海户籍人口平均期望寿命达到81.28岁(其中男性为79.06岁,女性为83.50岁);2014年,上海户籍人口平均预期寿命达到82.29岁(其中男性为80.04岁,女性为84.59岁),已经达到发达国家的水平。可以说,人口老龄化程度的提高既是现代化发展的必然结果,也是社会现代化发展程度的重要标志之一。

2. 计划生育政策实施使年青一代的养老负担加重

从20世纪70年代后期开始,我国实施计划生育政策,以控制过高的人口增长率。上海也采取了一系列有效的措施,严格控制人口增长。自70年代初以来,上海人口的生育水平一直处于更替水平以下,而且呈现持续下降趋势。1971年上海户籍人口的总和生育率为1.93,1981年为1.20,1991年为1.08,1999年为0.92。1999年上海户籍人口的计划生育率高达99.43%,一孩率为96.69%,二孩率仅为3.28%。随着人口出生率的下降,上海家庭的规模不断向小型化方向发展。2011年第六次人口普查的统计,全市家庭户平均规模是2.5人,由一对夫妇与未婚子女所组成的核心家庭占主导地位。目前,第一代独生子女已经进入结婚生育阶段,出现祖孙三代"4-2-1"的结构,独生子女将面对十分艰巨的养老任务,使传统的家庭养老方式面临严峻挑战。

3. 社会管理方式的改变使隐性的社会养老职责显性化

随着我国经济体制改革的深入,社会管理方式也发生了重大改变,主要依托单位的传统管理模式趋于瓦解,社会成员由"单位人"转为"社会人",原来由单位承担的一部分养老职责也随之转向社会,这就意味着需要构造新的社会组织或创设新的社会方式来承接这一部分职责。

(三) 建设社会化养老体系的途径

近年来,上海把以发展与人口老龄化相适应的老年人社会服务作为核心,全面构建社会化养老体系。在服务对象上,从传统民政工作的困难老年人扩展到所有老年人;在服务内容上,涵盖老年人收入保障、医疗保障、生活照顾、住房服务和权益保护法律服务等方面;在服务方法上,突破单位和部门的局限向社会化服务方向发展;在规划管理上,将社会化养老体系建设纳入上海社会经济发展的总体框架之中。

根据上海社会经济发展的实际,以及我国文化历史传统的特色,上海探索出家庭养老与社会养老相结合的道路,提出机构养老与居家养老并重的思路。

所谓机构养老就是通过养老机构(养老院、敬老院等)来赡养老人。但从上海实际来看,在很长一段时期内,进入养老机构养老只能是少数老人,绝大多数的老人适宜居家养老。

现代意义的居家养老并不等同于传统的家庭养老,其是指在社会救助和社区服务基础上开展的社会化养老服务,其经费由政府承担一部分。上海从2000年开始试点和推广居家养老服务。服务方式主要有:(1) 指派护理人员(或钟点工)上门服务;(2) 各类服务机构在社区内举办"老年人日间照料中心",附近老人白天可去休息、娱乐或用膳,服务收费较为低廉;(3) 建设社区老年人助餐服务点,为老年人提供用餐服务;(4) 建设老年人公寓。居家养老机构主要设置在社区,经费主要来源于市、区民政局及街道办事处及乡镇政府。这些经费用于补贴居家养老机构和上门服务的护理员。截至2012年底,上海享受居家养老服务的老人达到26.9万人。

案例资料来源:本书作者根据《文汇报》《解放日报》相关报道及《上海统计年鉴》相关数据整理而成。

案例思考题:

(1) 在我国,对老年人的照顾和赡养从单纯的家庭私人事务变成社会公共事务是由哪些因素造成的?

(2) 随着社会的发展,对于我国养老模式的变化方向出现不同的看法,有人认为应该继续保持具有中国优良传统的家庭养老,也有人认为应该大力推行社会化养老,应该如何看待这个问题?

(3) 地方政府在建立新型的社会化养老体系方面应该发挥什么作用?

第三节　当代公共管理学发展的主导理论

一、公共选择理论

1. 公共选择理论的分析方法

公共选择理论是当代西方经济学的一个分支,也是现代政治学的一个重要研究领域。公共选择理论运用现代经济学的逻辑和方法,分析现实生活中政治个体的行为特征和政治团体(特别是政府)的行为特点;讨论集体决策行为的特点;并以人的自利性作为出发点,来解释政府部门普遍存在官僚作风、政府管理出现偏差以及由政府行为导致社会资源浪费等问题的原因。

公共选择理论是研究非市场决策的集体决策的科学。这里集体决策包括三层涵义:其一,集体性。凡是有人群的地方,集体决策就不可避免,因而公共选择成为必需。其二,规则性。决策就是制定规则,在人与人之间存在偏好差异的情况下,必须通过规则以使人们的行为协调起来,因此,必须进行决策以选择那些能够反映和满足一般社会公众偏好的规则。其三,非市场性。公共选择理论研究的集体范围包括政府、社会团体、国际、教育、福利、环保等公共性或政治性问题。在这些领域,市场经济的运行规则不能对资源进行合理配置,只有通过非市场的集体行动来决定公共物品的供给。也就是说,公共物品生产的资源配置问题不能通过经济市场来解决,而要通过"政治过程"来解决。因此"政治过程"中的集体决策就成为公共选择理论研究的主要内容。

> 集体决策是指,各参与者依据某项协商规则,通过相互协商而确定集体行动方案的过程。

集体决策中的协商规则就是一般所说的投票规则,具体有:一致同意规则、多数票规则、加权投票规则、否决投票规则等。公共选择理论注重于研究集体(尤其是政府)是如何选择以及按什么标准选择投票规则的。

2. 公共选择理论的主要观点

与西方经济学的其他分支一样,公共选择理论的出发点是人,该理论认为人是理性的自利主义者。任何个人,无论处于什么地位,他们的行为动机都是一样的,即以追求自身利益为目标;而且,任何个人的行为又是理性的，即能够最充分地利用其所能利用的一切资源或条件，来促使其自身利益的最大满足。这种理性的自利主义者就是经济学中假设的“经济人”，这是公共选择理论方法论的基础。[16]

公共选择理论把“政治过程”看作如同市场交换过程，认为与经济市场相类似，政治市场也是由供求双方组成的。需求者是选民和纳税人，供给者是政治家和政府官员。政治家和政府官员负责向社会提供一定数量和质量的公共物品，选民和纳税人获得公共物品并支付一定的税收款项，至于具体的公共物品种类、数量、税收额等的内容的确定，则是通过在选举过程中“讨价还价”完成的。每一个政治市场的参与者，无论是选民还是政治家，在进行选择时，都如同“经济人”一样，先要对个人的成本与收益进行计算。对于选民而言，如果一项集体决策给他带来的收益大于他投赞成票时所承担的实际成本，那么，他就会支持这项决策；否则，就不支持甚至反对。[17]

虽然政治市场与经济市场的交易结构是相类似的，但是，由于政治市场与经济市场运行特点及其供给产品的特性不同，使这两个市场中的个人选择存在很大的差异性，具体表现为如下五点。[18]

第一，选择结果的不确定性。在经济市场上，个人既是进行选择的单位，又是作出最终决策的单位。而在政治市场上则不同，个人虽然也是进行选择的单位，但是作出最终决策的通常不是个人，而是集体。因此，政治市场上个人选择的结果，相对于经济市场具有不确定性。

第二，社会参与程度与参与意识不同。在经济市场选择中，个人所面对的是一组标有确定价格的商品与劳务，作为买方或卖方的经济个体，通常无力改变可供选择商品的价格和范围，也难以直接了解其个人的行动对同一市场上其他人的行为以及经济资源的配置所产生的影响。因此，从主观上说，经济市场上的个人选择具有非参与性。而在政治市场中,个人不仅很容易意识到他的投票行为将对集体的最终选择产生一定影响,而且也能明显地感觉出自己在参与社会的决策活动。以主观角度看,政治市场上的个人选择具有社会参与性。

第三,可选择对象的特性不同。在经济市场中,供消费者选择的私人物品与劳务以及个人为购买商品与劳务所投入的货币是完全可分开的,各种选择是互不排斥的。而在政治市场中,公共物品与单个选择者所掌握的选票是完全不可分的,可选择的方案之间通常是相互排斥的。

第四,强制程度不同。经济市场上的个人选择不具有强制性,因为经济市场中的个人选择完全出于自愿,而且选择过程与结果完全一致。而政治市场上的选择具有内在强制性,因为选择过程与结果是分离的,个人选择不过是整个集体选择的一个组成部分,甚至是极其微小的一部分。当个人偏好与集体统计偏好不一致时,个人投票赞成的结果最终将被集体的统计偏好所否决。因此,在政治市场的选择中,尽管个体选择者在进入之前处于平等的地位,一人一张选票,但是在政治选择过程结束后,所处的地位却是不平等的。

第五,职责相关程度不同。在经济市场上,经济个体只是在纯个人的范围进行选择,一旦作出决策,决策所带来的损益完全由个体自己承担。而在政治市场上,从集体角度看,选民个体是作为整体行为的一部分在进行选择,最终决策的结果并不完全取决于某一选民个体,而是取决于作为集体的所有选民行为的统计倾向。因此,作为个体的选民一般不太重视集体选择所带来的损益,也就是说,在政治市场上,个体选择者的职责是可分的,有时甚至是完全分离的。

公共选择理论强调交换关系的重要性。公共选择理论认为,经济学中的基本命题不是"选择",而是交换,即不同经济个体(生产者与消费者)之间的交换。在政治领域也一样,重要的命题并不是政府、党派、社会团体自己的选择行为和选择过程，而是这些集团之间与组成集团的个体之间，出于自利动机而进行的一系列交易过程。有效率的政策结果并不是出于某个政治领袖的头脑，而是产生于集团或组成集团的个体之间相互讨价还价、妥协与调整的政治过程。

由此基本命题出发，公共选择理论认为，经济学的关注中心不应该是资源的稀缺性，人们也不必要去为资源的分配和效率过多操心，而是应当集中在关注交换的起源、性质和制度上。

如果把这些观点扩展到政治活动与政治决策过程之中可以发现：一方面，政治活动的目的发生改变。过去，人们相信集体活动基本上是没有收益的，因此，政府的任务主要局限于最低限度地保护市场秩序的正常运行。但这却无法解释为什么政府能够产生有利于社会的行为，如国防、教育等；也无法说明在经济市场上自利的"经济人"为什么一到政治领域就对个人利益变得无动于衷了。在公共选择理论看来，人们参与政治活动并不是为了追求真善美等超个人主义的社会目标，经济市场与政治市场之间的主要差别也并非人们所追求的目标不同，而在于人们追求个人利益时所选用的方法不同。政治是人们相互之间的一种复杂的交易结构。通过这个结构，人们希望达到各自不同的个人目标，而这些个人目标在市场交易过程中无法有效实现，只能以集体的形式来完成。没有个人利益也就没有集体利益，追求个人利益是实现集体利益的前提与保障。另一方面，政治活动呈现出自愿结合性。政府曾经被看作是大公无私的，现在则被当成是参与政治活动的交易者。交易的前提与经济市场一样，是自愿者的自愿合作关系，人们通过政治交易可以相互获益。尽管在政治市场上存在某种强制性，特别是采用多数规则时集体决策结果具有一定的强制性，但是，只要每个人都有选择的自由、合作与不合作的自由，政治选择的强制性不会影响各方的相互获益。

由此可见，无论人们是处于经济活动还是政治活动之中，公共选择理论强调的都是自由——选择自由、相互交易与合作的自由等,政府的作用就是通过规则的制定与实施来保证人们的这种自由。如果要改变政治活动的效率,只能通过改变规则的途径,也就是改变人们进行政治"游戏"的约定和框架。公共选择理论明确提出,在一个体制下产生不好的政策或不好的结果,其原因或者是现有的政治体制所对应的规则产生了错误的领导人,或者是在政治决策与执行过程中缺乏有效率的制约机制。因此,唯一的决定因素是规则——产生领导人与约束领导人的规则。

3. 公共选择理论的多中心合作机制

许多研究者认为,所有个体与组织均是追求自我利益最大化的单位,无法带来公共领域的和谐与效率,个人的理性行动可能导致集体的非理性后果,公共事务往往是难以得到关心的。因此,要避免所谓的"公地悲剧"命运,只有两条非此即彼的路可走,或是彻底私有化,或是强化中央集权。

公共选择理论提出了公共事务选择过程中政府机制和市场机制之外的第三种机制,即多中心的合作机制,强调在公共事务管理过程中,并非只有政府一个主体,而是包括中央政府、地方政府、各种非政府组织、各种私人机构及公民个人在内的许多决策中心,在既定的制度约束下共同行使主体性权力。公共选择理论尤其强调自组织治理,认为社会成员通过自筹资金的自主"合约"可以达至问题的有效处理。[19]

公共选择理论认为,多中心合作主体在各自保持独立性的同时,存在着依赖性和竞争性,这构成了彼此合作的基础并构建其合作机制。通过合作主体之间的沟通谈判、认同规则、协调行动、互惠互利,达成公共管理的内在有序性和充分有效性。通过社会组织自发秩序形成的多中心自治治理结构、以多中心为基础的新的"多层级政府安排"具有权力分散和交叠管辖的特征,多中心公共论坛以及多样化的制度与公共政策安排,可以在最大程度上遏制集体行动中的机会主义,实现公共利益的持续发展。

在此基础上，奥斯特罗姆提出了有效的多中心治理方式应坚持的八项原则：(1) 明确所有权边界；(2) 制定相应的规则(时间、地点、资源数量和技术等)；(3) 集体选择的安排，每个占用者都能参与修改操作规则的活动；(4) 监督机制，最好形成公共资源占用者之间相互监督机制；(5) 分级制裁；(6) 冲突解决机制，参与者能够用较低的成本解决冲突；(7) 对组织权最低限度的认可；(8) 多层级的分权制企业。[20]

二、政府失效理论

1. 政府失效的表现

公共选择理论等新自由主义经济学家把“经济人”的假设引入对政治市场的研究后发现，类似于经济市场有生产者和消费者一样，政府和选民就是政治市场上的“生产者”和“消费者”。选民在投票选举行为中为了实现其利益最大化，总要进行“成本—收益”分析，同样，公务人员也丝毫没有改变其“经济人”的本性，在公共活动中也要考虑个人的得失，进行“成本—收益”比较。[21]在政治市场上，公务人员是“政治企业家”，他们向“消费者”(即选民)出售的是公共物品及由公共物品形成的公共利益。公共利益的分配决策虽然是由公共部门“集体”作出的，但是公务人员对个人利益的追求可能会损害公共利益。这是因为，虽然公务人员是经选举产生的，但并非必然代表全社会的利益要求。在许多公共决策中，公务人员出于“经济人”的本性，很可能在公共利益与公共资源的分配过程中，与各种利益集团或其他公务人员进行交易，以实现其个人利益的最大化，甚至不惜牺牲选民的利益。所以，在政治市场上，任何政治决定都是一种经济行为，他们的交易行为也受某些契约关系的制约。

既然公务人员也是“经济人”，也具有任何人所具有的一切缺点，而政府又是由这些普通的有缺点的人所组成的，那么政府也就必然带有人类本性所不能克服的一切缺点。从这个角度来说，政府本身并不比任何其他机构更有效、更正确。或者说,政府也必然会存在失效的问题。

政府失效具体体现在以下四个方面:(1)滥用权力的倾向。在政治市场上,公务人员追求权力的努力远比建立相互交换关系的努力更为有利可图。虽然法律上对政府行为规定了一定的约束条件,但是,公务人员所表现出来的对权力运用的偏好和冲动丝毫没有削弱,追求公共资源的局部目标和扩大权利运用的倾向同时在不断强化。(2)严重的官僚主义。政府的调节是一种"事前"的调节,带有很大的预测性和计划性,而政府的调节决策又是"集体"决策的结果,因此,在失误面前往往首先寻找种种主观和客观理由开脱政府及其公务人员的责任,避开政治市场的惩罚。由于对决策后果无需承担相应的责任,那么,低效、随意等官僚主义的表现就不可避免。(3)较大的盲目性。政府全面而科学地决策的前提是信息的完备性和准确性,但是,从经济上讲获取信息需要付出一定的代价,从技术上讲信息是在无数分散的个体行为者之间发生和传递的,因此,对所有信息全部占有和准确处理是不可能的。这样,政府决策的盲目性就必然会出现。(4)政府部门扩张的内在动机。组成政府的政治个体的自利特性,决定了政府部门有一种内在的超编和超支的扩大倾向。政府部门千方百计地通过各种关系试图增加本部门的财政预算,并且可能不负责任地将预算花掉,造成公共资源的浪费。

2. 政府失效的原因分析

政府失效论认为,政府失效既有需求方面的原因,也有供给方面的原因。[22]

从需求方面来看,对政府提供公共服务的需求存在被夸大的状况。(1)不断增强的对市场缺陷的公共意识。最近几十年来,尤其是20世纪30—80年代,社会公众对市场缺陷的意识急骤增加。这种变化一方面是由于人们承认市场在获得理想的社会结果方面是失败的,另一方面也是由于有关这些失败的信息的广泛传播。这种不断增加的对市场缺陷的公共意识，自然会减弱社会公众对市场缺陷的忍耐程度。(2) 政治组织和政治赋权。实际的市场缺陷以及社会公众对这些缺陷意识的增加，已经反映在许多集团和利益组织的政治参与当中，并且受到其影响。这些集团一直迫切要求政府运用立法、规制及其他手段来修补市场的缺陷，以产生他们所期望的结果。(3) 政治奖励结构。在政治过程中，立法者和政府官员的报酬经常增长。他们把问题说得头头是道，并制定解决问题的法令，却不考虑执行这些法令所负的责任。(4) 政治行动者的高额贴现(high time-discount)。由于这种报酬结构和选举官员的短期任职，可能使得政治角色的时间贴现率要高于社会的时间贴现率。其结果通常是政治角色的短期行为和长远利益之间产生明显的脱节。因为要证实对市场的修补是否真正存在，必须要在长时期内进行分析、实验以及详细了解特殊的问题或市场缺陷。因此，未来的成本与未来的收益会被大打折扣或被忽视，而短期的或当前的成本与效益却被夸大了。(5) 责任与利益的分离。从政府项目获利的一方与支付政府项目一方之间的分离，在收益与支付分别由不同集团承担的情况下，政治组织和未来受益者进行游说的动机将会导致政治上有效而经济上低效的这样一种需求。

从供给方面来看，政府活动的供给也受制于一系列因素并导致政府失效：(1) 界定和衡量产出的困难。很难按社会共同认可的原则去规定政府的产出，而且很难进行定量的度量和定性的评价，质量的确定尤其困难。造成这一状况的主要原因是缺少有关政府产出的各种信息。(2) 单一资源的生产。政府中某个单一机构的产出在特定的领域中处于垄断地位，这种垄断地位通过立法和行政的方式被固定下来。由于缺少持续竞争，无法对政府产出的质量予以评估。(3) 生产技术的不确定性。政府产出所需的技术对社会公众来说经常是未知的，即使知道，也是明显的不确定和模棱两可。(4) 缺乏结算(bottom-line)和终止(termination)的机制。与市场产出的效益—成本描述相比,政府产出总的来说没有一个评价成绩的基准。同这种缺乏基准线的状况密切相关的是当政府活动不成功时,缺乏一种可靠的终止这种活动的机制。

上述需求和供给的状况造成了政府失效,并且政治过程中所具有的一些特征,进一步加剧和延长了政府失效的程度和影响。寻租活动就是政府失效在现实生活中的集中表现。

3. 政府寻租活动及影响

在经济学中,"租"或"经济租"的原意是指在一种生产要素的所有者获得的收入中,超出这种要素的机会成本的剩余。在社会经济处于总体均衡状态时,各种生产要素在各个产业部门中的使用和配置都达到了使其机会成本和要素收入相等。如果某个产业的要素收入高于其他产业的要素收入,在该产业中就存在着该要素的经济租。在自由竞争条件下,租的存在必然要吸引要素由其他产业流入有租存在的产业,从而增加该产业产品的供给,促使该产品价格降低,最终使要素在该产业中的收入和在其他产业中的收入一致,从而达到均衡。因此,只要市场是自由竞争的,要素流动在各产业之间不受阻碍,任何要素在任何产业中的超额收入,即经济租都不可能长久稳定地存在。而企业通过开发新技术或新产品赢得超额收入的活动,在经济学中被称为"创租活动",或者称为"寻利活动"。创租活动是正常的市场竞争机制的表现,其特征是对于新增社会经济利益的追求,因而有利于增进社会的利益。

但是,如果人们追求的是既得的社会经济利益,其活动的性质就变成了"寻租"。在现代社会中,通常的寻租活动是指少数人利用合法或非法手段谋取经济租金的政治活动和经济活动。[23]也就是说,寻租可以看成是试图用较低的贿赂成本获取较高的收益或者超额利润。

寻租活动造成的后果是:(1) 造成社会经济资源配置的扭曲,阻止了更有效的生产方式的实施;(2) 使本来可以用于生产性活动的社会经济资源浪费在一些于社会无益的活动上;(3) 寻租活动使政府官员享受特殊利益，扭曲政府行为，这些特殊利益的存在会引发无休止追求行政权力的寻租竞争；(4) 寻租活动还会引起“避租”行为的抗衡，从而使社会经济资源更多地耗费在无益的方面。

寻租是寻租者从政府那里获得特许，面对某项社会经济资源具有垄断权，保证寻租者的更高的经济利益，因此，政府在寻租过程中扮演的是一个被动的角色。但是，在长期寻租活动的影响下，政府所扮演的角色正由被动走向主动。政府通过“政治创租”和“抽租”的方式来获得自身的利益。政治创租(political rent creation)是指政府官员利用行政干预的办法来增加私人企业的利润，人为创造租，诱使私人企业向他们“进贡”作为得到这种租的条件。抽租(rent extraction)是指政府官员故意提出某项会使私人企业利益受损的政策作为威胁，迫使私人企业割让一部分既得利益给予政府官员。由于政治创租和抽税的存在，造成了寻租活动的普遍性和经常性，也使政府的有效作用大为降低。

三、利益相关者理论

20世纪中叶以来，知识经济引领整个社会发生巨大变革，对公司治理理论形成了巨大的冲击，直接促成了利益相关者理论的产生。与传统的股东至上的公司治理理论相比，利益相关者理论认为一个公司的发展离不开其他利益相关者的参与和支持，如股东、债权人、雇员、消费者、供应商、政府、社区居民等，公司不仅要为股东利益服务，同时也要保护其他利益相关者的利益。

> 利益相关者是指，一个公司或组织在发展过程中的各项活动或事务所涉及的、能对其施加影响或能被其影响的个人或群体。

利益相关者有广义和狭义之分。广义的利益相关者是指，“任何影响组织目标实现或被该目标影响的群体或个人”，即“任何能影响或为组织的行为、决定、决策、实践或目标所影响的个人或群体”,包括公司管理人员、股东、员工、供应商和顾客。[24]狭义的利益相关者是指,“利益相关者在公司中投入了人力资本、财务资本、实物资本或其他有价值能以货币衡量的东西,因此他们承担了公司经营活动的风险”。[25]狭义的利益相关者范围更加具体,包括与公司联系非常紧密的员工、股东、供应商、顾客、政府等,这些相关者被认为是一级利益相关者(Primary Stakeholders);而媒体、社会团体组织、宗教组织等并不是公司发展所必需、也不介入公司经营活动,但与公司之间会产生相互影响的关系,这些相关者被认为是二级利益相关者(Secondary Stakeholders)。

利益相关者理论认为,有效的公司治理不应把更多的权利和控制权交给股东,相反,公司管理层应从股东的压力中分离出来,将更多的权利交给其他的利益相关者。公司实际上是每个利益主体为实现其利益最大化的载体,正是这种利益驱动机制的存在,才使公司有了直接的发展动力,各利益主体都试图在公司治理中掌握“话语权”,从而在博弈中达到一种力量的均衡,形成有效的公司治理。也就是说,公司治理应当是这些利益相关者利益冲突的协调机制,平衡协调利益冲突,使所有的利益相关者的利益达到最大化。

事实上,公共管理的运作过程是一个利益调整的过程,必然会存在利益矛盾和冲突。利益相关者理论提供了一个对公共管理中利益关系的分析框架,借以确定具体的利益主体及利益诉求,寻找利益共同点,在公共项目设立和公共政策设计中把握不同利益之间的均衡,从而为公共管理提供和谐的利益动力。

四、新管理主义理论

20 世纪 80 年代以后,随着计算机技术和通信技术的融合和发展,先进的技术产品加上迅速高效的信息传递,给企业带来无数商机。同时,市场竞争日趋激烈,企业只有在最短的时间内以最有效的方式提供最能满足顾客需要的产品和服务，才能获得持续的发展后劲。面对环境的剧烈变化，国际上企业管理创新形成一股热潮，在实践和理论上进行了多方面的管理创新，企业管理及其理论进入19世纪后半叶以来的第三次转变期，[26]发展出新管理主义理论，包括企业再造理论、团队建设理论、学习型组织理论等，其中以企业再造理论影响最大。

1993年，美国麻省理工学院教授迈克尔·哈默和管理咨询专家杰姆斯·钱辟合著出版了《再造企业——工商管理革命宣言》一书，提出了企业再造理论。

> 企业再造是指，为了取得业绩的革命性进步，从根本上重新思考，彻底改造业务流程。其中，衡量绩效的关键指标包括产品和服务质量、顾客满意度、成本、员工工作效率等。[27]

企业再造的定义蕴含四个关键词：(1) 革命性的进步。企业再造要在业绩上取得突破，取得"大跃进"式的质的飞跃。哈默为"革命性进步"制订了一个具体目标，即周转期缩短70%，成本降低40%，顾客满意度和企业收益提高40%，市场份额增长25%。(2) 根本上重新思考。企业再造需要从根本上重新思考已经形成的基本信念，即对长期以来企业在经营中所遵循的基本信念，如分工思想、等级制度、规模经营、标准化生产、官僚体制等进行重新思考。这就要求打破原有的思维定势，进行创造性思维。通过重新思考，迫使企业对原有的经营策略和手段加以审视，找出其中过时的、不当的和缺乏生命力的因素。因此，根本上的重新思考意味着企业要重新定位，而不是在原有的框架内进行局部调整。(3) 彻底的变革。企业再造不是对组织进行表面化的调整修补，而是要进行脱胎换骨式的彻底改造，抛弃原有的业务流程、组织结构和各种习惯，建立起适应新的环境和目标的企业管理制度、管理方式、业务流程等。哈默认为，企业再造不是改进现有的东西，而是把现有的东西扔掉，重新开始，从一张白纸开始，重新创造工作方法。

(4) 重新设计业务流程。所谓业务流程,是指一组共同为顾客创造价值相关生产或服务的过程和方法。在一定程度上,业务流程决定着企业的运行效率。在传统的企业组织中,业务流程被分散在不同部门中,无法从整体上把握和管理业务流程,进而影响到企业为顾客提供的产品或服务的质量,也影响企业运行效率的提高,正因为如此,企业再造要从重新设计业务流程开始。

企业再造与之前的渐进式变革理论有本质的区别。企业再造是组织的再生策略,它需要全面检查和彻底翻新原有的工作方式,把被分割得支离破碎的业务流程,根据新的要求进行重新组装。从重新设计业务流程着手,建立一个扁平化的、富有弹性的新型组织。

企业再造理论的重点是在由信息技术革命引起环境突变的情况下,必须对企业原有的业务流程进行重组和再造,也即流程再造。公共管理同样面临由信息技术革命引起环境突变而带来的一系列新的挑战,必须从更好地满足社会公众需求的角度出发,重新设计公共管理和公共服务的流程,提升公共管理和公共服务的针对性、回应性及有效性。

重要概念

公共权力(public power)
公共选择(public choice)
政府失灵(government failure)
集体决策(group decision-making)
多中心主义(polycentrism)
寻租活动(rent-seeking activities)
利益相关者(stakeholders)
企业再造(enterprise reengineering)
流程再造(process reengineering)

提示问题

1. 为什么在公共管理中主要采用非强制性公共权力?

2. 20世纪80年代西方国家公共管理发展的原因是什么？

3. 20世纪80年代后期以来推动我国公共管理发展的主要因素有哪些？

4. 20世纪后期科层制弊端表现在哪些方面？

5. 公共选择理论的分析方法有什么特点？

6. 多中心主义认为自组织治理在处理公共事务过程中具有哪些优势？

7. 引起政府失效的主要原因是什么？

8. 在现代政府活动中为什么会存在寻租现象？

9. 寻租活动会产生哪些消极后果？

10. 利益相关者理论如何运用于对公共管理问题的分析？

11. 企业再造理论对公共管理发展有哪些借鉴作用？

章节文献

[1]　[法]卢梭.社会契约论.北京：商务印书馆，1982.

[2]　马克思恩格斯选集(第四卷).北京：人民出版社，1972.

[3]　[美]彼德·布劳.社会生活中的交换与权力.北京：华夏出版社，1988.

[4]　马克思恩格斯选集(第四卷).北京：人民出版社，1972.

[5]　马克思恩格斯选集(第三卷).北京：人民出版社，1972.

[6]　马克思恩格斯选集(第二卷).北京：人民出版社，1972.

[7]　马克思恩格斯选集(第四卷).北京：人民出版社，1972.

[8]　马克思恩格斯选集(第四卷).北京：人民出版社，1972.

[9]　马克思恩格斯选集(第三卷).北京：人民出版社，1972.

[10]　马克思恩格斯选集(第四卷).北京：人民出版社，1972.

[11]　竺乾威.公共行政学(第三版).上海：复旦大学出版社，2008.

[12]　彭和平.公共行政管理.北京：中国人民大学出版社，1995.

[13]　孙学玉.当代西方行政改革的动因与模式创新.江海学刊，1999(2).

[14][15]　徐邦友.社会变迁与政府行政模式转型.浙江学刊，1999(5).

[16]　袁明旭.经纪人假设与官僚的行动逻辑——安东尼·唐斯的官僚制理论简析.经济问题探索，2010(5).

[17]　黄恒学.公共经济学.北京：北京大学出版社，2002.

[18]　汪翔，钱南.公共选择导论.上海：上海人民出版社，1993.

[19][20]　[美]埃莉诺·奥斯特罗姆.公共事物治理之道——集体行动

制度的演进.上海：上海译文出版社,2012.

[21] 威廉姆·A·尼斯坎南.官僚制与公共经济学.北京：中国青年出版社,2004.

[22] 查尔斯·沃尔夫.市场,还是政府——不完善的可选事物间的抉择.重庆：重庆出版社,2007.

[23] 胡鞍钢,康晓光.以制度创新根治腐败.改革与理论,1994(3).

[24] [美]R·爱德华·弗里曼.战略管理：利益相关者方法.上海：上海译文出版社,2006.

[25] 冯俊华,张龙.利益相关者理论的发展与评述.科学咨询(决策管理),2009(8).

[26] 萧琛.全球网络经济.北京：华夏出版社,1988.

[27] 张志雄.公司的故事.上海：学林出版社,1996.

第3章 公共管理的原则和职能

本章提要

公共管理要遵循五个原则：人本原则、服务原则、合作原则、效能原则和均衡原则。

公共管理目标具有目的性、进取性、整体性、矛盾性、时间性、伸缩性等特征。在公共管理的目标体系中最高层次的是长远目标、其次是中期目标、再次是短期目标、最后是具体的活动目标。不同目标之间相互衔接组成一个目标链，时间越近的目标围绕时间更远的目标而制订和展开。

公共管理具有四大职能：计划职能、组织职能、协调职能和控制职能。

公共管理必须依据一定的原则，这些原则反映了公共管理的本质要求。同时，任何公共管理过程和措施都有相应的目标，这些目标体现了公共管理发展的基本方向。根据公共管理的原则和目标展开公共管理的运作过程，由此形成公共管理的基本职能。在不同的发展时期，公共管理的具体职能会发生变化，但从总体上说，公共管理的基本职能是相对稳定的。

第一节 公共管理的原则

一、人本原则

所谓人本,顾名思义就是以人为本。公共管理的人本原则,就是管理主体在管理实践中确立并运用于管理实践的一切从人出发,旨在调动人的主动性、创造性和积极性的要求。人本原则具有以下几重规定:首先,公共管理过程的起点必须是人。公共管理的本质就是为了满足社会公众物质需要和精神需要,实现人的全面发展和人的才能的充分发挥。因此,人的需要及其满足是公共管理活动的终极目标。其次,人是公共管理的首要课题。公共管理中包含着措施、手段、设施等要素,但是,这些要素首先是作用于被管理的人,再通过被管理的人所发挥的能动作用,使这些要素产生协调和综合的结果。再次,公共管理主体的人格化。作为公共管理主体的组织和机构,其实际的运行和效能的发挥,必须依靠具体的人来完成,表现出人格化的特征。因此,管理主体自身素质的完善、管理主体认识能力的提高和价值取向的合理化,对公共管理的结果将会产生重要的影响。最后,公共管理中人的群体性。公共管理群体性中的人,不单指现实生活中具有自己意志、利益和行为的个人,而且指具有共同目的和协作关系的个人所结成的群体或组织,有着群体的需求和愿望。

在社会主义制度下,人与人之间、管理者与被管理者之间是平等的关系,各级管理机构及管理者都是以公共利益代表的身份具备管理公共事务的职责,其管理权力是社会公众赋予的。因此,从理论上说,社会公众既是公共管理的主体,又是公共管理的客体,体现了以人为本原则的本质特性。

二、服务原则

市场经济的精髓在于充分利用行为主体的自利本性，通过合乎规范的自利行为，在实现自身利益的同时谋求整个社会的发展与繁荣。因此，作为主体的主体资格与自主权利显得十分必要和重要，管理的规则和过程不能损害其客观存在。市场经济必然要求公共管理要以社会、企业和公众为本位，顺应他们的意志和愿望来实施职能行为，为他们愿望的满足提供必要的条件。

可见，现代市场经济基础上的公共管理就其本质而言，不是管制，而是服务。公共服务是公共管理的内核和基础，公共管理的目的不是向社会、企业和公众提供价值，而是为他们追求和实现自身价值创造良好的条件。[1]同时，公共服务本身也被看成是公共管理机构存在的价值所在和主要依据。因此，要突出公共管理机构的公共服务职能，提高公共管理机构的公共服务能力，更好地满足社会公众的需要、实现社会发展的目标。

三、合作原则

在公共事务管理领域，由于国家—社会—经济之间的关系发生新的调整和变化，随之出现的一系列新情况、新问题不再能够简单地借助于计划方式或市场方式寻求解决，有些相互依存形式也不适合单纯地以行政命令或市场机制进行调整。[2]在此情况下，强调各类主体之间进行合作的原则得到广泛的认可。

公共管理发展的一个重要特征是形成多主体合作治理结构。多主体合作治理结构意味着社会各类主体(包括行政组织、社会组织、中介组织、社会公众、营利性组织等)在共同参与公共事务管理过程中，需要形成合作和互动的过程或制度，尤其是通过建立共同协商和广泛参与机制，促进政府与社会之间的互动，进而建立政治稳定与社会活力相统一的社会秩序；建立社会共同体的网络组织，实现非行政性的纵向沟通和横向联系；进行广泛的社会动员，培养社会的自治意识、自治能力和自治习惯。

四、效能原则

公共管理为了实现一定的效果,必然要求具备相应的协调能力和支持能力,而体现这些能力的标准主要是效率和有效性。其中,效率反映的是公共管理过程中投入要素与实际产出之间的关系;有效性反映的是公共管理的实际结果与预定目标之间的关系。效能原则强调,在公共管理中必须实现效率与有效性的有机统一。

从理想的角度来看,公共管理应该实现高效率与高有效性的统一。但从现实的角度来看,效率与有效性之间存在着一定的矛盾,也就是说,在追求高效率的同时可能会出现低有效性的情况;在追求高有效性的同时可能会出现低效率的情况。片面追求高效率或高有效性,都不利于真正实现公共管理的目标。因此,必须根据公共管理的目标和要求,追求效率与有效性之间的有机统一,使公共管理的总体效能达到较为理想的状态。

五、均衡原则

在社会公众利益出现差异化的背景下,在公共管理的实际过程中必然会遇到社会公众不同的要求同时并存的情况,例如,公正与效率、长远利益与眼前利益、社会效益与经济效益等。虽然从一定的条件或者特定的角度来看,这些要求都有其存在的合理性,但是,这些不同的要求之间确实存在着矛盾和冲突的一面。如果不能妥善处理各种矛盾和冲突,就会影响公共管理目标的实现。

因此,在实际的公共管理中,必须根据公共管理的目标规定,既要考虑这些要求内涵的合理性,也要注重这些要求之间的协调性。只有在不同要求趋于均衡的条件下,才能取得公共管理的整体性满意效果。

〔案例3〕20世纪90年代末上海整治机动车非法营业始末

(一) 机动三轮车非法营业的基本情况及存在问题

1999年10月之前,上海街头流动着一道独特的"风景",成千上万辆装饰各异、五彩缤纷的机动三轮车在上海的大街小巷穿梭,非常忙碌地做着载客载物的生意。

据上海市公安局统计,截至1999年春节,上海共有机动三轮车约4万辆,可以分成三大类:第一类是残疾人专用机动三轮车,约1万辆,车主就是残疾人(包括外地残疾人),主要是残疾人代步使用。第二类是加装动力装置并涂有黄色标志的三轮车约0.2万辆,车主是刑满释放和劳教释放人员,主要是公安部门为解决他们的就业而允许其进行营业。第三类是无牌无证机动三轮车,约2.7万辆,车主主要是外来流动人员。无牌无证的机动三轮车中,既有加动力装置的三轮车,也有许多残疾人机动三轮车。这些车主并不是残疾人,而是利用残疾人机动三轮车从事非法的经营性活动。

近4万辆机动三轮车在上海街头行驶,挤占道路、危及安全、影响秩序、污染环境、损害市容,有损上海国际大都市的形象。尽管许多本地市民以及其他国内外友人一直呼吁要求加强整治,但是由于机动三轮车庞大的数目以及错综复杂的利益关系,多年来整治工作经历坎坷。

(二) 整治指导思想和总体思路的演变

自20世纪90年代开始,上海曾多次组织对机动三轮车非法营业的整治,采取强制式的行政管理方式,如,上街强行罚款或收缴三轮车。但管理部门的围追堵截和机动三轮车的左冲右突,演变为典型的"猫和老鼠"游戏。由于整治过程中引发的一些过激行为,影响到社会的稳定,每次整治行动最终都不了了之。

1999年年初,为了能够以良好的城市形象迎接APEC会议在上海的召开和建国50周年庆典,上海市委、市政府下决心彻底解决困扰上海多年的机动三轮车非法营业问题。

上海市领导提出必须要用全新的思路和方法来保证达到整治

的目的和效果。经过详尽的调查研究之后,有关部门提出了“依法管理、综合治理、疏堵结合、先疏后堵”的指导思想,形成了“以人为本,以安置就业、落实社会保障,做到既解决问题,又确保稳定”的工作思路。在此基础上,制订了具体的整治方案。

(三) 整治的具体措施

1. 修改相关法律法规

1999年7月12日,上海市人大常委会会议修改了2个法律的相关条款:(1) 修改《上海市实施〈中华人民共和国残疾人保障法〉办法》,一是明确扩大安排残疾人就业的主体范围,规定所有机关、企业、事业单位和社会团体均应按在职职工的1.6%安置残疾人,加大残疾人就业保证金征收的力度;二是对违法的残疾人可以拘留,劳教。(2) 修改《上海市道路交通管理条例》,规定残疾人专用车不得携带其他人员。

2. 安排残疾人就业

由市、区县民政部门牵头,全市各政府部门和企事业单位配合,从经费、岗位等各个方面落实残疾人的就业安置,保证残疾人的基本生活来源,解除残疾人及其家庭的后顾之忧。

3. 分类处理机动三轮车

(1) 对于残疾人专用机动三轮车全部置换成发动机排量在50毫升以下、无载客装置的新车,费用由各区政府给予一定数额的补贴。

(2) 对于黄车车主提供两种选择:改开货运出租车;更换为人力三轮车。

(3) 对于无牌无证的机动三轮车,如果没有合法来源凭证的予以没收;如果有合法来源凭证的,允许车主自行处置,也可以暂扣或折价处理。

4. 改善交通条件

一是组建货运出租车公司,公安交通管理部门提供6 000张左右的牌照。二是改善公共交通,全市新辟14条短驳线路、消除

53个公交盲点。

在做了大量艰苦细致的准备工作之后，1999年8月7日开始实施整治方案，至9月底实现了既定的阶段性目标。从10月1日起原有的4万辆机动三轮车一律禁止上街行驶。上海市民面对的是一下子空阔了许多的街道，机动三轮车曾经天天上演的繁杂和混乱终于在上海消失了。

案例资料来源：本书作者根据《文汇报》《解放日报》等相关报道整理而成。

案例思考题：

(1) 上海这次对机动三轮车非法营业的整治能够顺利达到预定目标的主要原因是什么？

(2) 结合本案例思考在公共管理中应该如何体现以人为本的原则？

(3) 结合本案例说明在公共管理中应如何体现均衡原则？

第二节　公共管理的目标

一、公共管理目标的特征

任何管理都是有一定的目的，把特定的目的具体化，变成可掌握、可衡量、可操作的要求和规定，就成为管理目标。

一般来说，目标是指人们进行某项活动所需达到的预期结果。管理目标则是指人们进行管理活动所达到的预期结果。进一步说，管理目标不但要考虑预期结果，而且还要考虑如何达到这一预期结果。也就是说，管理目标具有两重内容，一是预期的管理结果；二是达到这一预期结果所应采取的管理措施。

公共管理目标是一个难以下确切定义的概念，原因在于：首先,由公共管理的特点决定,公共管理目标是一个涵盖很广的范畴,很难用具体的定义来概括。其次,不同的国家或不同的地区,在不同的发展时期或阶段,公共管理目标存在很大的差异,越是具体的目标其变化也越快,使得用固定的理论来定义公共管理目标失去实际的意义。再次,公共管理目标自身是一个复杂的体系,较难用简练的语言给出其确切的定义。

虽然界定公共管理目标的确切涵义存在一定的困难,但这并不妨碍从公共管理目标特征的角度来理解其内涵。

第一,公共管理目标决定于公共管理的目的。公共管理目标是公共管理目的的具体化,某一管理目的可以化解为许多具体的目标,而相关的管理目标往往服务于某一管理目的。比较而言,管理目的侧重于质的规定性,管理目标则侧重于量的规定性。也就是说,公共管理目标是质与量的统一,不仅为公共管理确定了活动方向、性质、途径等质的要求,而且也决定了公共管理活动的范围、量化指标和评价标准等量的要求,客观上,也为公共管理手段的选择和公共管理效果的评价提供了可能性。

第二,公共管理目标具有进取性。公共管理目标是公共管理主体对未来发展状态的判断,既可以是质的描述,也可以是量的指标。不管这种判断是对公共管理活动理想状态的设定,还是对公共管理未来发展的预测,就其基本内容而言,它所要求的是通过公共管理活动,来实现社会的良性发展,提高社会公众的生活质量,增强公共服务能力,而不是反其道而行之,为管理而管理,或消极管理。

第三,公共管理目标的整体性。公共管理目标要全面考虑各方面的制约因素,综合反映各层次的具体要求。这样,公共管理目标必然是可分的,不但可以划分为各种具体指标,而且还可以根据公共管理机构的各个职能部门和不同层次,划分为分目标。这些具体指标和分目标具有更加显著的针对性和激励性,使公共管理更易为社会公众所接受。但是,公共管理目标的可分性并不否定其整体性。从社会整体发展的要求来看,公共管理的具体指标和分目标存在着统一的原则和内容。没有这种统一,就不能形成一个目标整体,也不能引导各项管理措施发挥同向作用,确切地说,公共管理目标的整体性和可分性反映的是公共管理总体与局部的关系。

第四,公共管理目标之间的矛盾性。从理论上说,在确定公共管理目标时,不能出现相互矛盾的现象。但从实际情况来看,公共管理目标之间的矛盾却难以避免。一方面,制订公共管理目标要考虑各种因素和要求,从目标的整体性出发,使各种因素和要求达到高度的统一。但是,实际上各种因素和要求之间存在着矛盾。另一方面,一定的公共管理目标必定与一定的公共管理手段相联系,也就是说,对某一特定公共管理目标有效的管理手段,不一定对其他公共管理目标产生效果,甚至可能会产生消极作用,这就决定了一定的管理手段只能实现一定的公共管理目标,任何一个公共管理目标都不可能替代另一个公共管理目标。正是这种矛盾性,使得在实际公共管理中容易顾此失彼,甚至可能采取完全相悖的措施。因此,在公共管理目标的制定和实现中,一定要从实际出发,统筹兼顾,适当安排,力争使各种矛盾得到合理的解决。

第五,公共管理目标的时间性和阶段性。任何目标都有一定的时间限制。对于公共管理目标来说,必须说明在什么时间或时期内,采取什么管理措施,达到什么预想目标。但是,对于一些公共管理目标,特别是中长期目标,可依据公共管理主体所判断的“重要程度”不同,而划分为阶段性目标。一般来说,某一公共管理目标已经实现程度越低,或者与社会发展的总体目标越接近,其重要程度也就越高。

第六,公共管理目标的伸缩性。任何目标都要力求文字表达简要明确,指标尽量定量化,否则难以在实际中具体实施,公共管理目标也不例外。但是,对于公共管理目标,特别是中长期目标,由于其复杂的程度,以及人们的认识和技术手段的有限,有时在文字描述或数量化方面并不一定能做到十分精确,应当允许有一定程度的弹性。因此,在制定某些公共管理目标时,只描述一个基本方向或规定一个允许幅度,不但不失其明确性和科学性,反而使其更具可行性和操作性。

二、公共管理目标的分类

公共管理一般可以分为宏观层次和微观层次。宏观层次属于整体协调和方向性管理,微观层次居于具体操作的指定性管理。前者主要在高级管理层中出现,后者主要通过中低级管理层来实现。因此,目标管理体系的确立应该也有宏观和微观两个层次。无论哪个层次的目标对公共管理的有效性都有着特殊的意义,表现为:(1) 协调宏观管理目标和微观管理目标的关系;(2) 通过最大限度地减少盲目性而节约公共资源(人力、物力和财力等);(3) 变直接控制和监督为目标控制;(4) 提供评价各级公共管理机构绩效的标准;(5) 调动各级公共管理人员广泛地参与公共管理决策。

在公共管理的目标体系中最高层次的是长远目标,其次是中期目标,再次是短期目标,最后是具体的活动目标。

长远目标是指与公共管理的根本利益、价值观、整体利益相联系的总体发展目标,体现公共管理的宗旨,是比较原则和抽象的目标。

中期目标是指围绕长远目标而制定的较长期努力的方向,通常不能完全实现公共管理机构的长远规划,但可以在某一或某几个方面实现长远目标,或者为最终实现长远目标奠定良好的基础和条件。中期目标通常以五年左右为期限。

短期目标是公共管理机构根据某一时期所处的环境和主客观条件的实际而制定的、必须在短期内变成现实的努力目标。因为短期目标的实现期限通常以一年为准,因而又可称为年度工作计划。短期目标是比较具体的规划,如当年计划实施哪些项目,要完成哪些任务，达到哪些指标状态等。

当前目标是在当前时期能够很快变成现实的工作打算，根据当前时期的工作重点来确定，期限一般以一个月或一个季度较为适宜，也有以半年为期的。当前目标具有一定的紧迫性，必须将它分解为具体目标，通过多种形式的具体活动来保证及时实现。

具体目标也就是操作目标，即某一次具体的公共管理活动所预期实现的目标和打算。任何公共管理活动都应有明确的具体目标，如达到什么效果，产生什么样的社会影响，与社会公众的关系改善到何种程度等，它往往是针对比较具体的问题而提出的。

长期目标、中期目标、短期目标、当前目标、具体目标相互衔接组成一个目标链，时间越近的目标围绕时间更远的目标而制订和展开。一般而言，时间越长的目标越笼统，仅仅是工作大方向；时间越短的目标越具体，越具有直接可操作性。时间长的目标通过分解成短期目标而具体化并使之变成现实。公共管理中最具基础性的工作就是要制订合理、可行的目标体系，尤其是善于把目标具体化，变成实际的管理行为。

在拟定公共管理目标时应注意以下几个问题：第一，任何层次的目标都必须具体、明确，即使长期目标也应规定公共管理的明确努力方向，而不能是模糊不清的。第二，目标要具有一定的灵活性，在某些方面应根据实际运行和操作情况加以修改和调整。因为目标指向于未来，而制定目标的时候却是从现实和过去出发的，其预测难免会有某些偏差和失误，要在运行中不断地矫正。第三，不同的公共管理机构所侧重的目标层次是各不相同的。对许多中低层管理人员来说，较长期的目标并不十分重要，这种关系全局和整体的目标应主要由高层管理人员去拟定，中低层管理人员更应关注具体的和当前的目标，但也要了解和善于化解高层管理人员的意图。对于高层管理人员来说，其主要任务是计划、组织、协调和控制，对于中低层管理人员来说，其主要任务是实施、执行、运作和评估。所以，层次越高的管理人员越重视抽象的目标，反之层次越低的管理人员越重视具体的目标。

三、当代公共管理发展的目标

20 世纪 70 年代末 80 年代初以来,世界上许多国家进行公共行政改革,形成了新公共管理改革运动。从各国公共行政改革的要求和目的来看,表现出一些相似性。

当代公共管理改革最早出现在英国。自 1979 年保守党执政开始,撒切尔政府就极力推动以调整经济政策、民营化、公共服务承包等为内容的改革。撒切尔政府一反工党的强化政府干预、管制市场的政策主张,倡导减少政府干预、大力发挥市场的力量。其政策目标包括抛弃工党政府采用的用控制需求进行宏观管理的政策;稳定私营经济;推动经济增长;减少政府开支,减少政府干预;刺激私营企业提高绩效、提高其生产积极性。[3] 在美国,1983 年共和党人里根就任总统后,也开始了以市场化为取向的公共行政改革。这些改革表现出来的一个共同趋向,"即传统的官僚制已经被一种以市场为基础的模式取而代之"。[4]

其后,公共行政改革进一步波及全球,许多国家(包括发达国家和发展中国家)都先后进行了公共行政方面的改革。一些学者对公共行政改革开展了系统的理论研究和总结,提出了"重塑政府"的目标和要求。其中,最为典型的是美国学者奥斯本和盖布勒,他们在《改革政府——企业家精神如何改革着公营部门》一书中,为"企业化政府"提出了 10 条原则:(1) 起催化作用的政府——掌舵而不是划桨;(2) 社区拥有的政府——授权而不是服务;(3) 竞争性政府——把竞争机制注入提供服务中去;(4) 有使命感的政府——改变照章办事的组织;(5) 讲究效果的政府——按效果而不是按投入拨款;(6) 受顾客驱使的政府——满足顾客的需要,而不是官僚政治的需要;(7) 有事业心的政府——有收益而不是浪费;(8) 有遇见的政府——预防而不是治疗;(9) 分权的政府——从等级制到参与和协作;(10) 以市场为导向的政府——

通过市场力量进行变革。[5]该书出版后不仅成为当年的畅销书，而且得到当时的美国总统克林顿的极度推崇："美国每一位当选官员应该阅读本书。我们要使政府在(20世纪)90年代充满新的活力，就必须对政府进行改革。该书给我们提供了改革的蓝图"。[6]

〔案例4〕20世纪90年代美国医疗保健制度的改革

克林顿就任美国总统后，以市场化为指导原则，开始重新塑造美国的医疗保健制度。该项改革的目标有两个：一是建立全民医疗保险制度；二是降低医疗费用支出总额。改革的特点是充分利用市场的竞争性，借助管理性的竞争机制来降低医疗费用。改革的核心是创立"区域性医疗联盟"制度，在每个州设置若干个代办区域内医疗保险费的机构，这些机构可以属于州政府，也可以是民间的非营利性公司。克林顿政府认为，市场比政府定价更能够控制医疗保健费用，公共部门制定普遍保健的预算和规定价格不是有效的办法，而利用消费者的选择和分散的市场力量就能够消除美国医疗保障开支中的低价值部分。市场与政府管制相比有六个方面的优势。

第一，市场更有可能压低医疗保健费用。无所不包的国家保健预算或许可能导致定量配给并限制医疗费用，但是实际上是根本做不到的。它的作用好像是在一只沸腾的壶上盖上盖子，而不是把火关掉，到某个时候盖子总要被冲掉的。建立医疗市场，则能够把火关掉，使消费者对服务的要求和提供者对补偿的要求都降低一些。政府官员不是很适宜于抵制消费者和提供者的压力，他们想要在政治上继续生存，就得表示同意。保健项目的管理人员和工作人员则要理想地适应使这些压力保持平衡，他们想要在经济上生存，就得设法使病人和提供者都集中于最谨慎和有效的医疗护理方式。

第二，市场能有效减少低价值开支。价格控制不分医疗质量好坏同等限制价格，没有办法奖励高质量的医疗，它只能使保健制度改革继续低效率,并可能使问题更加严重。规定价格已经产生了各式各样的后果,建立医疗市场可以部分地把费用转到私人支付者头上而限制公共开支。公共部门限制医生的诊疗费的做法常常导致医生增加治疗程序量的办法来补偿这些限制。政府管制医生诊疗费以及降低医生收费率的做法,必然导致医生实施超过需要的服务量,而不一定集中于对病人最有价值的医疗程序。克林顿政府的改革方案将改变这一奖惩机制,控制费用的动力将不再来自政治考虑决定的预算最高限额,不再是行政机构判断什么是明智的保健资金开支,而是在医疗保健项目之间进行受消费者推动的竞争,以最低的费用提供最优质的医疗护理。降低成本而不牺牲质量的项目能降低保险费和吸引更多的顾客。这种竞争将激励医疗保健项目经营者在价格问题上更果敢地同医疗提供者进行谈判。反过来,它将驱使医院和诊所对于它们能谨慎地推迟那些昂贵技术的购置作出艰难的选择。它将让医疗保健项目和医生自由革新有较高价值的医疗护理方法,同时向他们提供更好的信息,用以确定什么样的治疗程序和服务制度能产生价值。这样,把重点放在价值上,美国就能够真正地超过其他发达国家的保健制度,从世界上费用最高、效率最差的制度发展成为按照价值和效率的原则组织起来的唯一普遍享受保健的制度。

第三,市场能够加快速度、减少官僚主义和增强革新精神。政府定价往往导致官僚主义严重,速度极其缓慢。管理医疗保健项目的医疗保健资金管理署必须同每个州的承保人一起工作,监督来自 7 000 家医院和 50 万名医生的 4 亿多份账单,使用 475 项医院价格守则和 7 000 项付款守则。这个制度的变革进展缓慢。国会和医疗保健资金管理署花了大约 5 年时间为医生制定医疗照顾项目的新定价制度。这个制度要花 4 年时间逐步实施。这个制度每年对医生收费的调整将要靠 15 个月之久的数据,这个制度的方法每 5 年才更新一次,医疗照顾项目的条例往往落后于诊疗现状多年。在此期间,现行条例可能阻碍使用更加新式的和费用更低廉的治疗程序,或者为陈旧的或低价值的治疗程序多付钱。虽然医疗照顾项目给接受这个项目的人带来许多好处,但是如果把这个项目控制费用的方法推广到保健系统的所有部门,则会导致恶劣的后果。

与政府管制相反,以市场为基础的制度虽然也需要某种程度的管理和政府行政机构来制定和实施基本规则,以保证具体的保健项目不因高费用病人过于集中而受损害,并管理某些补贴。但是,关于价格和衡量治疗效果和质量的具体谈判则交由私人分散去做,这往往加快速度,增加灵活性,减少政治色彩。如在联邦公务员健康福利项目中,参加这一体系的每一个保健项目的经营者可以随意同医生和医院谈判费用,并因节省费用的革新而立即受到奖励。市场制度与政府管制相比,前者可以减少公共部门雇员,同时也可以减少管制的规则和条例,管理每百万受保人的联邦雇员,以政府管制为特征的医疗照顾项目需要 89 人,而市场制度为基础的联邦雇员健康福利项目则需要 16 人;平均每百万受保人的章程和条例页数前者为 677 页,后者只需要 23 页。

第四,市场方案比政府管制方案更加负责,更少有政治色彩。政府管制方案在政治上往往只对有组织的利益集团负责;而市场方案能够摆脱利益集团的寻租,更能够对一般的公众负责,它面临的主要压力在于消费者个人选择什么项目的决定,而不是一些政府官员的决定。在市场制度中,人们用在政府定价过程中的心思将转移到如何减少费用和如何招揽更多的顾客,并提高质量上。

第五,市场使政府以更明确的方式向公众负责。政府管制使政府可在医疗保健方面承担太多的责任,并且使医疗保健问题政治化,以复杂的政治程序来处理一些琐碎的问题,使得政府的责任非常含糊不清。在市场制度下,人们有了更多的选择,感到不满的患者有了更多的选择,感到不快的医生也有了更多的选择,因而不会把所有的问题都集中在政府身上,人们也可以通过市场中的选择来解决自己的不满,而不再总是倾向于通过复杂的政治程序来解决简单的问题。这样政府就可以只负责自己分内的事情,公共部门应该对补贴标准、增加收入的方法和保健市场的基本规则作决定,而不必对治疗程序、保健提供者以及组织和提供保健的制度的价值优劣作判断。

第六,市场制度可以减少政府预算的规模,节约政府编制庞大预算所需要的资源。同时也可以使得政府的补贴变得更加公平,把补贴给予最需要的人。

案例资料来源:毛寿龙,李梅,陈幽泓.西方政府的治道变革.中国人民大学出版社,1998:91-94.

案例思考题:

(1) 20世纪90年代美国医疗保健制度改革的原因是什么?

(2) 利用市场力量是否就一定能够消除美国医疗保健制度存在的问题?

(3) 美国医疗保健制度改革过程对我国医疗卫生体制改革有何借鉴意义?

1994年,世界银行发表的有关基础设施的报告中认为,为了高效率和负责任地提供基础设施服务,需要通过使用三种手段来变革激励机制:即商业化管理、竞争和有关人士的参与。政府和私营部门的作用也必须改变。技术革新,以及提供基础设施替代方法的出现,标志着公共管理改革应遵循下列原则:[7]

第一,像企业家那样管理基础设施,而不能像官僚。应把基础设施的提供看作是对消费者需求作出反应的一个服务行业并按此原则来经营。业绩不佳的原因是目的不明确,财政自主权和财经纪律几乎没有,以及不存在由消费者衡量的最低满意度。为了确保基础设施的商业属性,私营部门对管理、融资和产权的参与在绝大多数情况下都是必要的。

第二，引入竞争。竞争能给予消费者更多的选择，可以更好地满足其需求，它对公共物品提供者形成了压力，使之提高效率并对消费者负责。直接引入竞争的方法是，对没有技术障碍的公共活动实行自由准入；间接引入竞争的方法是，对那些存在自然垄断条件的专有服务的提供权进行竞争性投标，以及使替代服务的提供自由化。

第三，赋予使用者和有关人士更多的发言权和实际责任。如果基础设施活动会产生重大的外部影响，不管是好是坏，或者财经纪律还不足以确保使用者和其他有关团体负责，政府就要通过其他手段解决问题。在设计和规范基础设施服务方面，使用者和其他有关人士应有代表参与，在某些情况下，他们应在设计、经营和融资方面发挥重要的积极性。

第四，在融资方面有希望建立公共—私人的伙伴关系。私营部门对新设施能力融资的参与正在扩大。其经验教训是，政府应从简单的项目入手，从而取得经验。投资者的收益应与项目进展情况联系起来。所有必要的政府担保都必须仔细斟酌。

第五，在情况发生变化时，政府将在基础设施领域继续发挥作用。在政府的直接控制下，除了采取改善基础设施提供业绩的措施以外，政府还可以发挥改善环境状况，以及协调部门间关系的作用。政府还要负责创建法律和规章框架，支持私人参与基础设施服务的供给。

根据公共管理目标的特征，结合近年来世界各国公共管理改革和发展的情况，公共管理发展的主要目标是：(1) 提高公共管理机构的资源配置效率和工作效率；(2) 增加公共管理机构实施的公共管理计划和项目的有效性；(3) 通过职能转移缩小公共管理机构的规模；(4) 改善公共管理部门提供的公共产品和公共服务的质量；(5) 使公众更加容易获得公共服务，增强公共服务对公众需求的反应力；(6) 增加公共管理机构行为的透明度；(7) 完善公共管理机构的责任机制。

第三节 公共管理机构的职能

一、计划职能

1. 计划的定义

计划是公共管理的首要职能。计划包括两层含义：一是制定目标和为实现这些目标而必须作出的选择；二是在相应的法律法规范围内制定系统的工作程序。

> 公共管理计划是指，公共管理机构制定在未来一段时间内要实现的目标，以及为实现这些目标选择最佳的方案和路径。

衡量公共管理计划优劣的标准是：计划必须简明扼要地陈述清晰而明确的目标，并包含所有的行为过程；计划应该具有一定的灵活性，以针对现实中出现的意料不到的变化并作出必要的调整；为一些难以确定的因素保留必要的灵活性；允许经常性的可行性监督检查；能够充分传达至每一个有关的人员；具有与所制定的目标相符的资源条件。由此，有关衡量公共管理计划的标准可以概括为：整体性、连续性、灵活性和准确性。

2. 制订计划的必要性

在公共管理中，计划的主要作用是积极的，可以使公共管理活动尽量避免受到外来变化因素的干扰，沿着既定的目标进行；可以进一步细分目标，激发创造性思维；可以成为评价公共管理人员工作绩效的工具和依据；可以把有限的资源投入到计划所确定的目标上，达到资源的合理配置。

一个好的公共管理计划能引导公共管理机构的不同部门围绕公共管理目标规范管理行为，并经常对照检查。由于各部门会根据计划采取最佳的组织和管理行为，因而，能够避免各自为政，使管理行为更趋合理。换言之，公共管理计划本身还能产生效率和协调的效果(参见图3.1)。

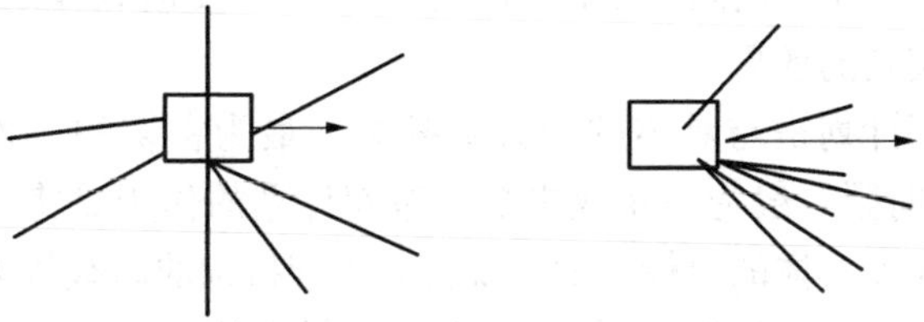

图3.1　计划前后各部门的协调性示意

3. 制订计划的前提和步骤

公共管理计划的制订实质上是管理目标的细分和实现过程，因而是有一定前提的，主要包括以下三个方面：第一，明确计划的目的、各部门的任务和职责。第二，选择最佳人员配备到关键职位上。第三，为目标的实现制定必要的行为约束办法。

公共管理计划的制订主要由公共管理机构中的高级管理人员来承担。计划的酝酿过程实际上是与不同的利益集团及社会不同成员“谈判”的过程。因此，制订计划必须遵循一定的程序和步骤，以保证计划的合理性。这些步骤包括：目标的分类；对现状进行深入的调查和评估；在权衡各种计划的基础上选择实施路径；确定最佳的方法。

4. 计划的类型

公共管理计划主要分为长期计划和短期计划两类。当然，所谓长期和短期是相对而言的，在不同的情形下会有较大的差别。

长期计划是指导管理性计划的计划，其时间跨度一般在三年或三年以上。在制定长期计划时必须充分考虑各种影响因素，包括：(1) 明确管理目标，了解哪些是必须做的；(2) 对公共管理机构当前的运行状况进行自我评估,了解自己所处的位置;(3) 和其他公共管理机构的计划进行比较,了解相关机构当前的状况;(4) 了解哪些计划是可行的;(5) 决定采用何种路径;(6) 决定具体由谁来承担,并排出工作日程表;(7) 设计反馈和计划评估,及时了解实施的效果。

短期计划是与具体的公共事务关系最为密切的一种计划形式,计划时限一般为一年或更短。短期计划的作用是将长期计划分解为很多具体的目标。如果说公共管理机构的高级管理人员主要在长期计划中发挥作用的话,那么中低级管理人员就是短期计划的具体实施者。制定短期计划也同样要考虑上述七个方面因素,所不同的是它更着重于过程的实施。

二、组织职能

1. 组织的含义

根据公共管理机构中不同层次的公共管理人员的实际作用,组织有两层含义:第一层含义是由高级管理人员承担的,目的是实现公共管理机构某一较为宏观的管理目标,这被称为“组织”(Organizing);第二层含义是由中低级管理人员完成的,在具体运行层次上,根据现有资源和约束条件对宏观管理目标进行细分,这被称为“重组”(Reorganizing)。在大多数情况下,主要根据第一层含义使用“组织”一词。

从本质上讲,公共管理中的“组织”是为了某一特定目标而对权力所作的组合过程。例如,在美国纽约等大城市成立“政府理事会”(Council of Government),目的是把州政府、城市、城镇及城市内行政区的权力集中起来,以实现依靠单个地方政府的力量所不能达到的目标。又如,交通设施的建设和空气污染的治理也需要政府和社会各方面力量的共同努力。也就是说,为了有效地实现某一公共管理目标,需要对某一公共管理机构或主管部门进行权力的重新组合,或建立新的公共管理机构。在一般情况下,组织需要较高的权力成本。

2. 组织的类型

第一类是根据公共管理目标而设立的组织形式。一般而言，公共管理目标包括医疗卫生、教育文化、社会保障、征税等方面。为了一定的公共目的而兴办公共项目，通常很容易得到社会公众的理解和支持。这是因为这些公共项目不仅将能满足社会公众的需要，而且也将创造更多的就业机会。根据公共管理目标设立组织的主要困难在于，某些公共管理目标之间较难明确区分。

第二类是根据办事程序而设立的组织形式。公共管理的实际运作过程是依据科学原理而设置的程序化过程，包括授权、环节、标准、承诺、时间等要素。根据办事程序性要求组成特定的组织机构，汇集专业的管理人员和技术人员，可以为社会公众提供更好的公共服务。但是，根据办事程序设立组织机构实行程序化、标准化的管理运作，有时却不容易得到社会公众的理解。同时，由于配置专业人员，使这些部门的运作成本一般比较高。

第三类是根据地域性需要而设立的组织形式。为了有效处理公共事务，可以根据地域性需要设置相应的公共管理管理机构。其好处在于：有利于当地社会公众的参与；可根据当地实际情况对工作程序作出必要的调整；有助于对社会公众的实际需要做出快速反应。当然，根据地域而设立的组织形式也会产生一定的困难，即对服务质量一视同仁的要求。事实上，公共管理机构在提供管理和服务过程中，不同社区或不同社会成员所接受的服务数量和质量总会有一定的差别，但如果处理不当，容易引起社会公众的矛盾及对公共管理机构的负面评价。而为了满足社会公众对服务数量和质量一视同仁的要求，公共管理机构将要付出较高的协调成本。

上述三种类型组织形式的设立并没有明显的界线。在具体的公共管理过程中，有关公共管理机构的设立既要依据一定的工作流程，也要面对一定的服务对象，当然地域因素也是不能忽视的。总而言之，任何公共管理组织形式设立的目的都是为了能够更有效地实现一定的公共目标。

3. 高级管理层的组织

在新的公共管理组织机构形成过程中,至少要考虑三个问题:首先,所设立的组织机构必须发挥相应的作用,并与公共管理目标相一致。其次,减少组织机构内部、机构与机构之间的摩擦。新的组织机构的设立只能有助于工作的开展而不能起阻碍作用。高级管理人员的职责是着眼于设立并维护新的组织机构以处理公共事务,并使技术程序、正式的政策法规按组织运作的要求组成一个密不可分的整体。再次,必须协调组织机构各部门与外部影响因素之间的关系;在变动过程中充分考虑稳定的因素;保持绩效与不断创新相结合;管理目标实现与公共利益实现相结合(参见图 3.2)。

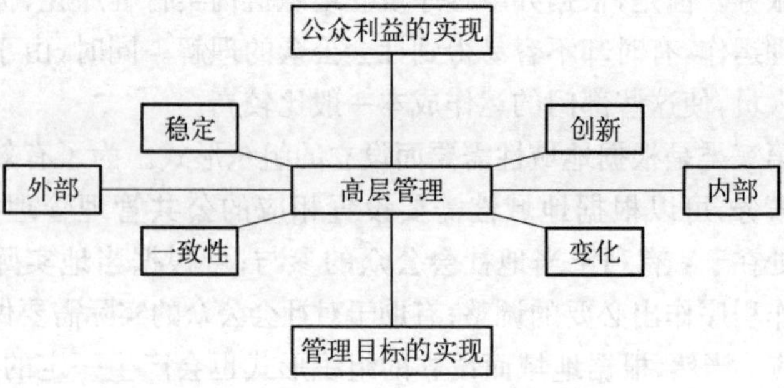

图 3.2　高级管理层组织的影响要素

4. 中低级管理层的重组

公共管理组织向下级延伸并进入正式运作,实质上是一个重组的过程。在这一过程中,起主要作用的是中低级管理层。从广义上来说,就是把具体操作者的工作与组织的目标联系起来,前者直接向社会公众提供管理和服务,后者则已经体现在总体工作计划中。这种联系过程就自然包括了重组的成分(参见图 3.3)。从字面上看来,重组是指对组织机构做比较大的、非经常性的变动,但是在这里,重组指的是中低级管理层在组织中的作用。

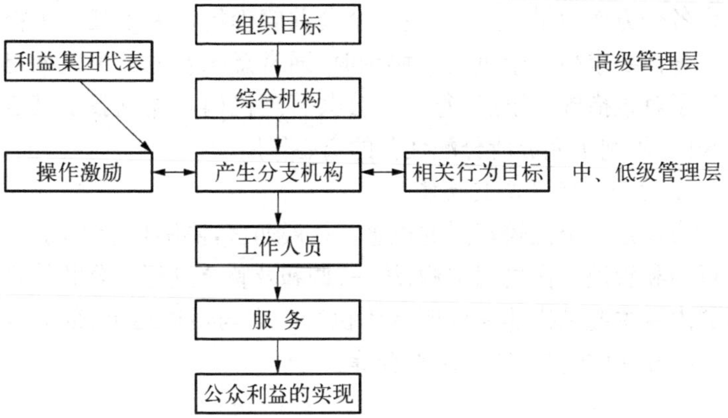

图 3.3　组织和重组关系示意

高级管理层站在本系统的高度上考虑问题，而中低级管理层则着眼于实现经过分解了的具体目标和日常工作。它包括两个过程：一个将大的目标分解为众多小的目标，以发挥专业聚集的作用；二是努力将这些小的目标联系起来，以产生协作效应（这种协作效应大于个体效应的简单之和）。由于需要实现管理的专业化，同时又要保持组织的协作性，因此中低级管理层在努力使自己的工作紧扣高级管理层制定的中心工作的同时，就必须不断进行重组。

三、协调职能

协调是公共管理的主要职能之一。在具体的公共管理中，把众多的公共管理机构组织起来是经常发生的事情。特别是当公共管理和公共服务项目的增加或削减以及规章制度发生变化等时候，组织协调工作显得更加重要。简单地说，协调就是根据一定的时间、数量和质量要求向社会公众提供良好管理和最佳服务的过程。

协调之所以在公共管理中具有很高的地位，其原因就在于：第一，要执行任何一项公共管理措施并使其获得成效，必须调动和整合各个方面力量。第二,当一个公共管理机构为了某一项措施的实施而要求另一个机构的协调时,通常意味着另一个机构已经事先了解该措施。第三,每一个公共管理机构必须克服由其成员带来的、不利于完成所分配任务的离心作用。

1. 协调的定义及其功能

协调是一个比较宽泛的概念。一般而言,协调是管理功能、管理行为和管理运作之间重构、统一、调和及整合过程。公共管理协调的内涵主要是描述和说明具体执行的人与最终结果、部分与个体之间和谐的组合、统一及整合等。

公共管理协调是指,为了达到某一个管理目标,在一个群体运动中将不同的力量组合起来,是在管理中各个主体功能的有机组合。

协调中的沟通是连接人的行为和管理目标的桥梁,它主要由中低级管理层来实现。在很大程度上,沟通是通过提高公共管理机构内部的信息有效交流来实现的。在管理工作中,沟通是必不可少的:首先,由于时间的关系,高级管理层尤其是决策层往往忽略所下达的指示或所采取的行动中与整体脱节的地方。其次,高级管理层的指示经常是在匆忙中下达的,缺乏必要的交流。再次,专业人员大都以完成本职工作为目的,很少考虑如何将他们的工作纳入整体目标中。因此,公共管理人员需要经常在日常管理工作和所预期的目标之间进行充分而有效的沟通。那种认为通过组织制度就可以自动实现沟通的想法是不现实的。

在公共管理中,有悖于整体目标的行为通常称作"管理脱节",意指工作程序的相互背离,这是协调工作中的重点和难点。在任何级别的公共管理机构中,内部管理行为都是围绕着不同的目标进行的,并设计了不同的工作程序。但是,这些工作程序之间或多或少存在着矛盾和摩擦,在有些情况下甚至出现相互冲突,在一定程度上已经成为提高公共管理效率、实现公共管理目标的障碍。

2. 高级管理层的协调

在当代公共管理中,协调已为各管理层所广泛重视。总体上看,高级管理层主要是在协调外部环境和在本机构内部构筑协调机制方面发挥作用,其主要形式是协调委员会。

协调委员会能行使外部协调和内部协调的双重职能。对很多公共管理机构来说,协调委员会的权力是由法律赋予的,以使其能在各种利益集团之间进行有效斡旋。当对某一具体的公共事务的处理已经明显超出了这一层次管理人员职能范围的时候,协调委员会负责向其上级提供决策咨询,或在管理工作中直接扮演上级的角色。

总的说来,为高级管理层服务的协调委员会在行使职能时需要注意一些相关的问题,如在所有成员中贯彻本机构的整体要求,形成沟通意识;经常、及时地从上级获取新的工作安排和进展;争取工作人员和各业务主管对委员会工作的理解和支持;提醒下级业务主管留心上级关心的其他事务等。

3. 中低级管理层的协调

中低级管理层处在高级管理层和具体操作者的中间层次,它的协调功能也就定位于此,即在公共管理措施实施过程中发挥作用。上级公共管理机构制定的管理措施一般都是妥协之策,因而目标不可能定得很清楚,仅仅是方向性的,甚至是隐含在措施中的。这就意味着中低级管理人员经常接受一些不甚明了,甚至是自相矛盾的任务。所以,中低级管理人员面临大量的协调工作。协调是一门艺术,它要求将不同利益和要求的集团或个人联合起来,并引导他们为共同的目标同心协力。为了达到这样的目的,需要用一些高级管理层所采用的协调办法,如派出代表、沟通、成立协调委员会等。但是,也有一些协调手段是中低级管理层所特有的,通过项目管理和契约监督进行协调就是其中的两种。

第一种通过项目管理进行协调。在公共管理中,由于经常出现各部门的行为与公共目标相背离,需要对各种资源、要素进行配置,这就是协调工作。中低级管理层协调工作主要是:(1) 设定目标。将各方分散的、低层次的要求组合起来,形成能为各方所乐于接受的公共项目;(2) 机构设计。将项目的各个部分分解给不同的部门负责实施,但保持各部分的整体性、协调性;(3) 信息交流。对来自各方面的信息进行鉴别、监控;(4) 形成激励。建立科学的激励机制,使承担各个部分工作的部门尽心尽力,各司其职;(5) 战略决策。根据目标,优化决策方案;(6) 优化修正。根据现实需要,对人力资源和物质资源进行合理配置。

第二种通过对契约履行状况的监督进行协调。在大多数西方国家,公益事业、人力资源服务、住房建设、医疗保健、劳动力资源的开发等均以合约的形式委托给私人经营,20 世纪 70 年代后,出现持续的"从权力走向合同的运动"[8]。在一般情况下,中低级管理人员是这种合约的监督者。本着维护公共利益的原则,中低级管理人员需要具备有关合约内容、合约实施步骤、合约类型等方面的业务知识,并努力成为合约管理的专家。具体说来,中低级管理人员在合约管理中承担的主要工作是:(1) 充当公共管理机构的代表;(2) 促进合约的履行;(3) 从各方面给予必要的协助,如信息、协助解决问题、审批等;(4) 与公众广泛接触,倾听他们的意见;(5) 经常提供项目进展报告,对项目进行质量验收。

四、控制职能

1. 控制的定义

在预先拟定的目标实现过程中,需要适时对计划进行调整,这一过程就是控制。如前所述,计划是目标及其实施途径的规划;组织是根据目标设立必要的管理机构;协调是人力和物质资源结合的过程。控制要解决的是如何把具体的运作和最终目标联系起来的问题。控制是一个很活跃的要素,它贯穿于整个管理过程,依据总体目标对管理者和操作者的行为进行指导、修正。

公共管理控制是指,对公共管理过程的监督、调节和修正,使之与拟定的公共管理目标相符。控制的目的是实现目标,对人的监督是控制的手段而不是目的。

控制系统。公共管理机构的权力来自社会公众,必须处处以公共利益为重,想方设法提高管理效率和管理绩效。在长期的公共管理实践中,已经形成了一套有效的控制系统(参见图 3.4),它是公共管理机构产生良好绩效的重要保证之一。

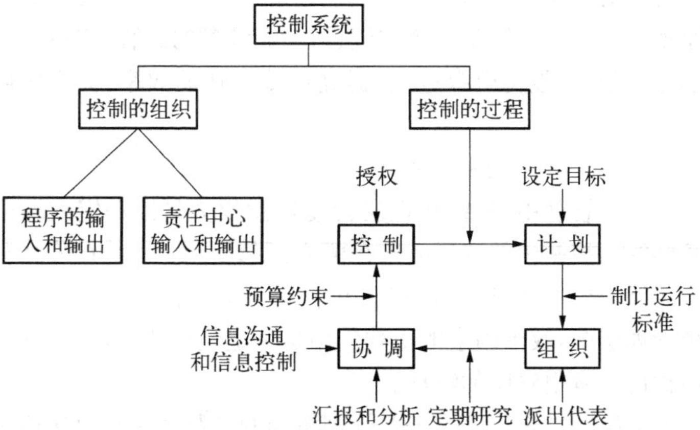

图 3.4 管理控制系统示意

公共管理机构在控制系统中的主要作用是:(1) 授权或委派。通过向系统中的执行机构授权或委派代表进行控制。(2) 信息沟通。在高层次范围内和新闻媒介接触中,宣传公共管理机构的措施和目的,解答质疑,澄清是非。(3) 管理考核。制定科学的管理考核制度,明晰各下属机构、部门的权力、义务。(4) 汇报检查。定期对公共管理过程进行汇报和检查,评定管理成绩。

控制过程。控制是权力的体现,对人们的行为进行具体的引导。控制不是既定要素的简单投入过程,它着眼于措施或目标执行程序中输入的调整,以达到预期的结果。

控制系统是由高级管理层设计和制定,而由中低级管理层实施的。但是在实施的过程中,重点不是系统本身而是具体执行的人。对具体实施者必要的干预不是靠施加压力,而是更富有人情味的调整,作用的渠道主要是增进沟通和合法领导机制的建立。在高层管理人员看来,需要通过下属来传达、实现他们的控制目的,并在处理问题时赋予其相当的灵活性。因为当接到上级的指示时,中低级管理人员需要将其扩展和细分,然后再逐一付诸实施。

对于控制过程可以作以下简要叙述:控制是对结果的检查。控制的目的是确保任何时候任何管理行为均与计划、既定的程序和原则相一致。控制是一个比较、讨论和评判的过程,它可以起到激励计划制订、强化组织过程、提高上传下达的效率、促进协调的作用。

2. 高级管理层的控制系统

在公共管理中,高级管理层行使控制权力是以一定政治因素为基础的。控制中的政治因素在两方面起作用:一是在公共管理机构运行的外部环境;二是在公共管理机构运行的内部环境。在高级管理层中,政治因素的影响作用是举足轻重的,这与中低级管理层相比具有很鲜明的特征。

外部控制。任何一个公共管理机构的控制系统是由法律来规定的。它规定设立该机构的目的,界定高级管理层的权力,决定哪些权力可以对外或向下属授权。高级管理层要从大量法律条款中明了他们行使控制的权力。高级管理层将自己定位于“看门人”的角色,在本机构与授权机构之间起到“看护”作用,以准确理解权力授予的内容和范围,避免因授权不当造成被动的局面。

内部控制。公共管理机构内部的控制程序反映了高级管理层行使控制权力的意志。它要求高级管理层必须先准确把握如何以及在什么范围内行使自己的控制权力。高级管理层基本控制权体现在以下方面:一系列正式的指示;准确计算下属完成某项任务所需要的时间;确定工作中哪些方面需要调整,以和最终目标相一致；决定哪些行为需要纠正，哪些目标需要及时修正；确保新的指示和目标相符。

在公共管理繁杂的管理事务中，高级管理层应遵循以下基本原则：第一，所下达的指示必须在自己的权力范围内；第二，在下达指示前，充分考虑下属能否接受，尽量减少下属抵制指示的可能性；第三，尽量控制下达指示的数量；第四，向下属说明评价工作成绩的标准；第五，在众多工作和活动中，选择部分内容（尤其是有明显争议的内容）进行示范性检查，清楚阐明要求。

3. 中低级管理层的控制

控制是对管理行为的调节，使之和预期的目标相符。对中低级管理人员来说，他们的控制重点是执行的结果。他们执行上级制定的目标、计划和标准，并在实际行动中对照检查。当他们认为结果会和目标相符时，就拍板批准具体操作者执行该方案；当发觉执行结果不能令人接受的时候，他们就会考虑对其进行干预并加以纠正。中低级管理人员行使控制权力的需要经过四个主要步骤（参见图3.5）。

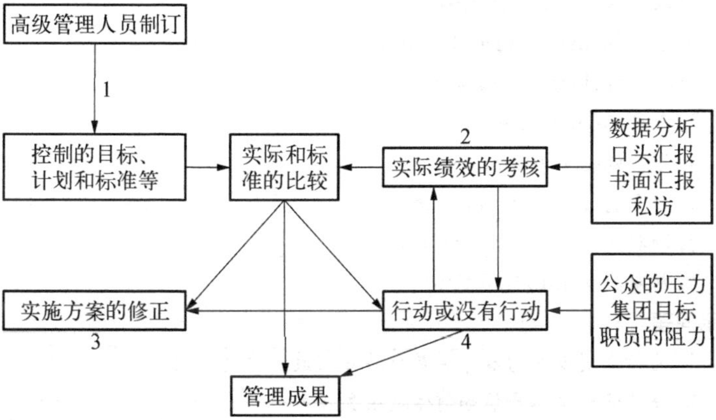

图3.5 中低级管理层控制过程的步骤

中低级管理人员在公共管理控制系统内行使其控制职能，他们发挥作用的主要途径是充分使用被授予的权力。在此基础上形成了公共管理计划、组织、协调、控制等职能之间的互动关系(见图 3.6)。

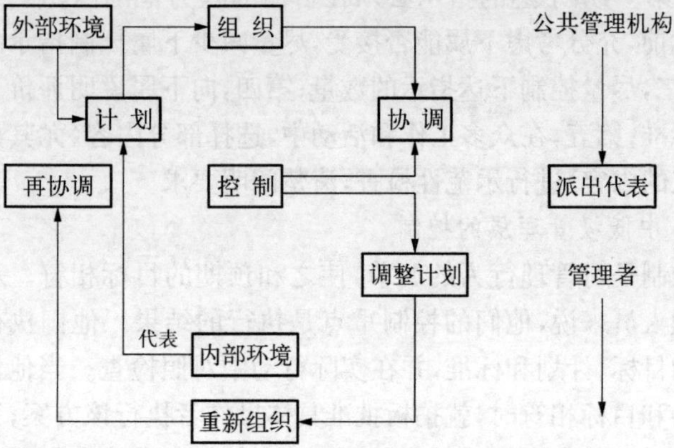

图 3.6 计划、组织、协调、控制职能互动关系示意

重要概念

以人为本(people-oriented)

管理目标(management by objective)

长期目标(long-term goal)

中期目标(mid-term goal)

短期目标(short-term goal)

计划职能(functional planning)

协调职能(coordination function)

控制职能(control function)

提示问题

1. 为什么说以人为本原则是公共管理最主要的原则?
2. 公共管理主体应该如何体现服务原则?
3. 合作原则在公共管理发展中具有哪些重要意义?
4. 公共管理中效能原则的内涵是什么?
5. 均衡原则在公共管理中有什么重要作用?

6. 为什么说公共管理目标必须是预期结果与管理手段的统一?

7. 公共管理目标有哪些特征?

8. 当代公共管理发展的具体目标是什么?

9. 公共管理计划包含哪些方面的涵义?

10. 协调职能在公共管理中有哪些重要作用?

11. 如何理解公共管理实践中出现的"管理脱节"现象?

12. 公共管理控制的目的是什么?

章节文献

［1］ 徐邦友.社会变迁与政府行政模式转型.浙江学刊,1999(5).

［2］ 郁建兴,江华,周俊.在参与中成长的中国公民社会——基于浙江温州商会的研究.杭州：浙江人民出版社,2008.

［3］ 毛寿龙,李梅,陈幽泓.西方政府的治道变革.北京：中国人民大学出版社,1998.

［4］ ［澳］欧文·E·休斯.公共管理导论(第二版).北京：中国人民大学出版社,2001.

［5］［6］ ［美］戴维·奥斯本,特德·盖布勒.改革政府——企业家精神如何改革着公营部门.上海：上海译文出版社,2006.

［7］ 1994 年世界发展报告：为发展提供基础设施.北京：中国财政经济出版社,1994.

［8］ ［美］菲利普·库珀.合同制治理——公共管理者面临的挑战与机遇.上海：复旦大学出版社,2007.

第4章 公共管理的主体行为

本章提要

政府职能转换的实质是政府职能重心的转移和政府管理方式的变化。加强服务型政府建设是政府职能转变的新的方向和要求。

20世纪80年代以来，世界范围内国有公共企业改革进一步向纵深发展，其中重要的内容是着眼于调整国有公共企业的产权关系。与此相适应，改变国有公共企业的经营机制成为重点。但从实际结果来看，在国有公共企业改革与经济效率提高之间不存在直接对应关系。

社会组织是在政府、市场、社会之间发挥服务、沟通、协调、公证、监督等作用的非政府、非营利的社团、行业组织、社会中介组织、志愿者团体等。

公共管理多主体合作要求根据公共管理不同主体的行为特征和能力优势，形成界面清晰、功能区分的复合体，既发挥各自优势，又形成相互补充，进而提高全社会公共管理的整体能力和水平。

当代公共管理发展的一个重要特征是管理主体构成的变化：一方面，作为公共管理机构中最重要组成部分的政府，其管理职能和管理方式必然要随着时代的发展而转换；另一方面，越来越多的社会组织及社会公众参与公共事务管理过程，使公共管理主体的行为特征发生了许多明显的变化，同时，多元化的公共管理主体之间也面临不断探索新型合作关系的要求。

第一节　政府职能的重新定位

一、政府的范围和职能

在许多情况下，国家与政府这两个概念是混用的，可见，国家与政府有着密切的联系。从公共权力的角度看，国家代表了一定地域范围的公共权力，它是抽象的；政府则是具体行使国家公共权力的机构。也就是说，政府是公共权力的执掌者；同时，政府是按照一定规则建立起来的组织机构体系。

在政治学的研究中，政府的范围在不同层次上是有差别的，一般可以归纳为：(1) 最广义的政府，是指制定规则，为社会公众提供服务的机构；(2) 次最广义的政府，是指治理国家或社区的政治机构；(3) 广义的政府，是指执掌公共权力的所有的国家机构，包括多级立法机关、行政机关和司法机关；(4) 狭义的政府，是指多级国家行政管理机关，即按照立法、司法、行政三权分立的原则而建立起来的行政机关，包括中央和地方的行政机关。

作为社会公共事务管理主体的政府主要应该理解为狭义的政府。一般而言，公共管理是具体的管理过程和管理方式，虽然政府在对社会公共事务进行管理的过程中必然要遵循和体现一定阶段内国家的基本原则和基本任务，而这些基本原则和基本任务需要经过立法机关和司法机关才能形成和确定，但是，这些仅仅是规定了行为准则，而不是行为本身。因此，具有行使管理行为能力的只能是政府行政机关。

政府职能是指,政府在社会活动中固有的功能,是适应国家的根本目的而形成的政府活动的基本方向和基本内容。

从政府职能的定义中可以看到,政府职能包括在国家职能之中。“作为政府实体的国家的行为,既存在于对表达其意志所必需的活动中,也存在于对执行其意志的活动中,在进行政府活动之前,必须建立或形成国家或主权者的意志。而如果这种意志会导致政府行为的话,则国家或主权者的意志形成了以后,就必须得到执行。进一步说,国家或其机关的一切行为,都是为了既便于这一意志的表达,又有助于这一意志的执行。这一点,似乎无论其政府体制形式上的特点如何都莫不如此。”[1]政府行为是政府职能的具体运用,既然政府行为必须表达和执行国家的意志,那么,政府的职能也必然包括在国家职能之中。相比较而言,国家职能强调的是功能的本质性和总体性,政府职能则侧重于功能的具体化和实际的运作过程。

政府作为公共权力的执掌机构,其基本职能就是维持、处理社会公共事务。政府职能可以从三个角度进行分类:首先,从职能作用领域的角度看,可分为政治职能、经济职能、教育科学文化职能和其他社会职能;其次,从职能属性的角度看,可分为保卫性职能、统治性职能、管理性职能和服务性职能;再次,从职能作用方式的角度看,可分为立法职能、司法职能、行政职能和监察职能等。一般情况下,主要是从职能作用领域的角度来分析和研究政府职能(参见图 4.1)。

政府职能的本质要求是保证全社会公平与效率的实现。公平与效率属于历史范畴,每个时代都有其特定的内涵,只是在现代社会表现得更为突出和强烈。公平与效率是辩证统一的关系,不能维护一定程度公平的社会将是不稳定的,受到不公平待遇的社会成员不可能保持和提高效率,最终整个社会将失去效率;同样,平均主义不会实现真正的公平,只会导致社会成员进取精神的消沉

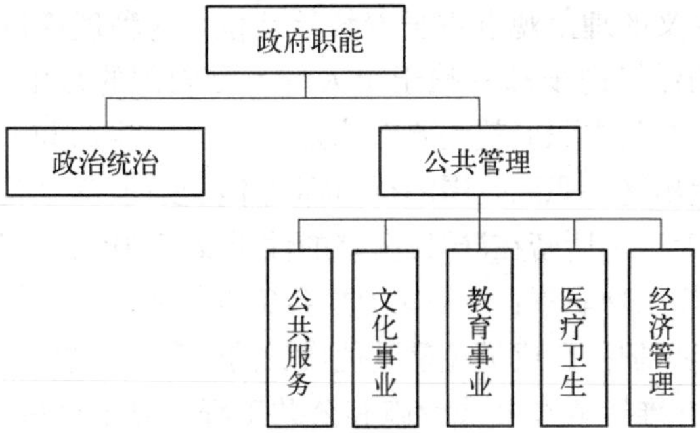

图 4.1　政府职能构成

和工作热情的丢失，使社会发展缺少足够的动力，而一个低效率的停滞不前的社会也不可能维持长久的公平。因此，政府职能的理想目标是实现高效率基础上的公平。

二、政府职能的转换

政府职能的内涵并不是政府预先设计的结果，而是社会发展客观要求的产物。从历史上看，政府职能的内涵经历了从简单到复杂、从注重眼前利益到注重长远利益、从“人治”到“法治”的发展演变过程。从政府职能演变的过程及现状，可以判断一个国家政治、经济和文化的发展程度。

20 世纪 50 年代以来，世界上许多国家出现了政府职能转换的趋势。但是，政府职能转换的目的既不是取消政府职能，也不是削弱政府职能，确切地说，政府职能转换的实质是政府职能重心的转移和政府管理方式的变化。

政府的基本职能主要包括两大类：即政治统治职能和公共管理职能。在人类社会相当长的时间内，政府职能的重点是政治统治职能，特别是实行阶级统治和维护政治秩序的职能发挥得尤其充分，这是与生产力水平相对较低情况下，统治阶级努力维护自身利益和巩固统治基础的要求相一致的。在自由竞争资本主义时期,自由主义的理论观点占据着统治地位。这种理论信奉的信念是,社会的任何进步都有赖于个人的不受限制的自由和创造性。因此,政府的基本职能就是要保障人们的自由、生命和财产不受侵犯,任何超出这一职能范围的行为都是不必要的,甚至是令人无法忍受的。亚当·斯密在《国民财富的性质及其原因》一书中为政府规定了这样三种职责:一是保护社会免遭其他社会的暴力行为和侵害;二是保护社会成员免遭其他成员的侵害和压迫并主持正义;三是建立并维持某些公共设施和公共工程。对于最后一种职能,斯密特意作出解释说,这类机关和工程对一个大社会当然是有很大利益的,但是就其性质来说,若由个人或少数人办理,那所得利润绝不可能偿其所费。所以这种事业不能期望个人或少数人出来创办维持。这样一来,政府所从事的经济活动就被严格地局限在那些私人无利可图却对整个社会有益的少数公共工程之中。斯密对政府职能所作的规定,一方面体现了"最好的政府就是最小的政府"这种思想,另一方面也勉强承认了政府具有一定范围公共管理的职能,即政府可以在建设公共设施和公共工程方面发挥一定的作用,只不过这种职能应尽量给予控制,因为"任何膨胀的国家都会侵犯人们不被迫去做某些事情的权利,因而是非正义的"[2]。

在社会生产力极大提高和社会生活日益丰富的情况下,阶级统治的稳固和社会的稳定不仅要求强化政治控制,还要求基本的经济保障和社会公正。因此,政府应该积极地干预社会生活,政府的公共管理职能也应该不断得到增强。特别是20世纪以来,政府对社会经济生活全面而广泛的干预,使政府的公共管理职能显得越来越重要,政府的公共管理成为整个社会正常运行必不可少的条件,政府日益成为社会的核心机构。

在公共管理职能日趋强化和突出的同时,政府的政治统治职能似乎相对弱化,甚至有人提出政治统治职能已不再重要。实际上,政府的职能是一个整体,政治统治职能和公共管理职能是相互联系和相互影响的统一体,并非是相互矛盾和对立的。在一定意义上，政府的公共管理职能是统治阶级为了维护其统治的合法性，通过提供大量公共服务来寻求广泛的社会支持。因此，公共管理职能不仅不损害政治统治职能，而且是为国家的整体要求服务的。

就发展趋势而言，政府公共管理职能的重要性和影响力日益扩大，特别是其中经济管理职能的急速膨胀，进一步拓宽和加深了公共管理职能。当然也不可否认，在特定的时期政府的政治统治职能也确有加强的需要。政府的政治统治职能和公共管理职能的这种变化轨迹，与社会经济发展的要求和趋势是相适应的。如果说国家及其作为代表的政府有不同的阶级属性的话，那么，任何国家及政府的公共管理职能则是共同的，而且，政府行使公共管理职能都是以公共权力为表现形式的政府行为。因此，随着公共管理职能的扩大，国家所具有的阶级属性就越可能被忽视。

社会本身的繁杂性决定了公共事务的广泛性和复杂性，政府绝不可能将社会全部公共事务纳入其公共管理职能范围。同时，政府承担的公共管理职能所涉及的公共事务也是不断调整变化的。这种变化取决于一国统治阶级的政治抉择，取决于社会发展的客观需要和可能条件。社会公共事务的调整变化既可能使公共管理的领域缩小，也可能使公共管理的领域扩大，或者使公共管理的某些领域弱化，而另一些领域得到强化，也可能会衍生出公共管理的新领域。

从总体上看，公共管理领域和范围是在不断扩大的，其中经济管理职能的扩大尤其突出。20世纪50年代以来，政府的经济管理职能的作用范围越来越大，渗透到社会经济生活的各个领域。政府的经济管理职能主要表现为以下三个方面：(1) 保证和促进市场公平竞争；(2) 参与经济运行和经济活动，保障社会公共产品的供给；(3) 干预和调节经济运行过程，以实现既定的社会经济发展目标。政府经济管理职能的加强是与社会经济活动日趋复杂化和多样化密切相关的，也是适应社会成员共同享受经济发展成果的要求的必然选择。

三、政府管理手段的调整

政府职能的转换还应包含管理手段上的调整。政府职能的实现需要借助于具体的管理手段,这些手段主要有三种。

第一,法律手段。一般而言,法律是指国家机关依照一定的立法程序制定与颁布的规范性文件,同时还包括国家其他政权机关和地方政府在自己的职权范围内制定的法令、条例、章程等行政性法规。法律手段的特点在于,它的制定和修改要经过一定的程序,具有最大的严肃性和连续性,它以国家权力作为后盾,具有最高的权威性和最大的强制力。

第二,行政手段。行政手段具有权威性,管理者的权威越高,其管理效果也越大;行政手段具有强制性,上级通过命令、指令、指示等形式向下传递决策,下级必须服从上级的决策;行政手段具有垂直性,信息是通过组织机构垂直输送的。这些特点使得行政手段在管理中表现出更强的针对性和有效性的优势。

> 行政手段是指,各级政府机构凭借上下级之间的权威和服从关系,对社会进行管理的各种方法和途径。

第三,经济手段。经济手段是政府依据客观经济规律,用物质利益去影响人们行为的管理方法。经济手段的运用需借助于具体的经济指标和经济杠杆,这些指标和杠杆涉及社会公众各自的利益必然引起即时的、充分的反映,而且,对物质利益的反应更有真实性。

任何管理手段都不是万能的,都具有特定的适用范围。在许多情况下,只有各种手段并用才能取得良好的效果。在政府职能的转换过程中,越来越突出法律手段和经济手段的作用,同时,要求不断提高行政手段的效率。

四、服务型政府建设

服务型政府作为新型的政府模式,建立在对传统政府模式全面革新的基础上。

> 服务型政府是指，在公民本位、社会本位理念指导下，在整个社会民主秩序的框架下，通过法定程序，按照公民意志组建起来，以为公民服务为宗旨，实现着服务职能并承担着服务责任的政府。[3]

服务型政府强调的是对传统“管制型政府”的全方位变革。服务型政府的服务主体是各级政府，服务对象是公民、社会组织和社会，服务的宗旨是为民兴利。与传统政府模式相比，服务型政府的职能体系发生了结构性的变化，组织结构进行了全局性改组，价值导向进行了根本性的调整。[4]服务理念在政府职能中的贯穿始末和服务职能作为政府核心职能的日渐凸显反映了社会转型时期公共治理的新方向。

服务型政府与管制型政府体现着截然相反的两种管理理念。在管制型政府模式下，政府与社会之间呈现出“大政府，小社会”的格局，政府职能无限扩张。而在服务型政府下，由于公民权的兴起，以管制为主的行政模式不能再起主导作用，必须以为公民服务为根本的出发点和归宿。[5]服务职能是服务型政府的主要职能，其他一切职能都以实现这一核心职能为目标。也就是说，公共服务本身就是服务型政府存在的价值所在和主要依据。

〔案例5〕上海自贸试验区负面清单管理模式创新实践

2013年9月29日，中国(上海)自由贸易试验区(以下简称“上海自贸试验区”)正式挂牌成立。这是党中央、国务院从国内外大势出发，统筹国内国际两个大局，顺应全球经贸发展趋势，在新形势下推进改革开放的一项重大国家战略，也是我国顺应全球经贸发展新趋势，实施更加积极主动对外开放战略的一项重大举措、重大尝试。自由贸易试验区建设是中央交给上海的重大任务，也是上海加快推进“四个中心”建设和加快实现“创新驱动、转型发展”的重大机遇，肩负着我国在新时期加快政府职能转变、积极探索管理模式创新、促进贸易和投资便利化发展等重要使命,涉及政府职能转变,推进外商投资管理体制改革,探索建立准入前国民待遇和负面清单管理模式,扩大服务业开放,深化金融领域的开放创新,提升开放型经济水平等方方面面的内容。上海自贸试验区的建设,是新时期改革开放的试验田,为全面深化改革和扩大开放探索新途径、积累新经验。

(一)上海自贸试验区建设的任务要求

随着上海自贸试验区正式挂牌成立,《中国(上海)自由贸易试验区总体方案》也随之公布。这个总体方案阐释了自贸试验区建设涉及的5个方面任务和90多项政策措施。具体包括:第一,自贸试验区建设要加快政府职能转变。主要是深化行政管理体制改革,改革创新政府管理方式,按照国际化、法治化的要求,积极探索建立与国际高标准投资和贸易规则体系相适应的行政管理体系,推进政府管理由注重事先审批转为注重事中、事后监管。第二,自贸试验区建设要扩大投资领域的开放。选择金融服务、航运服务、商贸服务、专业服务、文化服务以及社会服务领域,扩大对外开放,除银行业机构、信息通信服务之外,暂停或取消投资者资质要求、股比限制、经营范围限制等准入限制措施,营造有利于各类投资者平等准入的市场环境。第三,自贸试验区建设要推进贸易发展方式转变。包括鼓励跨国公司设立亚太地区总部和营运中心;深化国际贸易结算中心、融资租赁业务创新、期货保税交割、跨境电子商务服务等改革试点;推动服务外包业务发展;探索形成具有国际竞争力的航运发展制度和运作模式等。第四,自贸试验区建设要深化金融领域的开放创新。包括加快金融制度创新,在自贸试验区内对人民币资本项目可兑换、金融市场利率市场化、人民币跨境使用等方面先行先试。增强金融服务功能,推动金融服务业对符合条件的民营资本和外资金融机构全面开放等开放措施。第五,自贸试验区建设要营造良好的监管和税收制度环境。包括建立国际高水平投资和贸易服务体系,创新监管模式,推进实施“一线放开”，坚决实施“二线安全高效管住”。进一步强化监管协作，形成公开、透明的管理制度。同时，在维护现行税制公平、统一、规范的前提下，探索与自贸试验区相配套的税收政策。

上海自贸试验区2014年12月扩区，由原先的28.78平方公里扩到120.72平方公里。上海自贸试验区范围涵盖上海市外高桥保税区、外高桥保税物流园区、洋山保税港区和上海浦东机场综合保税区、金桥出口加工区、张江高科技园区和陆家嘴金融贸易区七个区域。

(二) 上海自贸试验区负面清单管理模式创新内容

所谓负面清单(Negative List)，是用于说明在外资市场准入或者说设立阶段不适用国民待遇原则的特别管理措施规定的总汇。负面清单实际上是原则的例外，遵循的是“法无禁止即自由”的法律理念，也即负面清单上没有列明的都可以执行。

上海自贸试验区于2013年9月率先实行负面清单制度，已经推出2013年版、2014年版和2015年版共3版负面清单，清单内容不断调整，所列内容更加切合自贸区的发展实际。经过两年调整，2015年版的负面清单中外商投资特别管理措施压缩到122条，调整率达35.8%。

上海自贸试验区负面清单管理模式是我国改革开放战略适应经济全球化与贸易自由化大环境下的客观需求。三年多来，上海自贸试验区负面清单在原有基础上不断进行调整，2013年版的负面清单包括18个经济行业门类，下分为89个大类、419个中类和1 069个小类，特别管理措施190项。2014年版的负面清单仍然包括18个门类，但是取消了原先大类和中类的细分，以“领域”代替“类别”，特别管理措施由原先的190项减为139项，减少了51项，而在139项特别管理项措施中，完全禁止类管理措施只有29项，其余110项皆为限制类管理措施。2015年版的负面清单的修改将门类减少为15个门类，同时又减少了17项限制措施。

上海自贸试验区负面清单管理模式也是政府管理制度的创

新,政府在外商投资中所扮演的角色正在出现符合国际通行惯例的变化。第一,从核准制改为备案制。核准制是政府对于外商投资所递交的申请书要从市场准入、经济安全、环境保护、避免垄断等角度进行核查。而备案制则要求外资企业在进入中国进行投资之前需要在地方政府投资主管部门进行备案,除一些不符合法律法规或政策条例的内容需移交政府审批,其余都可以进行自行组织建设。将核准制改为备案制意味着政府的审批权力在不断减少。第二,从全面审查到分类管理。随着上海自贸试验区负面清单管理制度的实施,政府也在调整着其在外商投资管理和推动经济发展中所扮演的角色。对于有利于经济发展的投资,政府通过降低市场准入激发其活力,而对于那些与国内重大利益产业相矛盾的行业,政府采取相对保守态度。第三,从拖沓繁琐到简化流程。上海自贸试验区负面清单管理制度必然要求政府简政放权,简化流程,提高办事效率,目前在负面清单外的企业在进入上海自贸试验区之前的平均 8 个月缩减为 1 个月,其注册时间从原先的 29 天缩短为最快仅需 4 天,极大地激发了外商投资的热情和信心。第四,从分散受理到一口受理。实行一口受理的服务模式:一个窗口受理、集中办理,统一受理申请材料,统一答复申请人要求,统一送达文书。集中申报,综合办理,协调各部门管理机制,减少申请人的行政手续。

2016 年 10 月 1 日,上海自贸试验区负面清单管理模式正式在全国范围内进行推广。国家正致力于探索全国统一的市场准入及负面清单管理体制,决定于 2018 年起正式实行全国统一的负面清单制度。

(三) 上海自贸试验区负面清单的制度创新价值

第一,推动行政审批改革。负面清单制度是简政放权的直接体现,根据“非禁即入”原则实施的上海自贸试验区对负面清单之外领域的外商投资项目,由核准制改为备案制;自贸试验区内涉及固定资产投资的内资和外资项目改为备案管理,备案后按国家有关规定办理相关手续。对负面清单之外的领域，按照内外资一致的管理原则，对外商投资项目实行备案制（国务院规定对国内投资项目保留核准的除外）；对外商投资企业设立和变更实行备案管理。在负面清单之内的领域，对外商投资项目实行核准制（国务院规定对外商投资项目实行备案的除外），对外商投资企业设立和变更实行审批管理。

第二，创造公平竞争的市场环境。负面清单实际上明确政府管理的范围和职责，推动政府专注于市场环境和市场秩序维护。实行统一的市场准入制度，降低外资和民间资本的准入门槛，各类市场主体可依法平等进入清单之外领域，有利于激发各类市场主体的创造活力。

第三，全面提升对外开放水平。目前，国际上有 70 多个国家实行“准入前国民待遇＋负面清单”的投资制度。在上海自贸试验区实行这一制度是开放经济体制中投资的应有特点，准入前国民待遇打破了我国传统的投资准入制度，对国内外的市场主体在自贸试验区采取相同的市场标准，发挥市场机制的主导作用。

案例资料来源：作者根据新闻媒体的相关报道整理编写。

案例思考题：

（1）上海自贸试验区负面清单管理模式创新的目的是什么？

（2）上海自贸试验区负面清单管理模式创新对于推动政府职能转变有什么作用？

第二节　国有公共企业的民营化改革

一、国有公共企业经营机制的矛盾

在 20 世纪 50 年代后世界各国的实践中，国有公共企业往往作为政府公共政策的主要实施主体承担了大量具体性的公共管理和公共服务方面的任务和责任,尤其在自然垄断性行业和战略性行业,国有公共企业实际扮演着公共管理重要主体和公共服务主要供给者的角色。

在世界上许多国家,国有公共企业与私有企业之间在功能上是互补的,甚至在资本上也是互补的。国有公共企业尽管占据了一些重要行业,但在高度社会化、专业化和分工协作的大环境下,其生产经营与私人企业发生着千丝万缕的联系,或相互配套,或相互协作,以实现功能互补。在西方发达国家,国有资本与私人资本的融合更是屡见不鲜。在德国等国家的国有公共企业中,真正完全国有的为数极少,绝大多数都为国家参股或控股的形式。在这类国有公共企业中,国有资本与私人资本实现混合,被称为"混合所有制企业"。由此可见,国有公共企业本身不是封闭的系统,而是有着明显的开放性。

世界各国的经验表明,由于经营目标的多重性,国有公共企业经营效率低下几乎成了一种通病。究其根源主要在于国家与企业的产权关系问题及由此而决定的国营公共企业的经营机制问题。

国有公共企业经营中的矛盾有两点最为突出:一是产权关系不明晰。国有公共企业财产都是政府所有,而政府作为一个行政机构,对所有权的行使主要依靠行政手段,这就造成了政府行政管理职能与资本经营职能的混合,即政企不分。同时,政府是一个由各种机构组成的行政组织,它的行政管理职能乃至资本经营管理只能由各部门多头行使,这就造成了管理或影响国有公共企业"婆婆"较多的普遍现象。二是经营责任难落实。产权不明晰主要还不在于没有明确的主人,更为主要的是很难找到对国有资产经营成果负责的责任人。因此,产权不明晰是与经营责任难落实紧密相连的。从政府系统来看,争当国有财产主人的单位和官员都不少,但能够对其经营成果承担经营责任者却很难找。从国有公共企业角度来看,由于其管理人员只是经营者角色,而不是资本所有者角色,不可能也不应该对其经营成果承担全部责任。再则,所有权的行政化和分散化,又造成了国有公共企业职能的多元化和广泛化,造成对国有公共企业考核的困难和利润约束的软化,很难确定哪些亏损在多大程度上是国有公共企业经营不善的责任。总之,各国国有公共企业都有负盈不负亏的特点,亏损往往由政府资助或补贴。

产权不明晰和经营责任难落实,集中反映了国有公共企业经营机制的矛盾,并且由此派生出其他种种问题和弊端,这就使得世界各国的国有公共企业都程度不同地面临着变革的要求。西方各国在20世纪70年代末80年代初,相继大规模地对国有公共企业进行不同形式的改造和调整。

二、西方国有公共企业变革的过程和特点

世界各国国有公共企业的变革是一个逐步深化的过程。20世纪80年代以前,国有公共企业的改革相当普遍地着眼于完善内部的管理关系和管理方法,局部地涉及调整国有公共企业与政府之间的管理关系和财政关系。各国的实践证明,这种浅层次的改革具有很大的局限性,效果普遍不佳。20世纪80年代以来,世界范围内国有公共企业改革进一步向纵深发展,其中重要的内容就是着眼于调整国有公共企业的产权关系。与此相适应,改变国有公共企业的经营机制成为重点。

西方发达国家国有公共企业变革的途径和方法大致有三种:第一种是将国有公共企业股权全部转让给私人垄断资本家所有;第二种是将国有公共企业股权多元化和社会化,政府则根据其政策所需,调整所控制的国有企业股份的份额;第三种是原则上不改变国有公共企业的所有制,而是着眼于经营机制和经营方式的变革。这三种方式在有些经济学家的分析中都被称作国有公共企业的"私有化"。但是,从严格的意义上,只有第一种方法才被看作是国有公共企业的"私有化",而后两种方法的着眼点在于国有公共

企业经营机制的调整和变革。从各国的改革实践来看,第一种方法处于次要地位,第二种方法和第三种方法则是普遍采用的方法,并且非常注重第二种方法与第三种方法的结合。

三、对国有公共企业改革的评价

20 世纪 70 年代末以来,世界上许多国家国有公共企业改革产生了积极的效果。例如,英国政府对国有企业进行大规模私有化改革,给英国经济发展注入了新的活力。20 世纪 80 年代以后,英国经济逐渐摆脱了石油危机的影响,社会经济状况明显改善,在 80 年代的大多数年份,英国经济增长率居于欧共体成员国前列;政府财政赤字逐年减少,并开始出现盈余;通货膨胀率从 1979 年的 13.4%下降到 1986 年的 3.4%,达到了 1968 年以来的最低水平。[6]但是,上述成绩是在整个世界经济复苏的背景下取得的,不能把它简单地归功于私有化改革,也不能因此认为国有公共企业必然阻碍经济发展。对国有公共企业改革的成效还需作进一步的分析。

1. 关于国有公共企业的经营效率

经营效率低下是国有公共企业改革的重要原因之一。经济学家认为,国有化常常使社会目标与商业目标相混淆,结果两者均蒙受损失;成本与利润由于政府补贴而模糊不清,难以衡量国有公共企业的经营业绩;政府对国有公共企业过多的干预和国有公共企业对政府的依赖,造成国有公共企业缺乏竞争的压力与动力;没有明确责任分工的多头管理体制,造成国有公共企业管理混乱,不能适应激烈市场竞争的需要;等等。因此,成本高、效率低、亏损大、竞争力差是国有公共企业自身固有的无法克服的弊端。要维持国有公共企业的生产经营,政府必须给予财政补贴,或者确立其垄断地位,否则就难以保持其市场份额。

其实,国有公共企业的经营效率与所处的行业有很大的相关性。从英国国有公共企业的经营情况看,在不同的阶段和不同的行业，英国国有公共企业的经营效率并不明显低于私营企业。20世纪70年代以前，整个国有公共企业的经营效率大体与私营企业持平，甚至要高于私营企业。20世纪70年代以来，在石油危机和经济、技术结构调整的双重冲击下，国有公共企业的经营效率出现了分化。部分国有公共企业因市场需求增长较快，取得了较好的经营业绩；而市场需求相对萎缩的部门，因政府财政困难，注入资金不够，结构调整和改组滞后于市场需求的变化，经营效率低于私营企业。但是，应当看到的是，市场需求相对萎缩的部门在私有化后，其经营业绩并未得到明显地改善。这说明，英国国有公共企业效率下降是多种因素共同作用的结果，某些行业的衰落与企业自身的经营机制无关。另外，国有公共企业改革以后，有些竞争性行业的效率得到改善，但从私有化企业的经营情况看，其管理方式并未发生明显的变化，管理人员也往往保持原班人马，其效率的提高与产权变革之间的联系并不十分明显。

2. 关于国有公共企业改革后经济效率提高

一般认为，国有公共企业的改革对于加强竞争、减少政府干预、增加国有公共企业财务的透明度和社会监督的机会，从而对提高经济效率起到了一定的积极作用。但是，从改革后的经营情况，可以看出以下几方面的问题：首先，国有公共企业改革后，在利润动机的驱使下或多或少地采取了解雇工人、削减服务项目、降低服务质量、提高价格等手段来提高效率。因此，国有公共企业经营效率的提高在某种程度上是以整个社会经济福利的降低为代价的。其次，国有公共企业受到政府、议会和社会的多方监督，承担着众多的社会职责，在生产经营中只能采取社会可接受的方式，更加注重员工的权益保障，并以较低的价格向社会公众提供尽可能好的服务，而私营企业更加注意营利性等。由于上述差异的存在，国有公共企业与私营企业的经营效率缺乏可比性。再次，自然垄断行业（如电力、自来水行业等）实现私有化后出现的情况是，国家垄断被私人垄断所取代，并没有达到促进竞争的目的。相反，私人垄断比国家垄断更可怕。由于具有强烈的追求利润最大化的动机,私营企业凭借其垄断地位,向公众索取尽可能高的价格,引起社会的强烈不满。最后,在国有公共企业改革过程中,大多数国有公共企业的资产都是以低于相同技术经济条件下可能具有的市场价格出售的,这就造成了大量国有资产被变相地转移到私营部门,为私营企业的发展提供了有利条件。

第三节 社会组织的积极作用

一、社会组织的概念界定和主要类型

1. 社会组织的概念界定

西方学者研究认为,在整个社会中的各类组织可以划分为五种基本类型:第一类是经营性组织,即以利润最大化为目标的企业组织;第二类是行政性组织,即以行政权力为基础对整个社会实施管理的政府组织;第三类是互益性组织,主要是指满足成员共同利益的组织,如职业组织、行业协会、工会、政党、文艺团体、兴趣团体和教会组织等;第四类是社会服务性组织,主要是指致力于服务对象利益的组织,如学校、医院等;第五类是公共服务性组织,主要是指服务于社区成员公共利益的组织,包括图书馆、博物馆、体育场馆等。[7]在上述五大类组织中,除了第一大类经营性组织和第二大类行政性组织之外,其他三大类都可以归入社会组织的范畴。

> 社会组织是指,在政府、市场、社会之间发挥服务、沟通、协调、公证、监督等作用的非政府、非营利的社团、行业组织、社会中介组织、志愿者团体等。

在社会学研究中,社会组织分为广义与狭义两种。广义的社

会组织，是指为了实现特定的目标而有意识地组合起来的社会群体，如企业、政府、学校、医院、社会团体等，是人们为了特定目的而组建的稳定的合作形式。狭义的社会组织，是指在政府、市场、社会之间发挥服务、沟通、协调、公证、监督等作用的非政府、非营利的社团、行业组织、社会中介组织、志愿者团体等。一般所论的社会组织是指狭义的社会组织。

社会组织的成长和发展是一个渐进的演变过程，其成长的路径受到客观环境的制约。构成社会组织成长环境的因素包括历史演变、政治结构、文化传统、价值观念等许多方面，而社会组织成长中所处的环境在很大程度上影响到其特征和职能的形成。不同国家特定的环境状况，决定了社会组织发展的差异性和特质性。

2. 社会组织的主要类型

根据对社会组织的界定，结合我国社会组织发展的现实状况及基本特点，可以将社会组织划分为三大类。

(1) 社会团体。根据1998年10月25日国务院发布的《社会团体登记管理条例》规定，社会团体是指由中国公民自愿组织，为实现会员共同意愿，按照其章程开展活动的非营利性社会组织。在我国，根据实际情况及相关文件规定，社会团体分为以下几类：政治类，如工会、妇联、共青团等；学术类，如学会、研究会等；行业类，如工业协会、行业协会、商会等；专业类，如花卉协会、烹饪协会等；联合类，如联合会、联谊会、促进会等。

对社会团体的界定和认识可以从两个不同的角度作进一步的研究：第一个角度是从理论的角度进行演绎，即从现有的组织理论出发，寻找出社会团体区别于其他组织的本质特性，其主要的特征是互益性和同类相聚性；第二个角度是从现实的角度进行归纳，即从我国社会团体的现实状况出发，概括社团组织的一般特性，其主要的特征是民间性和非营利性。总括起来说，社会团体就是具有某些共同特征的社会成员相聚而成的互益组织，具有非营利和民间性的组织特性。[8]

所谓互益组织,是指不以服务于社会公共利益为首要目的,而是以社会团体成员互益为基本宗旨。尽管某些社会团体担负了一定的社会公益职能,但与其他社会组织的区别在于,其根本职能仍是为成员的利益服务。所谓"类组织",是指社会团体成员的结合不是劳动分工的结果,而是缘于某种共同特征相聚而成,这些特征包括:职业、性别、年龄、行业、身份、信仰、志趣等。

社会团体是一种正式组织,具备一切正式组织所应有的特点,因此,社会团体的组织化程度相对比较高。

(2) 民办非企业单位。20 世纪 90 年代初,在政府与市场组织之外开始出现一种有别于社会团体的"民办事业单位"。但是,对这一提法存在不同看法,即事业单位是国家举办的,而民间不应再称事业单位。1996 年后,国务院办公厅发文将"民办事业单位"称为"民办非企业单位",与社会团体相并列。这是在官方文件中正式命名为"民办非企业单位"。

根据 1998 年 10 月 25 日国务院颁布的《民办非企业单位登记管理暂行条例》(国务院令第 251 号)规定,民办非企业单位是指,企业事业单位、社会团体和其他社会力量以及公民个人利用非国有资产举办的,从事非营利性社会服务活动的社会组织。

一般而言,民办非企业单位具有以下五个主要特点[9]:第一,民间性。民办非企业单位是由企业事业单位、社会团体和其他社会力量以及公民个人举办的,而不是由政府或者政府部门举办的。其中,企业包括所有以营利为目的、在工商管理机关登记注册的公司、合伙、个体等各类企业;事业单位是指国家为了公共目的,由国家机关举办或者其他组织利用国有资产举办的,从事教育、科技、文化、卫生等活动的社会服务组织;社会团体是指由公民自愿组成,为实现会员的共同愿望,依法成立并按照其章程开展活动的非营利性社会组织。第二,社会性。民办非企业单位是利用非国有资产举办的,这是民办非企业单位与事业单位的一个重要区别。国有资产是指所有权属于国家的一切财产形式,而非国有资产是指国有资产以外的其他财产形式，可以是个人财产、集体所有财产，也可以是国外的财产。第三，非营利性。民办非企业单位提供的服务具有社会事业的特点，其宗旨是追求不同范围、程度的公共利益和促进社会进步，这一性质体现在民办非企业单位的目的和宗旨上，也体现在其财务管理与财产分配体制上。民办非企业单位的盈余与清算后的剩余财产只能用于社会事业，不得在成员中分配。非营利性是民办非企业单位与企业的重要区别。第四，独立性。民办非企业单位自主决定人员聘用、业务活动，不需机构编制管理部门核定编制。第五，实体性。民办非企业单位是由固定专业、固定场所和固定人员构成的一个单位实体。

2016 年 9 月 1 日起实施的《中华人民共和国慈善法》规定，我国的慈善组织有"基金会、社会团体、社会服务机构"三种形式，这意味着"民办非企业单位"这一提法将逐渐被"社会服务机构"的概念所取代。社会服务机构是指自然人、法人或者其他组织为了提供社会服务，主要利用非国有资产设立的非营利性法人。

(3) 基金会。根据 2004 年 3 月 8 日国务院颁布的《基金会管理条例》(国务院令第 400 号)规定，基金会是指利用自然人、法人或者其他组织捐赠的财产，以从事公益事业为目的，按照本条例的规定成立的非营利性法人。基金会分为面向公众募捐的基金会(公募基金会)和不得面向公众募捐的基金会(非公募基金会)。公募基金会按照募捐的地域范围，分为全国性公募基金会和地方性公募基金会。

上述分类实际上是从不同的角度对社会组织所作的概括，虽然各自的内涵和外延有所区别，并且由于各国国情的不同，在具体构成内容上也存在着差别。但是，它们的基本特征有许多相似性。

二、社会组织的基本特征

根据对社会组织内涵和属性的分析，可以看到社会组织具有如下五个基本特征。

1. 正规性

社会组织必须是合法注册的具有常规的组织机构和管理体制,并开展经常性活动的组织。社会组织具有像公司一样的法律地位。这种地位使得社会组织可对外以法人的身份订立合同,管理者不会因执行组织的义务而使个人承担财务责任。

2. 非政府性

社会组织必须是非政府的、私人的或民间的组织,在组织机构上与政府相分离,不承担政府的职能,而且理事会或董事会的成员不应由政府官员担任。

3. 不以利润最大化为目的

社会组织的目的不是为追求利润的最大化,而是为社会提供专业性和公共性的服务。当然,社会组织作为非营利性组织在实际运作中可以采用收费的方式,在某些年度可能会获得一些利润,但该组织的理事会成员不能分红,而且收入的盈余应当全部投入符合该组织宗旨的事业之中。这被视作营利性组织与非营利性组织的根本区别。作为非营利性组织管理者的主要任务是利用和整合现有资源提供尽可能多而好的服务。一个非营利性组织的管理是否成功,取决于其所提供特定服务的数量与质量,取决于其对社会公共福利的贡献。

社会组织中的专业性服务组织可以确定相应的利润水平,其成员也可以进行分红,但是,其盈利水平和分红比例应该限定在一定的范围内,并且必须承担相应的社会责任和义务。许多国家都通过法律法规对此作了明确的规定。

4. 奉献性

社会组织所从事的领域大都是营利性组织一般不涉足的领域,如慈善事业、环境保护等。营利性组织为在市场上追求最大利润而相互竞争,因此,不以利润最大化为目标使人们对社会组织的信任度大大高于营利性组织。在社会服务领域,社会组织比营利性组织更具有竞争优势。社会组织工作人员的使命感促使他们对所从事的事业锲而不舍，对所服务的对象无比细致，能够兢兢业业，对付出的心血无怨无悔。社会组织的特性通常要求其工作人员或志愿者对该项事业具有奉献精神，这是社会组织能够健康发展的最主要的动力和财富。

5. 专业性

社会组织越来越多地承担起专业性的服务工作，对工作人员学历、知识、专业技能的要求越来越高。只有具备专业化素质和能力的人，才能够更好地实现为社会公众服务的目标。在一个专业化组织内，工作人员的专业水准是要考虑的首要因素，其他则是相对次要的。提升工作人员的标准不是看他为组织创造了多少利润，而是看其专业水平所达到的层次。

三、社会组织的职能和作用

社会组织的职能是指其在经济社会发展中所起的作用。作为现代社会制度结构的一个重要组成部分，社会组织有着不同于政府和企业的特定作用，同时，经济社会环境对社会组织作用的具体发挥会造成不同的影响。

1. 西方国家社会组织的基本职能

在西方国家，社会管理一般采用“小政府、大社会”的模式，政府主要承担宏观的社会和经济管理职能，而中观或微观的社会和经济方面的服务、管理等工作则由社会组织来承担。社会组织为社会成员提供大量的服务，满足社会发展的需要，社会组织不仅在功能上代替政府解决社会问题、提供公共服务，而且由于社会组织在许多方面的效能大于政府，有助于政府削弱财政赤字。

西方国家社会组织在社会经济发展中发挥的基本职能包括：第一，社会服务职能。社会组织从事大量的社会公益事业和各种社会服务活动，既帮助政府实现其公共责任，也使社会实际收益。第二，经济协调职能。社会组织中的行业协会参与行业准入标准和行业规范要求的制定，对内协调行业内部各成员之间的关系，对外维护本行业的整体利益,起到了政府难以起到的作用。第三,政策影响职能。社会组织依据法律规定进行"游说活动",借以影响政府和议会的公共政策制定。第四,国际交往职能。在对外交往及国际事务中,社会组织往往成为政府实施对外政策的工具和助手。

2. 我国社会组织的基本作用

第一,促进民主政治建设作用。(1) 利益综合和表达。向政府部门反映问题,沟通信息。(2) 提供咨询。对社会政策和公共项目提供专业咨询。(3) 监督和制约政府管理部门的权力及其行为。社会组织的监督往往比分散的个体群众的监督更为有力和有效。社会组织可以利用自己的组织优势,对政府的政策及管理行为进行监督;特别是人民团体的领导人可以利用自己的社会地位和声望,代表人民团体通过人大、政协和新闻媒体发表意见和建议,行使监督权。

第二,促进经济发展作用。社会组织中集中一批专业人次,对经济发展有着重要的促进作用。在市场经济发展中,发挥媒介、调节、服务和监督保证功能。在加强国内外的交流合作和扩大对外开放中,开展广泛的民间国际合作,发挥引进技术、资金、人才、项目等功能。

第三,促进社会和谐作用。(1) 协调矛盾冲突。社会组织反映所联系群众的要求和呼声,有利于党政部门及时做出政策调整。(2) 关注社会弱势群体。人民团体可以利用自身的优势,结合自己所联系的群众帮助党和政府做好工作。社会组织可以利用自己的专业优势为社会弱势群体提供帮助和支持。

第四,地方公共治理参与作用。社会组织对地方公共治理的参与体现在对委托授权事项的管理、对政府日常行为的监督、对社会公共利益的维护三个方面。

第五,提供部分公共服务作用。社会组织有较强的能力和灵活性在文化艺术、非义务教育、医疗卫生、慈善救助、公益互助、社区服务以及部分科学研究领域，提供专门化、个体化、差异化的公共服务。

第四节 公共管理多主体的合作关系

一、公共管理多主体的合作取向

1. 公共管理多主体合作的理论依据

20世纪90年代后，随着公共管理过程趋于复杂化和争议性，学术界进一步思考并试图作出新的理论解释。在这一过程中，治理理论开始兴起并引起广泛关注。

"治理"的概念最初出现在世界银行1989年的一份报告中。这份报告使用了"危机治理"(Crisis Governance)的术语，用以描述当时非洲不断恶化的环境状况。此后，"治理"被不断赋予新的含义，被广泛运用于政治、社会和经济的各个层面。

> 治理是各种公共和私人机构管理其共同事务的诸多方式的总和，它是使相互冲突的或不同的利益得以调和，并且采取联合行动使之得以持续的过程。——"全球治理委员会"：《我们的全球近邻》(Our Global Neighborhood，1992)[10]

治理既包括有权迫使人们服从的正式制度和规则，也包括各种符合人们共同利益的非正式的制度安排。概括起来，治理具有如下四个特征：治理不是一整套规则，也不是一种活动，而是一种过程；治理不是控制，而是协调；治理既涉及公共部门，也包括私人部门；治理不是一种正式的制度安排，而是持续的互动行为。[11]

治理理论的兴起意味着社会管理的重心正在发生改变：从统治走向治理，从"善政"走向"善治"。[12]治理的核心要素是平等、互信、协商、共识、合作,更加强调多主体之间共存共生、互动合作。治理现代化具有多主体之间共存共生、互动合作等内涵已成为社会共识,这就要求政府必须具备或拥有一种政策引导和社会协同的能力,全面激发各类社会主体的积极性和创造力,让市场、社会、公众等多元力量都参与社会治理的实践,实现不同领域力量的均衡、功能的互补、利益的互惠。

2. 公共管理多主体合作的基本涵义

随着经济社会及科学技术的不断发展,公共管理的复杂性和社会利益的分化性大大提高,政府统管社会所有方面的治理方式越来越显得力不从心。所以,不仅需要社会组织来协助政府进行社会治理,而且应当通过政府与社会组织的合作进行社会共治。也就是说,这种治理不再是以政府为中心、社会组织为辅助的治理,而是政府与社会组织在相互平等基础上的合作治理。现代社会的一个重要特征是形成合理的公共治理结构。公共治理是多元公共管理主体(包括政府、社会组织、社区组织、社会公众乃至企业等)之间合作和互动的过程或制度,尤其重要的是通过建立共同协商和广泛参与机制,促进政府与社会组织之间的互动和合作。在社会治理体系和治理能力现代化的进程中,更加强调不同社会主体之间通过协商合作、伙伴关系、价值认同和共同目标等途径,对社会组织、社会事务和社会活动进行规范和协调等。

因此,公共管理多主体合作的基本涵义是:根据公共管理不同主体的行为特征和能力优势,形成界面清晰、功能区分的复合体,既发挥各自优势,又形成相互补充,进而提高全社会公共管理的整体能力和水平。

二、我国公共管理多主体合作关系形成的路径

根据现代治理理论的观点,政府组织与社会组织之间应该形成互动合作的格局,一方面政府适度放权,使社会组织具有合理的发展空间;另一方面社会组织积极提升自主管理能力,强调发展的

规范性，不断拓展合法性基础。在加快创新社会治理体系的新形势下，社会组织发展由“政府选择”走向“社会选择”的钥匙掌握在政府的手中，政府的主动行为是有限政府、责任政府、法治政府和服务政府观念的客观反映和必然要求。政府要从合作共赢的角度出发，为社会组织的健康成长创造良好环境，提供有利条件。继续坚持“四分离”原则（即政企分离、政事分离、政社分离、管办分离），努力推进政府在社会管理事务操作中的有序退出，主动腾出更多的空间，激发社会组织活力，动员和集聚更广泛的社会力量参与社会治理现代化。

1. 内部治理：夯实社会组织持续发展的制度基础

内部治理结构是社会组织的核心部分，建立科学、严格、规范的内部治理机制，是社会组织生存和发展的基础。社会组织的内部治理结构更应该强调民主和公正，以保证社会组织引导、协调和规范其成员行为的作用。通过科学的治理结构建设，明晰理事会、监事会、秘书处的责权关系，保证在社会组织内实现权利与义务的相对平衡，做到管理工作的科学化、民主化和制度化，为社会组织持续发展奠定科学的制度基础和有效的内在动力。

第一，保证社会组织成员民主权利。制定社会组织章程，明确社会组织的民主选举、民主决策、民主管理和民主监督的运行机制，保证成员民主权利的行使，增强社会组织的独立性和自主性。

第二，通过竞聘优选社会组织领导。公开竞聘选举社会组织的领导人，包括会长（理事长）、副会长（副理事长）等，把有威望和凝聚力的，乐于服务社会和会员的优秀人才选为社会组织领导。社会组织领导职位要设立任期限制。

第三，建立社会组织自律管理机制。首先，协商调节机制。按照民主协商原则，制定社会组织的“议事规则”，建立例会制度、信息沟通渠道、议事规则和程序等。其次，日常管理制度，特别是要建立和落实社会组织的经费管理和财务公开制度。再次，监督约束机制。社会组织领导要定期向政府管理部门和成员汇报工作情况,自觉接受监督;成员有责任遵守响应经民主协商确定的各项决定和建议;对违反章程的成员予以处罚。

2. 能力建设:提升社会组织公信力的社会基础

能力建设是市场经济条件下关乎所有政治经济社会组织生死存亡的重大课题。随着社会组织转型发展向纵深推进,社会组织对社会服务和奉献在得到社会公众广泛认可的同时,社会组织的能力水平和公信力状况也备受社会各界广泛关注。加强社会组织能力建设,是赢得社会公众更广泛、更有力、更长久支持,进而保证社会组织持续发展的客观要求。

> 社会组织能力是指,在既定政策法律制度框架下,社会组织的领导者或管理者配置和调整各种资源和力量,保持各项工作相互协调、有序运行,实现社会组织既定目标、发挥独特功能所需的条件。

社会组织能力建设就是引入、形成、创新有利于实现社会组织既定目标、发挥独特功能所需条件的过程。

第一,明确的组织使命和责任。社会组织是以公益为其最为重要的理念和价值,同时,具有参与公共服务和社会管理的职能,因此,社会组织的从业人员必须有崇高的信仰、有强烈的使命感、有较高的道德标准和行为约束。社会组织必须要树立明确的机构使命、发展愿景和核心价值观。

第二,完善的组织制度体系。完善的管理制度是社会组织开展工作的依据,是规范社会组织及其工作人员的行为准绳。抓好社会组织制度建设要做好三方面工作:制订全面科学的管理制度;加强制度执行的监督检查;及时修订组织管理制度。

第三,多样化的监督形式。多样化的监督形式包括组织监督、审计监督(即财务监督)、捐赠人监督、公众监督和自我监督。其中,特别要形成四个方面的监督机制:(1)政府主管部门监督。政府登记管理部门通过年度检查、定期评估等方式对社会组织进行监督。(2) 联合自治组织监督。由社会组织组成的联合会等自治组织对其成员的监督、评估。(3) 捐赠者监督。社会组织的捐赠人借助不同的手段和渠道对社会组织捐赠接收情况、捐赠落实情况以及其他方面工作进行监督。(4) 公众监督(媒体监督)。新闻媒体反映社会组织的工作宗旨、状态以及存在问题,帮助社会公众了解社会组织的真实状态,从而使公众行使质询权。

第四,完备的信息披露机制。充分的信息披露是社会组织提升公信力的必然要求。社会组织的信息披露可以采取常规发布与专项发布相结合,主动发布与接受质询相结合,机构网站与新闻媒体相结合。做到要有规范的信息发布制度;常规的信息发布平台;具有专业水平、热心公益的监督者队伍。

第五,有效的组织运营能力。社会组织运营能力是社会组织筹募能力、宣传能力、捐赠落实能力、项目策划能力、组织服务能力的有效结合。社会组织要十分重视和抓好组织运营能力建设,保持上述各个方面能力的协调互动。

3. 推动策略:注入社会组织健康发展的优质资源

第一,不断创造社会组织成长发展的良好环境。政府要从真心实意支持社会组织发展的角度,为社会组织成长发展提供制度性和资源性支持。(1) 降低社会组织准入门槛。放宽限制。根据社会组织的不同类型,适当放宽对社会组织,特别是公益性社会组织在规模、资金、场地、人员等方面的限制性条件。简化手续。简化社会组织的登记手续和环节;进一步向社区放权,对社区公益性社会组织采用“备案制”。给予补贴。政府部门在社会组织登记费用、运作经费、购房租房、会计代理、人才引进等方面给予必要的经费补贴。(2) 加大购买社会组织服务力度。政府部门要通过加大购买社会组织服务的力度,为社会组织作用发挥提供资源要素支持。首先,完善政府购买社会组织服务的公共财政体系。在政府财政预算中列入购买社会组织服务项目,保证购买社会组织服务的财政资金的稳定。其次,建立政府购买社会组织服务的运作机制。政府部门通过项目化运作方式提出年度购买服务项目清单，并编制相应预算；通过公开招标、定向委托确定提供服务的社会组织；社会组织通过竞标或受托方式获得项目资金，提供面向社会公众、社区居民或其他特定对象的服务。再次，实施政府购买社会组织服务的绩效评估。政府部门根据项目预算进行绩效评估，以进一步提高政府购买服务的效益。

第二，大力拓展社会组织发挥作用的有效空间。随着创新社会治理体系目标的确立，进一步加快政府职能转变已是大势所趋，必须要有明确目标和步骤。(1) 加快政府职能实质转变。政府职能转变要落在实处，要在转变职能过程中确定将更多的社会事务交给社会组织：确定移交事务的范围。如将微观层面的公共管理操作性事务移交公益性社会组织；将社区层面的公共服务性事务移交社区社会组织等。确定移交事务的安排。政府部门要确定向社会组织移交事务的计划，包括具体的时间表和路线图。(2) 明确社会组织职能配置。根据不同类型社会组织的特点明确具体职能。首先，政务类组织承接社会管理操作性事务。政务类组织主要承担政府社会管理的操作事务，要对功能相近的政务类组织进行整合，提高一体化服务程度和效率。其次，服务类组织承担公共服务的具体供给事务。要通过政府购买服务等方式支持服务类组织，鼓励其多样化、专业化发展。再次，自治类组织落实居民自治事务。要通过立法形式对自治类组织加强引导和管理，确保居民各项权利的行使和切身利益的落实。

第三，努力搭建社会组织管理服务的功能平台。政府部门要整合相关管理资源，创新和搭建适合于社会组织的管理服务新型平台。(1) 推进社会组织枢纽型管理和服务平台建设。以人民团体、联合会等为平台，逐步形成结构合理、运行高效、规范有序的社会组织枢纽型管理和服务平台，加强社会组织之间的联系和协调，协助政府承担引领、管理和服务工作。(2) 强化政府部门对社会组织的监督管理。政府部门对社会组织的监管工作要突出及时性、动态性的要求：首先，建立和完善适用于社会组织的年度检查制度、重大活动和重要变化报告制度。其次，通过财政支持的附加条件对社会组织的任务及管理方式进行引导。再次，建立科学的社会组织绩效评估指标体系，借助“第三方”评估的优势，反映出社会组织作用的真实效果。最后，形成社会组织退出机制，对于违反法律法规的社会组织要有强制性的退出制度安排；对于愿景达成或价值退化的社会组织要有合理性的退出通道设计。

〔案例6〕上海浦东新区发挥枢纽型社会组织作用的探索

（一）浦东新区对枢纽型社会组织的功能定位

枢纽型社会组织是社会组织与政府以及社会组织之间的桥梁，通过发挥服务和管理的功能，起到支持其他社会组织有序发展和有效运作的作用。[13]“枢纽型”社会组织的作用主要体现在为两个方面：第一个方面是“平台”作用，搭建一个开放型、社会性、多样化的平台，在这个平台上社会组织可以平等沟通、共享资源、创造价值；第二个方面是“核心”作用，体现牵引力、影响力和凝聚力，通过对社会组织的服务管理，在政治上发挥桥梁纽带作用、在业务上处于龙头地位、在管理上承担业务主管职能。

1. 两大功能：服务支持和综合管理

(1) 服务支持功能

资源平台功能。通过枢纽型社会组织牵头搭台，吸引各类社会资源汇集，与社会组织建立双向选择的机制，一方面为社会组织发展提供资源，另一方面引导社会资源与匹配的社会组织进行链接。枢纽型社会组织发挥自身桥梁作用与良好口碑的背景，吸引政府、企业、社会的资源增加向社会组织的投入，减轻社会组织筹资的压力负担，并对资金来源进行初步筛选，去除敏感“热钱”。同时，做好资源的合理分配工作，优先为最需要帮助的社会组织提供“雪中送炭”式的支持。

宣传推广功能。枢纽型社会组织作为某一领域或区域社会组织的领头人发挥自身的代表性质,增强社会组织整体的影响范围与宣传力度,积极向社会各界宣传社会组织的重要理念以及自身所代表的社会组织领域的主要优势,尤其做好对政府政策的宣传和倡导,不断地为社会组织呼吁、谋取资源,努力提升社会组织的社会知晓度与社会地位。

能力建设功能。枢纽型社会组织为其所属领域内的社会组织及其从业人员提供学习机会,如提供财务管理、项目策划、项目运作、社会工作专业知识、档案管理等的培训,促进社会组织与个人的能力成长,以提升带动领域内社会组织的整体实力。由枢纽社会组织牵头开展的能力建设,能够在培训中服务到更多的社会组织及其人员,减轻社会组织的人力培养成本。

维护权益功能。枢纽型社会组织发挥“领头人”的作用,代表某一地域或某一领域的社会组织,开展社会组织的维权活动,可视为一个小型的区域性协会或工会性质的组织,与相关政府职能部门和社会力量联动,营造并维护合理竞争的社会组织发展环境及良好的社会组织从业人员就业环境。

(2) 综合管理功能

政治引领功能。枢纽型社会组织作为政府与社会组织之间的桥梁,担负着在社会组织倡导主流文化,积极引导社会组织为社会稳定和发展发挥应有的作用。枢纽型社会组织做好自身领域内社会组织的党建、团建工作,发挥政治核心作用,推动基层党组织和团组织建设,增强党组织和团组织的活力,发挥党员、团员在社会组织各项工作中的先锋模范作用,协助党和政府做好社会组织服务管理工作。

监督督导功能。枢纽型社会组织只有经过政府相关部门的授权,才能具有业务监督督导功能,也就是说,监督督导功能不是枢纽型社会组织“天生”具有的功能,而是经政府部门授权而具有的功能。但是,监督督导功能又可以视为枢纽型社会组织的实权功能,枢纽型社会组织只有具备实权功能后,才能成为真正意义上的

“枢纽”，这也是枢纽型社会组织区别于其他支持性社会组织或能力建设型社会组织的重要特点。一方面，枢纽型社会组织监督所在领域内社会组织的规范化运作，监督其资金、项目、人力等的合法合规；另一方面，枢纽型社会组织及时向所在领域内社会组织提出意见建议与相应支持，协助社会组织改善运作方式，优化组织成长。

信息处理功能。枢纽型社会组织具备单一社会组织所不具备的区域性、领域性的整体观察能力和信息掌握能力，善于从某一区域或领域的整体出发，对这一范围内与社会组织相关的信息进行汇总、分析、研究与总结，并与其他社会组织共享相关信息，以促进其他社会组织的合理规划与发展，减少其他社会组织单兵作战可能造成的资源和时间的消耗浪费。

2. 服务为本：枢纽型社会组织两大功能的关系

枢纽型社会组织的两大基本属性是服务和管理。对于枢纽型社会组织而言，“服务”就是充分利用自身在政策、地缘、资源等方面的优势，协助其他社会组织发展的功能。服务属性是枢纽型社会组织的根本属性，只有立足于“服务”的使命和愿景，才能体现出枢纽型社会组织与传统体制内组织（如政府部门、事业单位等）不同的特性。对于枢纽型社会组织而言，“管理”是其不同于纯“支持型”社会组织的特征。纯“支持型”社会组织侧重考虑服务与协助的功能，而枢纽型社会组织还要承接一定的政府行政职能，对其他社会组织行使部分监管职能。从某种意义上说，枢纽型社会组织需要比纯“支持型”社会组织更加主动地引导、规范其他社会组织的发展。

在枢纽型社会组织的日常运作中，如何平衡服务与管理的关系值得给予特别关注。一方面，枢纽型社会组织作为政府赋权的组织，承担一定的对其他社会组织行使监管的职能，需要对所属范围内的社会组织行使应尽的管理功能；另一方面作为枢纽型社会组织的基本功能定位以及其他社会组织的实际需求，枢纽型社会组织不能回到“二政府”角色，而是要为其他社会组织提供良好的支持性服务。理论上说，枢纽型社会组织运作中服务与管理的关系应当是相辅相成，互相包容的。在管理的同时谨记自身的服务定位，在承担政府业务主管机构相应管理职能的同时，保持自身的服务功能。在服务的同时也需谨记自身的监管职能。同时，枢纽型社会组织的服务与管理属性存在一定程度主与辅、先与后的差别，应当将服务属性置于管理属性之前，以服务为先，只有尽责地为其他社会组织提供支持性的服务，才能得到其他社会组织的信任与尊敬，才能行使好管理职能。

(二) 浦东新区完善枢纽型社会组织运作机制的重点

1. 强化服务能力

对于枢纽型社会组织而言，服务其他社会组织是其核心的职责。向其他社会组织提供服务，不仅仅是在人力、财力、物力等硬件上提供支持，更是要在机构运作、能力建设、信息共享等软实力上提供支撑。由于目前各类社会组织大多数都处于成长的“幼稚期”，迫切需要整个社会从人力、物力、资金以及能力建设上给予支持，枢纽型社会组织要搭建资源对接平台，建立完善的资源对接制度。

枢纽型社会组织主要承担“服务”职责，为其他社会组织融合各种各类所需的资源，对出资、受资双方进行监督与规范；利用各种渠道，为其他社会组织编织强力的支持网络；对其他社会组织进行第三方评估，确保不造成资源供给上的浪费，以避免产生超过社会组织承接能力的项目对接。

强化服务能力既需要建设枢纽型社会组织支持网络，又需要提升枢纽型社会组织自身能力。枢纽型社会组织的定位使得其工作人员都应该是精英型人才，需要具备较高的工作效率和较专业的工作能力：如与相关各方维持良好的合作关系、与各方维持日常联络、向出资方筹资募款、公平公正地代理招投标项目与推介项目、熟悉众多社会组织、客观评估社会组织、能够从理论层面出具社会组织相关的研究报告、行使政府委托的监管职能等能力。这些既是枢纽型社会组织应当具备的能力,也是枢纽型社会组织维持自身行业领先的必备能力。只有在自身能力过硬的前提下,才为其他社会组织做好服务工作。也就是说,强化服务能力是对枢纽型社会组织的工作人员提出了更高的要求。要想做好平台支持服务,首先需要建设枢纽型社会组织自身的人才队伍,只有具备了相应的人才队伍,才能为其他社会组织提供更好的支持服务。这对枢纽型社会组织做好自身定位、规划与工作计划的制定以及构建资源服务平台等各项能力都提出了非常高的要求。

2. 开拓资源渠道

枢纽型社会组织必须不断开拓资源渠道,实质性地支持处于"一线"的操作性的社会组织。任何社会组织对资源的需求是广泛而多样性的,处于不同发展时期的社会组织需要不同类型与不同"重量"的资源:从需要免费低价的办公场地、便捷的社会组织登记审批注册流程,到社会组织宣传网站建设支持、提供办公设备支持、项目资金支持、人才培育支持等。以支持型机构恩派(NPI是在政府主管部门、国内外资助型机构、企业界、学界等关键"拥护群"的支持下发展起来的一个公益支持性组织集合体)的社会组织"孵化器"项目为例:在社会组织初创期,恩派可以提供一张办公桌、一根网线、每月3 000元左右的行政经费资助、不定期的机构负责人能力建设等。这些看似不起眼的支持,对还处于社会组织初创期的公益创业者而言,就已经是一笔相当充裕的资源了。当一个社会组织度过初创伊始,开始规划自身的下一步发展,那么一个合适规模的政府购买服务项目、一份能与相关街镇社区建立紧密联系的合作方案、一个更大的办公室等都是这一阶段社会组织的需求。以上海市浦东新区已经建立的20多个街镇层面的"枢纽型"社会组织——街镇社会组织服务中心为例:有部分街镇社会组织服务中心能为社会组织提供初创期所需的办公室以及基本的办公设备,也能为社会组织联络到当地街镇的公益项目,支持社会组织参加上海市社区公益服务招投标项目等,这对于初创期的社会组织培养自身能力,并在社区站稳脚跟是非常有益的。而到社会组织开始考虑设计自身战略规划、开始渴望有机会与更多合作方交流推介自己、开始扩张业务范围建立更庞大的机构体系时,枢纽型社会组织又应当承担起满足更高的服务需求的要求。在实际中,能力建设型的支持性社会组织为其他社会组织提供更进一步的战略规划、能力支持等方面的项目或机构,又能用来解决这一发展阶段社会组织存在的疑惑。

开拓资源渠道是枢纽型社会组织运作机制完善的重点,而妥善分配资源,也是枢纽型社会组织的重要职责之一。在社会组织成长的各个阶段,为了向前发展而获取越来越多数量以及越来越多种类的资源,是每一个社会组织成长的必经之路。而枢纽型社会组织则是要为其他社会组织提供符合其每一发展阶段所需的基本支持。需要强调的一点是:提供支持性服务、协助其他社会组织获得所需资源绝不是意味着枢纽型社会组织为其他社会组织"包办一切",因为包办一切只会让社会组织越来越依赖外界的纯粹支持而失去自身的生命力与活力。如果将过于丰沛的资源与社会组织进行对接,无异于是一种浪费,并对社会组织发展造成另一种程度的重荷。枢纽型社会组织需要对自身做好定位,明确自己服务于处于哪一发展阶段的社会组织,然后再去争取、开拓和调动相应级别和相应数量的资源。

案例资料来源:张良.我国社会组织转型发展的地方经验——上海的实证研究.北京:中国人事出版社,2014:93-101.

案例思考题:

(1)枢纽型社会组织运作机制有哪些基本特点?

(2)枢纽型社会组织运作中强化服务能力与开拓资源渠道之间应该保持什么关系?

重要概念

政府职能(government function)

行政手段(administrative means)

服务型政府(service-oriented government)

社会组织(social organization)

社会团体(social group)

民办非企业单位(non-governmental nonprofit units)

基金会(foundation)

社会服务机构(social service agency)

提示问题

1. 政府职能转换的实质是什么?
2. 20 世纪以来政府职能的重心发生了什么变化?
3. 政府管理的法律手段、经济手段和行政手段各有什么特点?
4. 为什么说服务型政府建设是政府职能转变的方向?
5. 西方国家国有企业改革的途径主要有哪些?
6. 社会组织由哪些基本特点?
7. 如何看待社会组织不以盈利最大化为目标的涵义?
8. 我国社会组织的基本作用有哪几个方面?
9. 公共管理多主体合作具有哪些重要意义?
10. 促进我国社会组织健康成长的有哪些主要策略?

章节文献

[1] [美] 古德诺.政治与行政.北京：华夏出版社,1987.

[2] [英] 亚当·斯密.国民财富的性质和原因研究(下册).北京：商务印书馆,1974.

[3] 刘熙瑞.服务型政府——经济全球化背景下中国政府改革的目标选择.中国行政管理,2002(7).

[4] 施雪华.“服务型政府”的基本涵义、理论基础和建构条件.社会科学,2010(2).

[5] 刘熙瑞,段龙飞.服务型政府：本质及其理论基础.国家行政学院学报,2004(5).

[6] 余斌.英国国有企业私有企业化的回顾与思考.现代企业导刊,1997(3).

[7] 王绍光.多元与统一——第三部分国际比较研究.杭州：浙江人民出版社,1999.

[8] 王颖,等.社会中间层——改革与中国的社团组织.北京:中国发展出版社,1993.
[9] 娄成武,郑文范,司晓悦.公共事业管理学(第二版).北京:高等教育出版社,2008.
[10][11] 黄丽.国外大都市区治理模式.南京:东南大学出版社,2003.
[12] 俞可平.经济全球化与治理的变迁.哲学研究,2000(10).
[13] 侯润天.发挥枢纽型组织作用促进社会组织发展.学会,2011(5).

第5章 公共管理的运作过程

本章提要

公共管理目标的确立必须直接针对公共问题，在广泛调研基础上确认公共问题，在把握现实环境条件后确立合理的公共管理目标。公共项目的目标管理法是使每个时期所要达到的具体目标明确化的方法，这些具体目标必须始终与项目的最终目标相一致。

公共管理的决策是程序式决策和公开化决策。民主程度越高，公共管理决策的程序化则越强。

在实际公共管理中，决策者在收集信息、拟订方案、确定选择标准和实施方案等方面都不可能做到绝对的准确、周全和完美，因此，决策者需要遵循的决策标准不可能是最优标准，而是满意标准。

在公共管理运作方案实施过程中必须经过修正与补充的环节，这是公共管理运作方案实施达到预定目标的重要环节。

公共管理在整个社会发展中有着特殊的作用，不仅能够有效地整合各种组织机构和社会资源，而且还能将管理者的目标转化为与一定范围内的社会公众整体利益直接相关的公共项目和计划。但是，公共管理的这些作用的充分发挥离不开对社会问题的准确把握和确认，离不开对管理目标、运作方案、运作机制的合理发挥,而对运作情况的经常性评估和总结是改善公共管理运作效能的必要条件。

第一节 公共管理问题的确认和目标的确立

一、公共管理问题的诊断及方法

1. 公共管理问题的诊断

公共管理运作过程是对具体公共事务的实际管理过程,主要以公共项目和运作方案等方式表现出来,因此,首先必须对所面临的公共管理问题有准确的把握,这是选择公共项目和运作方案以及实施管理行为的前提条件。只有在对公共管理问题准确把握的基础上,才能确立合理的公共管理目标。所以,对公共管理问题加以准确"诊断"是公共管理运作过程的第一步。

公共管理运作过程的启动,首先必须有相应的社会需要。没有需要,也就没有必要去制订、实施公共管理的项目和方案。任何时候,公共管理机构所面临的社会问题都非常多,性质也十分复杂,在某一时期只能解决某一个或某几个社会问题。在这种情况下,公共管理项目和方案的制订是有选择性的。同一时期不可能对所有的社会问题都加以解决。

因此,虽然公共管理过程起因于社会问题的出现,但并非任何社会问题都会有相应的公共管理项目和方案的产生。由社会问题到方案产生需要经过许多环节。首先,必须确诊问题是什么,它为什么会发生。其次,问题的重要性是什么,也就是解决它有哪些方面的社会意义,对社会生活有什么影响。其三,对问题加以比较,在各种各样的问题中选择最重要、最急需解决的问题。其四,对现实条件的把握，以使那些“应该”解决和“能够”解决的问题得到最有效的解决。如果问题非常重要且急需解决，但却没有能力在近期解决，那就不能急于制订相应的公共管理方案。

在这一阶段，公共管理项目和方案的制订尚未开始，还仅仅处于“准备”工作阶段。但是，这一阶段是公共管理运作过程的重要环节，对公共管理项目和方案的有效制订及其质量有着巨大的影响。如果对问题认识不清，对公共管理需要把握不准确，对自身所处的现实条件估计不正确，就会导致公共管理运作过程的低效甚至无效。

为了制订出有效的公共管理项目和方案，必须开展广泛的调查研究，掌握丰富而可靠的材料与信息，为制订公共管理运作方案作准备。虽然这是准备阶段，却是基础性和关键性工作。

2. 公共管理问题诊断的主要方法

(1) 直接调查方法

直接调查方法就是公共管理人员直接与社会公众接触，面对面地进行调查。这种方法具有许多突出的优点：第一，不存在回收率问题；第二，反馈迅速，访问者当场可以看到或听到被访问者的意见；第三，灵活性强，访问者可以根据访问情况改变提问或修正访问；第四，真实可靠，搜集到的信息直接来源于社会公众。但这种方法也有不足，其调查范围受到一定的限制，适应于在社会公众数量较多且相对集中的情况下进行重点调查。直接调查方法最常用的有以下两种：

第一，访谈法。是通过与社会公众面对面的口头交流而获得信息的一种方法。访谈法根据访谈对象的数量和进行方式，可分为单个面谈访问和公众代表座谈会。

所谓单个面谈访问，就是有针对性地选择对象（一般是典型公众），就某一个中心问题征求被访问者的意见。访问可以选择典型对象和人物进行典型调查；也可以在不同的时间、地点上对同一典型对象反复多次就某一问题进行调查访问，从而获得比较可靠的资料,以分析发展趋势和相应公众的不同反应;还可以选择不同调查对象在同一时间段上就某一问题分别面谈,交流信息,收集反映,以进行异同比较。为了了解社会公众作出某一决定的深层心理和情感原因以及利益需求,还可选择一些对象进行深度的访问。在深度访问时,借助通信访问、电话访问等形式可以取得更好的效果。

所谓公众代表座谈会,就是选择一部分有代表性的社会公众参加座谈会或恳谈会,面对面地征求意见,了解情况。座谈会要议题明确,并善于组织和引导,以使社会公众代表谈出有价值的意见和建议,重要的座谈会应予以录音和录像,以利会后研究。

第二,问卷法。问卷法也常称为民意测验,是将所要调查的内容和问题编成统一的问卷表格,让社会公众根据个人情况,实事求是地自行作出回答。问卷法是一种书面形式的谈话,通过这种书面提问的方法,可以直接了解社会公众的需要,了解社会公众对某一社会问题的认识和看法,实际上也是一种舆论研究。

民意测验是一种现代科学方法,可以比较客观、准确地了解民意的变化,并能使结果数量化,因而是目前十分通行的社会调查方法之一。民意测验采用的问卷有四种形式:是非法、选择法、计分法和等级排列法(或语义级差法)。民意测验的一般程序为:设计方案、抽样、拟定意见征询表;信访、电话或派员面询;整理、统计、分析、综合调查结果。

(2) 间接调查方法

在公共管理问题诊断过程中,也可以采用间接调查方法去获取有关信息。间接调查是通过中间媒介间接地进行调查,利用历年统计资料、档案资料、样本资料以及日常收集、整理、储藏的资料等,即通常所指的第二手资料,进行分析研究,从而获得信息。这种方法称为案头资料分析,又称为文献研究或内容分析。这是十分重要和有效的调查分析方法,由于文献信息量大,对于了解舆论趋势及社会问题的来龙去脉有着特殊的意义。

二、公共管理目标的确立

公共管理必须具有明确的目标,没有目标的公共管理是毫无意义的。因此,公共管理目标的确立必须直接针对公共问题,在广泛调研基础上确认公共问题,在把握现实环境条件后,确立合理的公共管理目标。

> 公共管理目标是指,公共管理所要达到的具体目的和所期望的实施效果。

在确立公共管理目标时,必须综合考虑多种因素:一是要考虑社会需要和现实条件;二是要考虑社会公众之间的各种利益关系;三是综合社会公众利益的最佳方法;四是效果预测,包括对目标实现障碍的估计等。

确定合理的公共管理目标是对各方面问题及情况全面认识和把握的结果。因此,公共管理的合理目标是主观与客观相统一的结果,给公共管理的发展确定了方向或航向。当公共管理运作过程进入这一阶段,就标志着公共管理运作方案的制订进入实质性的构思阶段。

当公共管理目标确定后,就应根据目标制定详尽的公共管理计划。公共管理计划的内容应包括四个主要方面:(1) 阐述目标。(2) 对环境和各种主客观条件进行评估,发现有利的条件与不利的条件,考虑如何运用和改善。(3) 经过比较后选择适当的运作方案,在比较时,还考虑到各种可能性参变量,防止挂一漏万。(4) 选择适宜的手段和方法,以有利于最优化地实现公共管理目标。

换言之,一个可行的公共管理计划应能回答以下问题:(1) 公共管理机构必须做什么?(2) 公共管理机构现在何处?(3) 公共管理机构面临的问题主要是什么?(4) 公共管理机构可能做些什么?(5)公共管理机构采用哪种方案?(6)在方案实施中公共管理人员应该在何处?(7)如何了解公共管理机构的工作状况?

对于高层公共管理人员来说,主要的任务是根据公共管理目标制订相应的长期计划。对于中低层公共管理人员来说,必须进一步拟定具体的项目计划书。项目计划是中低层公共管理人员的基础性工作,是针对高层管理人员的长期计划制订切实可行的行动步骤。所以,项目计划是比长期计划和短期计划更加具体的操作流程。一般来说,高层管理人员在制订长期计划和短期计划时主要考虑公共管理机构自身的宗旨和目的、环境和现实条件、问题以及行为可能性与选择性,而中低层管理人员更加注意各种具体的操作环境和工具。

制订合理的项目计划应注意各种技术性的细节和技巧,要与所确定的公共管理目标相一致:(1)为了完成所确定的公共管理目标,将行动划分为若干个必要的步骤;(2)注意各步骤之间的相互关系以及相应的运行节奏;(3)决定各步骤由谁负责执行;(4)估计第一步所需要的时间;(5)确定具体的各步骤完成时间;(6)检查资源配置是否符合要求。

总之,正确地确立公共管理目标以及根据目标合理地拟定项目计划是公共管理的基础性工作,是其正常运作的前提。无论是高层公共管理人员,还是中低层公共管理人员都应予以高度重视,这既是公共管理运作的需要,也是公共管理机构存在的基础。

三、公共项目的目标管理法

为有效地进行项目管理,可以在公共管理中实施目标管理法。在目标管理法中项目总目标与公共管理目标一致,而项目总目标又划分为若干具体的小目标(即项目分目标),项目分目标与项目总目标一致。在许多情况下,项目分目标又可能包含着许多具体的子目标,从而形成树状式的目标体系。

公共项目的目标管理法是使每个时期所要达到的具体目标明确化的方法，这些具体目标必须始终与项目的最终目标相一致。

在公共管理中采用目标管理法的优点是：(1) 构建树状的目标体系可以使目标之间形成链条式的相互制约和相互影响关系，有利于责任明确化，协调不同层次目标之间的关系。(2) 有利于减少盲目性和目标误导性，节省公共资源。(3) 有利于调动具体实施的公共管理人员的参与积极性。(4) 有利于对整个项目进行控制和监督。(5) 有利于对分工负责的公共管理人员、项目小步骤及小目标的评估。

在公共管理过程中，为了解决不同的公共问题，需要相应的公共项目，也就是说，在一个时期公共项目往往不是单一的，因此，必须加强每个公共项目的管理。从高层公共管理人员角度看，对公共项目的管理主要集中在以下方面：项目的进度；关注中低层公共管理人员在完成项目目标时可能遇到的问题；对项目加以评估；建立有效的项目实施报告机制等。

第二节　公共管理运作方案的决策

一、公共管理运作方案的拟订

当公共管理目标确定后，公共管理的主要任务就是运作方案的决策。决策是公共管理的关键性工作，是在发现和确定问题的基础上，通过详细分析造成问题的原因及其目前的状况，找到各种可能的解决办法，最后决定最佳的问题解决方案并将这种方案转换成为有效的行为。

决策是指,为了实现特定的管理目标,在对可能性进行客观调研和分析的基础上,依据所掌握的充分信息及实践经验,对影响管理目标实现的各种因素进行分析、判断和选优后,对所应该采取的行动作出决定。[1]

根据决策学理论,决策存在于所有的管理活动中。或者说,在任何管理活动中,决策是经常性的行为,决策就是决定问题的解决方法和途径的过程。公共管理的决策具有以下两个重要特点:

第一,公共管理决策是程序式决策。对决策过程性质的认识主要有两种观点。一种观点认为,决策主要是直觉和创造性活动的结果,是一种艺术;另一种观点认为,决策是一个理性过程,包括基本步骤的要求,而直觉式决策是不可能划分明显的思考步骤的。这两种观点都有一定的道理。据此,决策可分为程序式和非程序式两大类,程序式决策是理性决策,非程序式决策是直觉性决策。[2]

公共管理中面临的大部分问题是经常和重复出现的。在公共管理决策过程中,公共管理人员必须进行充分的理性思考,并完成选择程序。相应的决策是通过各自的权责分工、操作流程、日常事务规划和组织机构配置去实现的,所以是程序式决策。程序式决策遵循相对稳定的执行程序,不可能更改,最多在时间上发生变化。而非程序式决策则不遵循固定的程序,它打破决策常规,带有极大的非理性和直觉色彩,常常是针对新的问题和突发问题。同时,在公共管理中,决策是集体作出的,分工负责和专业化使得参与决策的管理者在决策中的作用比较有限,因而决策主要是程序式的,只有在极其个别和特殊紧急的情况下才会出现非程序式决策。民主程度越高,公共管理决策的程序化则越强。

第二,公共管理是公开化决策。公共管理机构是在受社会公众的委托和授权的基础上,实施对社会公共事务的管理,其决策过程及结果应该充分反映社会公众的利益和要求,因此,公共管理的决策过程必须是公开透明的。公共管理决策的公开化是实现社会公众参与公共事务管理有效途径和必要条件，是预防公共管理决策失误的重要保证，是对公共管理机构进行社会监督的基本前提。

公共管理决策的公开化应该在以下四个方面得到体现：第一，信息公开。公共管理机构应该规范化地向社会公开与公共管理决策相关的各种信息，包括决策目的、资源运用、操作程序等信息。第二，主动沟通。公共管理机构应该建立与社会公众进行沟通的平台，在决策之前充分了解社会公众实际的要求和可能的反应，同时要使社会公众能够较为便捷地获得公共信息。第三，积极回应。公共管理机构应该了解社会公众对决策的反应，采取开放的态度充分听取来自社会各个方面的不同声音，并以积极的态度回答社会公众对决策行为和决策结果的质疑。第四，接受监督。公共管理机构应该自觉接受社会各方面的监督，必须认真接受社会质询。

在理性决策中，第一个步骤是拟订方案。拟订方案是一个过程，要解决“做什么”“谁来做”“什么时间做”“什么地点做”“怎么做”等问题的，属于技术性决策阶段。

拟订方案是指，对决策目标进行深入具体的分析、假设、推理和判断，为实现决策目标而准备一系列行动方案的过程。

拟订决策方案应具有如下几个特征：第一，围绕决策目标必须拟订多种方案。拟订方案是为实现决策目标服务的，而决策必须是“对策”的“决定”。如果只拟订一种方案，就无所谓“决”，“决”是在若干方案中对比决出的，所以拟订方案必须要拟订多种备择方案。第二，拟订方案的同时要同步对方案进行检验和审定。公共管理活动必须要形成实际后果，假如不能及早地检验和修正行动方案，尽可能将错误消灭在行动之前，就轻率地付诸行动，即使最后发现了错误，客观上已造成了无法挽回的损失。公共管理的实施会对整个社会造成影响,一旦失误,其消极后果十分严重。第三,拟订的方案是以预见性来指导实践的。拟订方案是规划未来做什么和怎样做的,必须要有预见性。所谓预见性,就是拟订方案时要充分考虑现实条件和预见未来趋势,努力拟订出可行可靠的方案。公共管理决策面临着大量新的公共问题,并没有现成的做法和模式,更需要科学性和预见性。

因此,拟订方案的作用体现在两个方面:第一个方面,拟订方案是为实现决策目标而寻求的有效途径。合理的决策目标是科学决策的前提,任何决策都是为了达到既定的目标,没有目标就无从决策。而要达到既定的目标,就必须根据预测,构想达到目标所必需的途径。从寻求、选择、预测到构想成功这就是拟订方案的过程。第二个方面,拟订方案是决策的间接来源和依据。决策的关键是选优,选优就必须在多种方案对比的基础上进行,没有比较就无从选优,所以每项决策都应有多种备择的方案,而多种备择方案的构思、设计就是拟订方案的过程。也就是说,决策是从所拟订的方案中选出来的,任何一项决策所依据的就是拟订的备择方案。

拟订方案需要遵循目的性原则、可行性原则、整体详尽性原则、互相排斥性原则。

目的性原则就是要求拟订备选方案时必须对准决策目标,拟订方案时是有目的、有意识地针对目标,针对为解决问题所确立的目标,因为目标是决策的前提和基础。

可行性原则就是要求拟订方案时必须从实际出发,根据决策环境的主客观条件以及发展过程中的可能变化,对方案进行深入分析,对后果进行准确评估和论证,使方案的实施具有可操作性并有最大成功的可能。

整体详尽性原则就是要求拟定的方案应当包括所有实际上可以实施的方案,也就是说,所有通向目标的途径不能遗漏。决策方案是供决断和选择的,方案多了才能有比较,有比较才有鉴别,才能保证方案择优时从中选出最优方案。否则,如果拟订的备选方案整体上缺乏详尽性，就不能保证最后选择的方案是“令人满意的”。

互相排斥性原则就是要求拟订的各个备选方案的内容应各自独立、相互排斥，不能只有形式上的不同而无实质上的不同。这样，才能进行选择和必须进行选择，选择才是有意义的。

在拟订方案过程中必须满足三个基本要求。

首先，方案要具体和明确。在拟订方案时经过精心设计的备选方案中，包含着最终决策所要执行的方案，所以，拟订的方案一定要详细和具体，每一个方案要以确切的定量数据来反映其效果。方案中不但要说明所处的客观环境条件及其可能的变化、适应这种变化应采取的措施和办法、在不同的环境条件下所能取得的效果、实施方案时所要付出的代价、各种约束条件以及如何尽可能地克服实施过程中可能产生或必然产生的副作用，还要说明方案实施的具体时间、阶段及各种要求。一般而言，方案越是具体和详细，实施时就越能取得较好的效果。

其次，方案要多样化和有层次性。方案的多样化是指所拟订的各个方案要有各自的特点，并且这种具有特点的方案要尽可能多，这样才能为最终选择留下较大的回旋余地。方案的层次性是指在较为复杂的决策中，在总目标之下应有子目标，子目标是实现总目标的途径和办法。同时，子目标的实现也要拟出具体的措施和办法。这样，才能避免决策方案的抽象空洞，使总目标的实现落到实处。

再次，方案要有新意和创造性。公共管理不断面临着由于社会经济发展所带来的新情况、新问题，需要用新的思路和办法去解决。即使对于老问题，也应该有更新更好的解决办法。因此，方案的“新”意，也就是决策中的创新，决策者要跳出旧观念、旧定势的束缚，制定出有创造性的、有新意的方案来。

拟订方案作为决策程序的一个环节，必须保证其可行可靠，才能确保其他环节的正常运行。当然，对决策程序的其他各个环节都应该进行可行性分析,但是,拟订方案时的可行性分析尤其必要。从实际的公共管理决策过程来看,可行性分析是拟订方案时不可少的环节。通过可行性分析对方案的选择进行周密的评估和慎重的论证,从而使方案的实施有切实的操作性并有最大成功的可能。可行性分析技术是公共管理决策技术中最重要的技术之一,是实现决策科学化的重要手段。

可行性分析是指,对决策环境实际的主客观条件以对决策方案有无承受能力进行分析的方法。

可行性分析具有如下特点:(1) 超前性。为了确保决策方案的可靠性、价值性和优越性,要加强事前的分析和研究。(2) 调整性。通过对各方面的精确分析,对所拟订的方案经过对比和优化,对不合理的地方加以修正,对合理的部分加以肯定,使可行性分析的过程变成对方案进行调整修正的过程。(3) 有效性。因为可行性分析对决策方案的精确度有着许多要求,所以,凡是经过可行性分析的决策方案,一般获得成功的把握都比较大。

二、公共管理方案的抉择

方案抉择是指,决策者在对智囊团的制订的多种备选方案进行全面的对比和评价基础上,最终确立一个最满意方案的工作。

公共管理的方案抉择要注意以下方面:第一,拟订的各种方案是不同思路的产物,各具特点,各有所长。决策者从中选出一个满意方案,或者把各个方案的优点加以综合,组合成一个最优方案,这也是抉择选优。第二,在各种被选方案中,尽管满意程度难以确定,但必然存在着相对优劣,决策者要善于决断、敢于决断、切忌犹豫不决、难以取舍。第三,任何备选方案都是主观意志的产物,最优方案的确定也是主观意志的产物。在没有经过实践检验之前，只是“最满意方案”。决策者在选优时不能求全责备，不能追求理想化的十全十美的方案。

不同的备选方案尽管都是可行的，但客观上还是有优劣之分。决策者能否选出或综合成一个最佳方案，这是决策成功与否的根本标志。正确的抉择事关全局，责任重大，所以，方案抉择在决策程序中处于关键地位，在整个决策过程中有十分重要的意义。

首先，方案抉择的重要职责对决策者的决策素质提出了严格的要求。现代决策科学的发展。为防止决策的重大失误提供了可能。不过，决策科学理论的抉择过程，还是需要决策者很高的决策素质，要具备通观全局的系统观念、深谋远虑的战略眼光、广博的科学知识、丰富的经验判断和科学的思维方法。尤其需要注意的是，无论按照什么标准，借助于什么技术和方法来优选方案，最终都有赖于决策者的科学思维和判断。决策者的思维能力对科学决策有决定性的意义，善于进行科学的决策思维包括系统思维、创造性思维和辩证思维，是决策者正确判断和优选决策方案的重要前提。

其次，抉择方案的过程实质上也是备选方案优化的过程。由拟订方案到抉择方案，实际上是进行可行性论证接力棒的传递。抉择方案要由决策者根据多种条件和因素来权衡评价，在评价过程中所有方案都要进行对比分析，即使是被淘汰的方案，也可能会吸收其中较为合理的部分，补充和完善到保留方案中。因而，方案抉择的过程就是方案筛选的过程，这为确定方案时综合优点，形成最佳方案提供了依据。

再次，科学合理的抉择是方案实施成功的基础。公共管理的决策涉及的不确定因素变化多端、涉及的目标多样，同时，运用的科学知识和方法各异，因而在实现公共管理目标的方式和途径上也会非常复杂，仅凭决策者个人的知识和经验去评价和判断备选方案是不够的，必须依靠有关专家智囊人员提供的优化理论，从全面的和现实的角度，依据对社会发展的影响及效益，从必要性、可能性、经济性、协调性等多方面对各种方案作出进一步可行性研究和论证,最后做出选择决定。因而,抉择过程实际上是为方案的成功实施奠定了基础。

备选方案的抉择需要遵循全面性原则、客观性原则、对比优化原则、可行性分析原则、集体抉择原则。

全面性原则包括两个方面的要求:一方面是对每一备选方案都要评价。这是因为,各个备选方案究竟哪一个被确定为最终的决策方案,虽然与对方案的评价有直接关系,但两者并不绝对的一致。确定方案的任务是要在评价的基础上由决策者来完成。究竟哪一个方案被确定为最终决策方案,要由决策者根据多种条件和因素来权衡。在评价阶段,尚不能确切知道哪一个方案会被最终确定。因此,对经过初选的各个方案都要评价,以备选择之用。另一方面是对每一方案的各个方面都要做出评价。这是因为,即使是被淘汰的方案,也可能会在某些方面较其他方案的相同方面优点更明显一些。对所有方案及其各个方面都作出评价,显示出其长处,这就是决策者在择优、确定方案时应具有的全面认识。

客观性原则要求在对方案评价时应实事求是,一切从实际出发。只有这样才能对方案做出公正的、合乎实际的评价,才能为确定方案提供真实可靠的依据。为此要注意克服两种倾向:一是先入之见。在对每一方案评价前,不要预先存有优或劣、可能被确立或可能被淘汰等主观先见。如果在头脑中存有先入之见,就会在评价时自觉不自觉地作出带有主观成见的结论,使评价有偏颇之失。二是夸大其实。无论是对方案的优点还是缺点,都要按客观事物的本来面目给予恰当的评价,决不能夸大或缩小。否则,夸大某一方案好的方面,就有可能使本来不是最好的方案被确立;夸大某一方案不好的方面,就有可能使本来好的方案被淘汰。

对比优化原则是指在制订方案时必须制订出若干个可以互相

更换的方案供决策者备选，从而使决策者按照最优化理论，通过对各种方案进行比较鉴别来选定一个最满意方案。因而，决策者在选择方案时必须善于对比，在对比中进行鉴别、发现优劣。对任何一项决策，都必须是在多种可供选择的方案上进行选优，决策者应坚决反对单一方案的决策。

可行性分析原则要求制订决策方案必须从实际出发，根据决策环境现有的人力、物力、财力、科技能力、时间、后果这样一些主客观能力，以及发展过程中的种种变化，对决策方案进行周密的评估和慎重论证，使决策方案具有成功的保证。

集体抉择原则是指由集体共同确定最终的方案。随着社会大生产的发展和科学技术的进步，现代决策活动已高度综合复杂，实现科学决策已非决策者个人或少数人所能胜任。利用智囊团决策是决策科学化的重要组织保证，也是集体决策原则的内容之一。然而，集体决策的原则并不仅仅是确立智囊团制订备选方案的主体地位，还包括决策者在对智囊团制订的备选方案进行拍板定案时，必须实行一人一票制——即严格的集体表决制。因而，要求决策者必须在充分讨论、审查备选方案的基础上，充分发扬民主，坚决防止个人决断，或防止表面上的民主而实际上由个人决定的现象。

综合分析是确定方案的基础。没有对方案的分析，就不能进行选择，当然也就不能形成最终决策。因此，做好方案的综合分析工作是极其重要的。

方案的综合分析是指，对各备选方案按照决策的要求作出或优或劣以及优劣程度的鉴定。

分析评价方案优劣及其程度的标准主要有三个：

(1) 两类目标的实现程度。决策的目的是为了解决问题，达到公共管理的目标。决策目标则可分为必须达到的和希望达到的两类,如果某一方案不能完全满足必须达到的目标的要求,那么,尽管它在其他方面可能有许多优点,但也不能算是一个好的方案。而如果方案能够满足必须达到目标的要求,那就还要根据其满足希望达到目标要求的程度来确定其优劣程度。一般来讲,如果几个方案希望达到目标的实现程度相同,则对必须达到目标的实现越有把握的方案就越好。反之,如果必须达到目标的实现程度不相同,则对希望达到目标实现的可能性越大的方案就越好。

(2) 代价与效果的比值。一般而言,人们总是希望付出最小的代价而取得更大的效果,但是,代价和效果的大小总是相对的。如果取得的效果相同,那么付出的代价越小的方案就越好;而如果所付出的代价相同,那么取得的效果越大的方案就越好。因此,方案的优劣应以效果与代价的比值大小来确定。在综合分析中应尽可能地把效果和代价换成可比较的数字,从而准确的确定方案的优劣及程度。

(3) 积极影响和消极影响的比值。公共管理决策所涉及的问题常常是复杂的,要解决某些问题而达到一定的目标,有时也会不可避免地带来某些副作用,产生消极影响。不同方案的积极作用不完全相同,其消极影响也有所区别。从常态来看,积极作用相同的方案,其消极影响越小的越好;反之,消极影响相同的方案,其积极作用越大的越好。因此,应以积极作用与消极影响的比值的大小来确定方案的优劣及其程度。当然,有许多影响因素,如社会、文化、心理因素等很难确定一个准确的数值加以计算,这就要结合决策的具体情况和特定的环境、条件相对地加以测定。

上述分析决策的标准不是绝对的。一方面,它们只是方案某些主要方面的评价标准,而方案是一个复杂的整体。不可能对某一方案的所有方面都给予一个确定的评价标准。但是,其他方面的内容是与方案主要方面的内容相联系的,因此,可间接地借助上述标准对其综合分析。另一方面，因为各项决策涉及不同的问题，同一问题的决策的不同方案也有区别，即使是同一决策方案，不同方面内容的要求也不尽相同。因此，要结合具体决策工作的实际需要来分析方案。综合分析的内容主要有：

第一，单项评价分析和总体评价分析。单项分析是对方案的目标、约束条件、途径方法、具体措施、代价、副作用、效果影响、时间等分别作出分析。总体分析是在单项分析的基础上对方案做出总体权衡，以确定方案的综合价值。这种评价是对方案主体内容的分析，包括所确定的目标是否得当，是否符合要求；约束条件能否得到有效控制；方法和途径是否有效、合理；具体措施能否落实，所付代价大小是否值得；副作用能否避免以及避免的程度等。在上述评价的基础上，通过权衡比较，做出综合判断，从而对方案总体作出值得与否及其程度如何的分析。

第二，有利条件与不利条件的分析。这是对方案外部条件进行分析，包括社会、政治、经济、文化、技术等方面的现实状况以及未来发展对方案的实施将会产生哪些有利影响和不利影响；在利用有利影响克服不利影响方面，方案本身有多大的回旋余地等。方案实施后取得效果的大小，固然主要取决于方案的内容本身的合理性，但是，任何方案都要在一定的外部环境条件下实施，这些环境条件及其可预见的变化，也会对方案的实施产生影响。其中，有些影响有助于方案的实施，称为方案的有利条件；有些影响有碍于方案的实施，称为方案的不利条件。要使方案实施取得预期的效果，必须对有利条件和不利条件加以论证，作出恰当的分析。对不同方案的分析应力求做出可以比较的结论，从而为方案的优选和确定奠定基础。

现代决策理论十分强调决策方案的选择，有的甚至认为决策就是选择。强调方案的选择，无疑是正确的。关键是如何正确理解和掌握方案的选择。

在现代决策过程中，专家智囊和广大社会公众参与拟定的方案往往是不相同的。决策者对这些备选方案必须进行认真的比较鉴别、权衡其利弊得失,经过去劣存优,综合加工,最终形成一个切实可行的决策方案。决策方案的选择是一个复杂的认识和评价过程,通常包括以下几种类型:

(1) 多中选一。决策者借助几个目标对每一个方案进行评估鉴定,经过对比分析,仅有一个方案完全符合目标的要求,并明显优于其他方案,因而就直接选择这个方案。

在现代科学决策实践中,多中选一的情形是不太多见的。现代决策往往是一项庞大的系统工程,需要汇集多方面的人才,发挥丰富的理论和实践知识,而且凡重大决策,都要兼顾多个目标和多个方面的利益。有的决策者把决策方案的选择理想化、简单化,甚至误认为选择就是多中选一。认为备选方案中必须存在着一个完全满意的方案,不需要吸收和借鉴其他方案的内容,决策者抉择的任务就是找出这个满意的方案。这种对决策方案选择的狭隘理解是十分有害的。多中选一是一种简单的选择、特殊的选择,不是决策方案选择的普遍形式、更不是唯一形式。

(2) 合多为一。经过决策者反复比较评价,发现备选方案各有利弊,没有一个方案在整体上优于其他方案。面对这种情况,多中选一已不可能,于是决策者将多个备选方案的优点吸收进来,最终形成一个全新的方案。这个新方案不是原来的任何一个方案。但其中包含了原来各方案的合理之处,即合多为一。

合多为一可说是现代决策方案的一种主要形式。这种形式强调综合,而综合也是抉择,而且是一种更高的选择。智囊成员和广大社会公众的方案或意见往往是从一个角度、一个方面或一个局部来看问题,获取的信息也是有限的,因此,拟定的方案及所提的意见和建议往往存在不足之处。而决策者站得更高,把备选方案研究透彻,取长补短,综合成一个合理可行的决策方案,无疑是一种明智的抉择。

(3) 重新拟订。决策者经过评估分析,发现各个备选方案都存在明显的弊端，而且很难将它们综合为一个令人满意的方案。这时决策者可以把各个方案退回去，让有关人员重新拟订决策方案。抉择是一个过程，出现反复是正常的。拟订方案者与抉择方案者之间的沟通反馈有助于提高决策的精度。

重新拟订方案不一定交给原来的拟定者，通常可以交给他人去完成，也可以由决策者自己去拟订。借助备选方案的一些信息、思路和方法，决策者另起炉灶形成一个新方案，然后再对之评估、修正、完善和认定。现代决策的特征之一是谋断分离，即智囊人员负责拟订方案，决策者负责选择决断。但是，这种分离不应绝对化，简单化，而应具体问题具体分析。在备选方案都不理想及决策时间要求比较紧张的情况下，决策者既谋又断，既拟订方案又选择方案，在一定条件下是一种必要的决策方法。

(4) 暂缓抉择。各个备选方案都不太成熟，既难多中选一，又难合多为一，决策者感到对决策问题胸中无数，短时间内难以拟订新的方案，因此只能暂缓选择方案。

出现这种情形说明决策时机尚不成熟，一些问题还没有认识清楚，一些客观条件还没有具备。这时最好暂缓决策，决策者要花大气力调查研究，等到胸中有数和条件成熟，再确定决策方案。

三、备选方案的抉择标准：满意标准

满意标准是现代决策的一项基本标准，20 世纪 50 年代中期，美国学者西蒙提出了建立在有限性理论基础上的满意原则，以取代建立在全面性理论基础上的最优标准。

决策过程需要理性思维的指导。这就要求决策者在收集信息、拟订方案、选择方案和实施决策诸阶段，本着科学的态度，采用科学的方法，依照科学的标准来完成决策过程。为决策提供基础的信息要尽可能收集完全，各种可能的备选方案要设想的详尽周到，然后可以依照决策者的需要从中选择“最优”的方案。但是在实际公共管理中，决策者在收集信息、拟订方案、确定选择标准和实施方案等方面都不可能做到绝对的准确、周全和完美,因此,决策者需要遵循的决策标准不可能是最优标准,只能是满意标准。[3]

之所以决策标准只能是满意标准,是因为:首先,人们的认识规律具有渐进性特征,需要通过反复实践,才能逐渐形成完整准确的认识。其次,从理论上说最优结果的前提是列出全部的备选方案,但是,在实践中不可能列出全部方案,那么,也就无法证明在列出的备选方案中最后选出的方案是最优的。再次,在决策的各个环节都存在着价值判断,特别是公共管理决策中,由于受利益关系的影响,价值判断的作用更加突出,表现为:(1) 在公共问题的界定和确立过程中受到价值评价的影响,在公共问题转化为公共管理运作方案的过程中,除了取决于这一问题本身的性质和影响程度之外,必然同时受到决策者价值判断的制约;(2) 公共管理运作方案的决策不能脱离社会的文化背景,必然会反映一定社会的文化价值观念;(3) 在选择和运用研究方法上也存在着价值判断的影响,研究方法的不同对所需资料的要求也不同,研究者受到研究时间和研究经费的限制,会对研究方法进行筛选和调整,结果使方案在很大程度上带有研究者个人的价值判断。

满意标准是指,决策者在收集信息、拟订方案、选择方案和实施决策阶段都只能也只需要得到一定程度的满意。

从公共管理的实践来看,决策方案选定后并不等于决策过程的终结。由于公共管理方案实施具有利益影响性和不可逆性,因此,对于重大的决策,最好不要马上付诸实施,一般应先采取小范围试点或实验,加以验证、补充和完善,然后再具体实施。在进行决策试点或实验时,要注意选择点的代表性和典型性。[4]

以上是理性决策过程不可缺少的步骤(参见图 5.1),决策者在每一步是否犯错误,决定着能否作出正确而科学的决策。

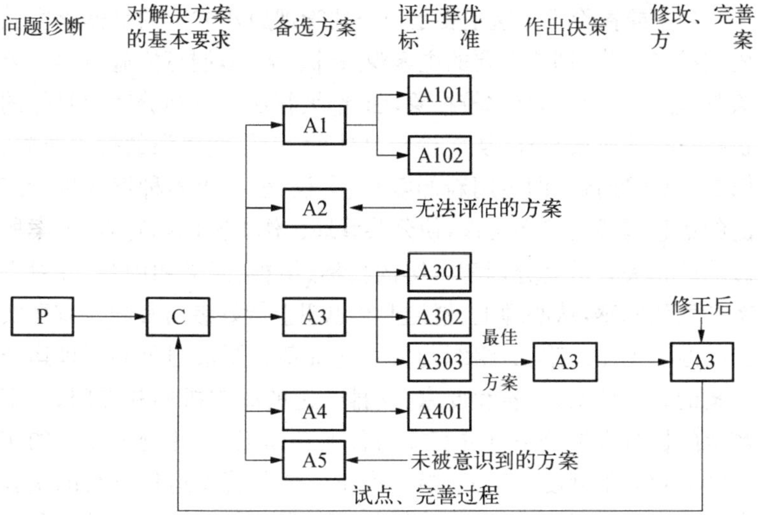

图 5.1 理性决策的基本步骤

第三节 公共管理运作方案的实施和修正

一、公共管理运作方案的实施

在公共管理中，一旦对运作方案作出决策，就要全力着手于方案的实施，使管理目标和相应的决策变成具体的行动，以达到某种预期的效果。公共管理目标的实现不仅依赖于最佳行动方案的合理选择，而且也依赖于决策执行的最后结果。实际上决策方案的实施是公共管理目标得以实现的重要环节。

公共管理运作方案的实施是一个完整的过程，主要包括以下三个阶段。

(1) 准备阶段。这主要是为公共管理原作方案的贯彻落实做先期准备工作,创造必要的主客观条件。第一,制订实施方案。公共管理运作方案本身比较抽象,因此,要把决策目标分解为具体的执行目标或阶段目标,从而确定具体的、操作性较强的行为步骤。第二,思想准备。即运用新闻媒介、会议、公文等多种形式进行广泛的信息沟通与传播工作,使公共管理运作方案的执行者、方案所影响的相关人员充分理解方案的目标、精神、涵义和内容,并对方案产生认同感,从心理上、精神上和思想上做好参与及配合方案实施的准备工作。第三,组织与人力的准备。要根据公共管理运作方案的具体性质、内容和要求,安排一定的组织机构和部门、一定数量的执行人员分头负责实施的各项具体工作,并制定相应的实施办法和规章制度。第四,财物准备。公共管理运作方案的实施离不开一定的财力和物力,应预先进行详尽的开支预算,筹措所必需的各种物资材料。

(2) 落实阶段。公共管理运作方案实施的准备工作就绪之后,就应着手具体的落实。为了保证方案的落实,必须注意以下三点:第一,设置指挥中心。有些重大方案的落实工作繁琐复杂,可视情况成立统一的指挥中心。第二,搞好沟通协调。由于公共管理运作方案的实施涉及不同的部门和组织,需要相互之间的有效协同合作,因此,要做大量的沟通协调工作,明确各级组织与人员的权责。第三,实行有效控制。这种控制既包括在准备阶段进行预先控制,又包括执行过程中进行现场控制,还要进行反馈控制,使参与方案实施的各级组织和人员能按照方案目标的要求有序行动。

(3) 评估阶段。公共管理运作方案落实之后,要对整个活动过程及其效果进行检查和评估,以总结经验教训,为今后的方案实施工作提供借鉴,同时也对方案本身的正确与否加以检验。评估阶段的主要内容有:第一,效果检测。将落实后所产生的结果与预定的方案目标相对照,检查实施的效率与效果如何。第二,绩效考核。对有关组织机构和人员的贡献、能力、控制与管理水平进行实事求是评价。第三，总结经验。采用工作人员评议与领导评估相结合的方法，找出方案实施的成功之处和不足之处，并对造成不足的原因进行详细分析，为今后公共管理运作方案的决策及其实施提供有益的经验。这一评估主要是内部评估，即公共管理机构自行进行或者委托第三方进行的评估，有利于及时发现问题，完善对策。[5]

二、公共管理运作方案修正的必要性

如果通过实施效果的分析发现公共管理运作方案有不够完善的地方，或者在方案实施时发现问题和偏差时，就必须对公共管理运作方案加以修正和补充。在方案制订阶段通过分析而发现方案的不足，往往会导致对方案的否定。因此，真正的公共管理运作方案的修正与补充主要出现在实施过程中。

公共管理运作方案在实施过程中可能发生的问题和偏差，大致可以分为下列三种情况：(1) 执行方案的人员没有按照运作方案规定的程序和内容执行，出现诸如“上有政策，下有对策”的情况，导致方案目标的偏离。(2) 方案实施中由于种种不可控因素的干扰，造成了方案执行中的困难，如自然灾害、客观环境条件和社会问题变化等。(3) 方案实施一个阶段后，不但没有解决社会问题，反而加剧了问题的严重性，或者方案的实施不能产生任何效果。这些情况表明，相关的公共管理运作方案不符合客观发展的实际和需要，不能实现公共管理的目标。所以，必须根据不同情况，对方案进行修正和补充。这种修正又称为决策追踪。

事实上，公共管理运作方案的修正是不可缺少的环节：首先，任何方案的制订都是一个复杂的认识过程，方案的制订者必须全面把握所面临的问题及其产生的背景、主客观条件、自身需要以及不同的利益群体间的相互关系等。这种复杂的认识过程有可能在某一方面或某些方面考虑不周，认识发生偏差，就会导致方案偏离目标。其次,任何公共管理运作方案都带有预测性、风险性和探索性,没有完全现存的样本可供参考。这种探索性本身就决定了相应的方案有失败或非预期性结果出现的风险。再次,决策行为本身的科学程度也会对方案实施的效果产生重要影响。事实上,在民主制度还不完全健全的情况下,决策在某些情况下会受到种种因素影响而缺乏科学性。决策行为是对公共管理运作方案进行分析并做出相应决定,假若决策者本身不按科学规律办事,所选择的方案就有可能是错误的。最后,由方案提出到实施的"时间推移"会影响方案本身的修正。客观事物无时不在变化,而方案提出后,要经过决策者选择、实施准备和具体实施等过程,这就有可能导致方案在实施时需要根据时空条件的变化而适当调整和修改。以上情况说明,对公共管理运作方案的修正是必须的、正常的。

但是,方案的修正和补充本身可能产生一定的负效应:第一,影响公共管理机构的形象或声誉,因为这会在一定程度上导致方案的多变性,如果经常发生这样的事情,就容易使社会公众怀疑方案制订者和决策者的能力。第二,影响方案实施的进度和效率。假若方案决策正确,实施中不需要或很少需要修改和补充,这就会减少方案实施的障碍,加快实施速度,有利于社会的发展。反之,就会在一定程度上减缓这种进度。第三,从经济角度看在一定程度上会浪费社会公共资源,使人力、物力、财力产生不必要的多余支出。第四,对社会公众的信心产生不利影响。如果方案修正过多,社会公众对新方案的可靠性和可持久性会产生动摇,持某种怀疑和观望态度。这会使新方案的执行和实施效率受到限制。由此可见,尽管"交学费"是不可避免的,但不能以此为借口,而不顾方案制订本身的确定性和科学性。如果方案制订者和决策者认为反正有方案修正与补充这一环节,在制订方案时马马虎虎,甚至草率行事,这变成了不正常的方案修正。正确的态度应该是:科学地、审慎地进行方案制订与选择,力求避免方案修正,但在必要的时候,又及时有效地进行决策追踪,巧妙地修正方案,使方案更趋于合理优化,更好地解决公共问题。如果把方案看成凝固僵化的,或者看成可任意改变的东西,都是不正确的想法。

对于方案的修正和补充需要以方案实施中的反馈为前提。反馈就是各种信息从实施对象方输送回来,到达方案制订者和决策者那里。也就是说,方案制订者和决策者必须了解和把握方案的执行情况和结果,以作为修正和补充方案的依据。方案制订者和决策者必须进行决策追踪,只有以此为基础才能正确地修正和补充相应的方案。

总而言之,在公共管理运作方案的制订与实施过程中有两个特别的关键环节,直接关系到公共管理的优劣与成败。一是决策前的问题确认,这是科学决策的重要保障。二是实施过程中的修正与补充,这是公共管理运作方案实施达到预定目标的重要环节。只有正确地决策又通过不断地修正和补充方案,从而使方案有效地得到贯彻执行,才能真正实现公共管理的目标。

〔案例7〕我国社会医疗制度改革方案的形成和实施过程

医疗保障是国家和社会为社会成员的健康和疾病医疗所提供的费用和服务,以保障和恢复其健康的社会保障制度。

(一) 改革前我国城镇职工医疗保障的状况

1. 我国城镇职工医疗保障制度的构成

我国从20世纪50年代开始建立和形成城镇职工医疗保障制度。具体分为公费医疗制度和劳保医疗制度两个部分。

公费医疗制度是由国家通过卫生行政部门向国家工作人员提供必要的医疗保健服务,并由国家负担医疗费用的医疗保障制度。实施的范围包括:(1) 国家机关、党派、人民团体的工作人员(包括离退休人员);(2) 事业单位工作人员(包括离退休人员);(3) 二等乙级以上革命残疾军人;(4) 高等院校在校学生;(5) 现役军人。公费医疗的费用由各级政府的财政预算拨款,由各级卫生行政部门或财政部门统一管理使用,从各单位的"公费医疗经费"项目中开支,实行专款专用。

劳保医疗制度是由企业提供职工医疗费用的医疗保障制度。实施的范围包括:(1) 国有企业、城镇集体企业的职工(包括离退休职工);(2) 职工家属享受半费医疗待遇。劳保医疗的费用是企业按职工工资总额 14%的比例提取的福利费,不足部分从企业税后留利中提取。

2. 我国城镇职工医疗保障制度存在的问题

我国城镇医疗保障制度提供基本医疗服务,对于改善城镇职工的医疗条件和提高城镇职工的生活质量起到了积极的作用。但是,随着社会经济的发展,城镇职工医疗保障制度也暴露出一些突出的问题。

首先,医疗经费严重浪费。由于医疗费用由国家和企业承担,患者和医院在医疗经费使用上吃“大锅饭”,医患双方缺乏有效的制约机制,造成医疗经费使用上出现严重浪费现象,使医疗经费的支出连年上升,给国家和企业带来了很大的压力。

其次,医疗经费来源单一。医疗经费由政府或企业承担,来源和渠道比较单一。特别是由企业承担的劳保医疗费用,与企业的生产经营状况直接相关,相对来说稳定性较低。同时,医疗经费缺少积累机制,无法在不同单位或不同时期进行必要的调节。

再次,医疗保障覆盖面窄。长期以来,我国医疗保障的受益者主要是城市具有正式单位的居民。广大农民以及城市中没有正式单位的居民无法享受医疗保障服务。同时,医疗保障管理和服务主要是由政府有关部门以行政化的方式直接承担,社会化的程度非常低。

(二) 我国社会医疗保障制度改革方案的制定及试点

我国从 20 世纪 80 年代中期开始,逐步进行社会医疗保障制度改革的探索。从改革的历程来看,大致经过了三个阶段,即:方案研究阶段、方案试点阶段和全面推开阶段。

1. 研究和制定初步方案阶段(1988—1993 年)

1988 年,国家有关部门开始组织对社会医疗保障制度改革方案的研究。研究人员对于我国医疗保障制度的状况及存在的问题进行了充分的调研，考察了一些国家社会医疗保障的管理制度和运作过程，总结了国际上医疗保障制度的成功教训，提出了我国社会医疗保障制度改革的思路和设想。

1992年5月，国务院成立医疗制度改革领导小组，标志着我国医疗保障制度的总体改革进入了预备阶段。医疗制度改革领导小组组织各方面专家和政府有关部门人员进行了深入的研究，卫生部、劳动部分别提出了改革的初步方案。在此基础上，国家体制改革委员会对方案进一步修改和完善。

2. 镇江市和九江市的试点(1994—1996年)

1994年4月，国家体改委、财政部、劳动部、卫生部联合印发了《关于职工医疗制度改革试点意见》的通知，对医疗保障制度改革做出了部署，从而开始了医疗保障制度的改革试点。

国家有关部门确定在江苏省镇江市和江西省九江市进行医疗保障制度改革的试点。选择镇江市和九江市的主要原因是这两个城市在各方面都处于比较中间状态，其试点结果对其他地区具有实际的借鉴意义。改革试点的重点是实现机制转换，建立社会统筹医疗基金与个人医疗账户相结合的新的社会医疗保障制度。改革的主要内容有以下几个方面：

其一，建立社会医疗保障费用筹集机制。医疗保险费用由用人单位和职工共同缴纳。四部委《试点意见》提出：单位缴费，参照本城市上年实际支出的职工医疗费用换算成职工工资总额的一定比例缴纳，不超过职工工资总额10%的，具体标准由省人民政府决定，今后根据经济、社会发展情况和实际医疗费用水平适时调整。超过职工工资总额10%的由省人民政府审核后，报经财政部批准。根据以上意见，镇江、九江两市经过测算，按照各自城市的实际情况，规定单位缴费标准，按用人单位上年度在职职工工资总额与离退休人员费用总额之和的10%，确定为1995年单位筹资比例。

其二,建立社会统筹医疗基金和职工个人医疗账户。单位缴纳保险费的一半左右,集中于社会统筹医疗基金;另一半划入职工的个人医疗账户。个人缴纳的保险费也记入个人账户。两个城市企事业单位和职工个人缴费相当于工资总额的11%。考虑到老职工年老多病的实际情况,对个人医疗账户按年龄分成两个档次,其中45岁以下的职工都按本人工资的5%(单位缴纳的4%,个人缴纳的1%)分别记入个人账户。45岁以上的职工,镇江按7%(单位缴纳的6%,个人缴纳的1%),九江按6.5%(单位缴纳的5.5%,个人缴纳的1%)分别记入个人账户,其余部分集中于社会统筹基金。社会统筹基金由社会医疗保险机构集中统筹使用,通过营运使其得到保值增值。两市都规定在医疗保险基金中提取一定比例作为调剂基金(镇江规定10%,九江规定5%),主要用来防止突发性、传染性疾病的大面积暴发流行。个人医疗账户的本金和利息为职工所有,可以结转使用和继承,但不得提取现金或挪作他用,职工在本市范围内调动工作,需办理个人医疗账户转移手续。职工调离本市时,其结余的个人医疗账户资金可以随同转移或一次性发还本人。

其三,职工医疗费用支付程序和负担水平。试点方案规定,职工医疗费用分三段付费,一是账户段;二是自付段;三是共付段。账户段是指职工就医先由个人医疗账户支付医疗费(限于规定范围内的医疗费和基本医药费);自付段是指个人医疗账户已用完,不足支付时,由职工现金支付,全年自付费用限于本人年工资的5%;共付段是指自付的医疗费超过本人年工资收入的5%以上部分,由社会统筹基金中支付,但个人仍要负担一定比例。镇江市规定,超过本人年工资总额5%以上至5 000元的部分,个人负担10%;超过5 000元以上至10 000元的部分,个人负担8%;超过10 000元以上部分,个人负担2%。九江市的规定是,超过本人年工资收入5%以上至5 000元部分,个人负担15%,超过5 000元至10 000元部分,个人负担9%,超过10 000元部分,个人负担2%。

对于某些特种医疗检查和治疗，以及转外地治疗等，需经医疗保险机构审批，但个人自负医疗费用要适当增加。

其四，对离退休人员的照顾政策。关于离休人员的医疗保险政策，镇江市规定离休人员个人不缴医疗保险费，不建立个人医疗账户，符合规定的基本医疗费用，全部由社会统筹基金支付。九江市对离休人员的规定是，对解放战争时期参加革命的、享受副地级以下待遇的离休干部实行自付少量医疗费用的办法。对老红军、抗日离休老干部和享受副地级以上待遇的离休干部，医疗费用全部由社会统筹医疗基金支付。对退休人员的政策，镇江、九江两市都规定，退休人员个人不缴纳医疗保险费；退休人员在个人医疗账户用完后，直接进入社会统筹医疗基金支付；退休人员医疗费用进入社会统筹医疗基金支付时，个人负担比例是在职职工的一半。

其五，医疗费用报销办法。九江市的医疗费用报销办法是，职工凭医疗社会保险手册到定点医院就诊、治疗。每次就诊、治疗费用，由定点医院在医疗社会保险手册上进行记载，并且采用记账三联单，其中一联送达医疗保险机构结算。具体结算办法是：属于个人医疗账户内开支部分以记账方式结算；属于个人医疗账户以外开支部分原则上以现金结算；本地住院治疗的医疗费，除个人自负部分外，以记账方式结算；属于个人自负部分的医疗费，一律以现金支付。镇江市的医疗费用报销规定，职工患病应在定点医疗机构就诊，其医疗费用先由个人垫付，然后凭复式处方、医疗费结算单和票据回参保单位报销；职工在定点医院住院，先由个人向医院缴纳预付金，其住院费用在患病出院时由参保单位同医院进行结算；处方外配费用先由职工个人垫付，然后按规定回参保单位报销。

其六，加强对医疗单位的管理和制约。试点方案对定点医院的选择、医药费用的总额控制及结构调整、医疗费用定额结算办法、基本药物和报销范围的确定等方面都作了详细规定。

镇江市和九江市的改革试点从1994年开始，到1996年4月对试点进行初步总结。基本结论是建立社会统筹和个人账户相结合的职工医疗保障制度改革的方向是正确的,四部委提出的《试点意见》通过试点的验证,基本上是可行的,实践证明也是行之有效的。

3. 扩大试点(1996—2000 年)

在镇江市和九江市试点的基础上,扩大了改革试点的范围,涉及全国 100 多个城市,以进一步反映和了解社会医疗保障制度改革可能遇到的问题,不断完善改革方案。

试点工作中也暴露出一些深层次的矛盾和问题。一些城市实行医疗保险制度改革后,财政和企业负担不但没有下降,反而加重,企业参加保险的比例也比较小;还有一些城市社会统筹医疗基金超支较多。出现这些问题的原因是多方面的,但主要是有关部门对社会医疗保险的主要功能是保障基本医疗这一点认识不清,因此,过多考虑医疗消费的需求,脱离当地生产力发展水平,确定的筹资比例过高。同时,习惯于过去公费医疗、劳保医疗的管理方式,对社会医疗保险基金的收缴、管理、支付等缺乏经验。同时,医疗机构改革的滞后、医疗保险管理水平低等因素,也增加了职工医疗保险制度改革的难度。

(三) 我国社会医疗保障制度改革的逐步推开(2000 年至今)

1998 年 12 月,国务院下发《国务院关于建立城镇职工基本医疗保险制度的决定》(国发[1998]44 号),部署全国范围内全面推进职工医疗保险制度改革工作,建立了该制度的大致框架,要求 1999 年内全国基本建立职工基本医疗保险制度,同时,给各省市确定具体执行时间的灵活性。到 2001 年底,全国已有 97%的地市启动实施,覆盖人数达到 7 630 万人。

1. 上海医疗保险制度改革的内容

上海从 2000 年 12 月 1 日起正式实施《上海市贯彻〈国务院关于建立城镇职工基本医疗保险制度的决定〉的实施方案》,拉开了以建立社会统筹与个人账户相结合的医疗保险体系为目标的社会医疗保险改革的序幕。新的医疗保险主要由两部分组成:基本医疗保险和地方附加医疗保险。

(1) 基本医疗保险基金由统筹基金和个人账户构成。用人单位按在职职工工资总额的10%按月缴费；在职职工按本人工资收入的2%按月缴费；退休人员个人不缴费。应缴费而未缴的，不能享受医疗保险待遇。用人单位缴费的70%左右用于建立统筹基金。职工个人缴费全部计入本人个人账户；用人单位缴费的30%左右根据年龄段的不同按不同比例分别计入个人账户。

(2) 地方附加医疗保险。用人单位按在职职工工资总额的2%，在缴纳基本医疗保险费时一并缴纳。此保险费全部纳入地方附加医疗保险基金。这里的统筹基金和个人账户有支付范围。前者为住院(含急症观察室留院观察)和门诊大病(含重症尿毒症透析、恶性肿瘤化疗和放疗)的医疗费用；后者为职工一般门急诊的医疗费用以及按规定有职工个人负担的医疗费用。而地方附加医疗保险基金的支付范围为：个人账户用完后的职工一般门急诊医疗费用和统筹基金最高支付限额以上的医疗费用。统筹基金设有起付标准和最高支付限额。

根据上海市医疗保险局的统计，2001年有78.46%的在职职工和近一半的退休人员的个人账户有结余，成为来年的医疗积累；2001年，在职职工住院比上年增加了3.16万人次，退休人员住院增加了10.11万人次；医疗保险14%的筹资比例，使企事业单位的实际负担下降了5%左右，加上个人自负部分，社会医疗总成本有所下降。

2. 上海新的医疗保险制度的特点

第一，覆盖面广。新的医疗保险制度在保险对象上不再有不同单位所属系列和不同所有制职工的区别，本市范围内的城镇企业、机关、事业单位、社会团体和民办非企业单位的职工均列入同一保险制度，为其社会化的运作提供了前提条件，同时也使医疗保险的社会覆盖面更加广泛。

第二，个人和单位分担的筹资机制。新的医疗保险制度将个人缴费以制度方式固定下来,除用人单位按规定比例缴纳基本医疗保险费和地方附加医疗保险费外,参保人员也按规定比例缴纳基本医疗保险费,形成用人单位和个人双方共同负担的筹资机制。这种筹资机制是新的医疗保险制度的重要基础,它拓宽了医疗保险费用的筹资渠道,有利于明确筹资各方的责任,形成对医疗保险经费使用的制约机制。

第三,个人账户和社会统筹。从社会统筹的原则出发,新的医疗保险制度设立了基本医疗保险统筹基金、地方附加医疗保险基金和个人医疗账户,并按个人医疗账户与社会统筹相结合的原则,按规定的支付范围和标准分别负担参保人发生的医疗费用。这个制度提高了医疗保险制度的社会化程度,实现了社会共济保障和个人自我保障的有机结合,从而既有利于通过社会共济分担风险,也有利于增强参保人合理使用医疗费用的意识。

第四,合理分担机制。合理分担体现在两个方面:一是从新制度的总体思路来看,改变过去由国家和单位统包和统揽的做法,从我国生产力发展的现有水平出发,建立一个由政府、单位和个人多方负担的,能保障全社会劳动者基本医疗权益的医疗保险制度,并在此基础上形成一个由基本医疗保险、补充医疗保险和医疗救助等内容组成的多层次医疗保险体系;二是面对不同年龄段的人群在收入上存在差异这一实际情况,特别是为了保障老年人的基本医疗,新的制度针对不同人群在个人账户资金的计入标准、统筹基金支付标准等方面设定了不同的医疗保险待遇。

第五,多层次的医疗保障作为对基本医疗保险的补充。医疗救助是医疗保障体系中不可缺的一部分,为缓解市民在患“大病”“重病”时遇到的困难,上海市总工会同时在全市推进职工大病、住院互助补充医疗保障计划。为支援贫困市民的基本就医,市政府除对规定范围的城镇贫困市民按一定标准实行医疗救助外,对就医困难群体开展实物医疗帮困救助,贫困老人持有免费慈善医疗卡,每年按规定的免费额度在慈善医疗门诊部就诊。

第六,启用医疗保险IC卡逐步取消传统的报销办法。现代化高科技手段的运用,不仅为参保人的就医提供了方便,更重要的是为医疗保险制度的社会化和医疗保险制度管理的社会化提供了具体的物质条件。社会保障卡和医疗保障卡“两卡并轨”工作的顺利完成,更有利于医疗保险工作的信息化管理和社会化管理,也为社会保障的管理提供更全面和完整的信息平台。

3. 上海医疗保险制度改革的逐步完善

上海医疗保险制度改革取得了预期的效果。但同时也暴露出一些不足之处,最突出的一点就是资金的管理问题,主要表现在以下三个方面:一是费用管理方式过于复杂;二是统筹基金使用限制过多;三是异地结算难以协调。除此之外,医疗保险的覆盖面还需要进一步扩大。

上海根据实践中反映出来的问题,在保持改革方案总体框架的前提下,对改革方案中的一些具体标准和操作步骤进行了多次调整和修正,试图使新的医疗保险制度不断完善,更加符合实际要求。

4. 我国医疗保障制度改革引发争议

2005年7月29日,《中国青年报》报道了由国务院发展研究中心和世界卫生组织联合发布的一份报告称,中国过去10年的医疗卫生体制改革“基本不成功”,引起社会的广泛关注,由此也引发了对我国医保制度改革成效持续的激烈争论。

分析对我国医保制度改革争议的原因,主要集中在以下三个方面:第一,改革的出发点不尽准确。没有以提高公共卫生服务供给为出发点,而在一定程度是以减轻政府财政负担为出发点。第二,改革内容不能配套。没有推动整个医疗卫生领域的系统化改革,而是医保改革的单一突进。第二,改革重心不够合理。没有重点改革行政垄断型的医疗卫生管理体制,导致行政垄断下“伪市场化”改革。

案例资料来源:本书作者根据相关材料整理而成。

案例思考题：

(1) 我国实行医疗保障制度改革的根本原因是什么?

(2) 我国医保制度改革过程基本上符合公共管理决策的程序要求,但为什么目前社会公众对这项改革的效果评价不高?

重要概念

访谈法(interview)

问卷法(questionnaire)

目标管理法(management by objective)

公共管理决策(public management decision)

拟订方案(draft plan)

方案抉择(plan alternatives)

满意标准(standard satisfaction)

提示问题

1. 公共管理决策中拟订方案需要遵守哪些原则?

2. 方案抉择在公共管理决策中具有什么重要作用?

3. 公共管理方案的实施需要经过哪几个阶段?

4. 为什么公共管理决策只能遵循满意标准?

5. 为什么公共管理方案实施后的修正过程是必不可少的?

6. 公共管理方案的修正有可能产生哪些副作用?

7. 公共管理决策过程的程序化是否一定能够保证公共管理方案的可行性或有效性?

章节文献

[1] 陶长琪.决策理论与方法.北京：中国人民大学出版社,2010.

[2] 黄孟藩.现代决策学.杭州：浙江教育出版社,1998.

[3] [美]赫伯特·西蒙.现代决策理论的基石：有限理性说.北京：北京经济学院出版社,1989.

[4] 金太军,钱再见,张方华,李雪卿.公共政策执行阻梗与消解.广州：广东人民出版社,2005.

[5] 马国贤,任晓辉.公共政策分析与评估.上海：复旦大学出版社,2012.

第6章 公共管理的方式变革

本章提要

公共管理方式的市场化是指，在公共管理领域引进市场机制，将公共管理机构的权威与市场交换的功能优势有机组合，以提高公共管理机构的管理能力和管理效率。

公共管理方式的市场化的实质是试图将公共管理机构的权威优势与市场交换制度的功能优势进行复合配置，从而形成实施公共管理新的制度安排。

从实际情况看，公共管理方式市场化改革和创新的积极成效是非常显著的，但是，公共管理方式市场化的变革在实践中也暴露出了一些缺陷。

减弱和逐步消除公共管理方式市场化变革过程中的消极影响，关键是要明确界定并充分发挥政府的作用：推进制度建设、实行规范制约、提供必要支持。

20世纪80年代以来，随着公共管理改革的深入推进，公共管理方式也出现了重大的变革和创新。新的管理技术、新的管理方法和新的管理制度层出不穷，而这些创新的共同特征是引入市场化方式，试图借助市场化方式的竞争性激励机制，形成公共管理新的制度安排，进而提高公共管理的整体能力和效率。

第一节 公共管理方式变革的市场化取向

一、公共管理方式变革市场化取向的内涵

长期以来,实施公共管理和提供公共服务被看成是政府的主要职责。然而,由于不同的时期,政府运行能力也处在不断变化的过程中,导致在某些时间出现公共管理能力和公共服务供给的低效率。针对"政府失灵"的问题,许多国家在公共管理领域引入市场的力量,推行公共管理方式的市场化变革。

公共管理方式市场化是指,在公共管理领域引进市场机制,将公共管理机构的权威优势与市场交换的功能优势有机组合,以提高公共管理机构的管理能力和管理效率。

推行公共管理方式市场化变革是20世纪80年代以来西方工业化国家公共管理改革的共同实践,也成为发展中国家公共管理改革的发展趋势。同时,公共管理方式市场化变革在理论上也提出了新的研究课题。

传统观念认为,微观经济领域应由私营企业承担,而公共管理领域应由政府垄断。但在现实运作中,由政府部门实施公共管理却缺乏效率的现象阻碍了公共管理和公共服务效能的持续提高。因此,公共管理方式市场化变革的目的就在于利用市场功能的优势来弥补政府功能的劣势,有效地提高公共管理效率。市场机制的最大功能优势是,通过市场交换过程中的个体选择过程可以实现资源的有效配置。公共管理方式的市场化变革,试图实现公共管理机构和市场交换制度两方面优势的组合,即一方面利用公共

管理机构的权威制度来对公共管理的数量与质量进行决策,另一方面利用市场的交换制度来提高公共管理的能力和效率。

从世界各国实践的经验来看,公共管理方式市场化变革的内涵包括以下三个方面。

1. 决策与执行分开

美国著名学者奥斯本与盖布勒认为,政府应该起掌舵而不是划桨的作用,“那些集中精力积极掌舵的政府决定其社区、州和国家的发展前途,它们进行更多的决策……与此形成对照的是那些永远忙于提供服务的政府,它们主动放弃了指引航向的功能”。“成功的组织是把高层管理和具体操作分开……这使得政府基本上作为一个精明的买家来工作,以能够完成自己政策目标的方式利用各种生产厂商。”[1]显然,按照奥斯本与盖布勒的观点,政府在实施公共管理中的作用方式是以掌舵者的角色去“雇用”划桨者。政府的主要职责是确定公共管理的目标和优先顺序,但是公共管理目标的实现不一定非要靠政府行政部门事必躬亲,而可以借助市场的力量去完成。公共管理的决策者可以确定一个全面的战略,然后统筹使用许多不同的“划船手”(包括社会组织、社区自治组织、营利性组织等)来实现目标。

在实现公共管理目标的过程中,联结政府部门与社会组织、社区自治组织、营利性组织之间的中介是市场机制,通过市场机制的中介作用,将公共管理的决策与执行分开。公共管理的决策由政府来承担,而决策的具体执行可以由公共部门、社会组织、营利性组织等来共同承担,这些不同的组织在承担不同的公共管理任务时有各自的优势,政府的决策体现公平要求,其他组织的配合协作体现效率要求,有利于实现公平与效率的统一,最终达到提高整个社会公共管理的水平与效能。

2. 公共管理的实施者多元并存,竞争发展

公共管理的决策和执行分开,并不意味着由社会组织或营利性组织替代政府部门承担具体的公共管理实施就一定有更高的效

率。多元主体参与公共管理实施的关键作用是打破垄断,形成竞争的局面,以获取最高效的管理方式。

这种多元主体竞争的格局可以分成两个层次,第一个层次是不同类型部门之间的竞争,即在政府部门、社会组织、社区自治组织、营利性部门等之间的竞争;第二个层次是同一类型部门内部各机构之间的竞争。各种类型的主体通过竞争性方式参与到公共管理的实施过程,形成了相互之间的激励效应,有利于发挥各自优势,激发创新热情,从而提高公共管理效率和公共服务能力。

3. 公众对公共管理和公共服务内容的选择权力

纳税人在法律意义上是公民,在经济意义上是消费者。纳税人是公共管理和公共服务的最终消费者,作为消费者对公共管理和公共服务的内容应该有直接选择权。相对于政府部门,只有消费者才最关心自己所享用的服务的质量和数量。消费者必须有选择权才能去控制和影响生产者,没有消费者的选择权就没有所谓的市场机制,既难以激发供给者之间的竞争,也难以促使供给者对社会公众负责,更难以激发供给者的创新热情。因此,只有给予消费者充分的选择权,才能满足公众作为消费者的多元需求。可以说,纳税人对公共管理和公共服务内容的选择权构成了公共管理方式市场化变革的基础。

根据公共管理方式市场化变革的内涵和要求,其主要内容包括:一是放松政府对公共管理过程的直接控制,充分发挥市场机制的调节作用;二是引入各类社会组织和市场主体,通过竞争参与公共管理的实施过程;三是以现实的市场作为参考系,确定对公共管理机构进行考核评价的标准。

二、公共管理方式市场化变革的实质

公共管理方式市场化的实质在于:试图将公共管理机构的权威优势与市场交换制度的功能优势进行复合配置,从而形成实施公共管理的新的制度安排。

公共管理方式的市场化无疑提供了一个在维持一定职能定位

和管理水平的前提下，实现削减公共管理机构和公共管理人员的有效途径。此外，提高工作效率、降低财政支出、利用市场对公共管理机构形成竞争压力、改善服务质量等也是各国政府推行公共管理方式市场化变革的重要原因。

在实施公共管理方式市场化取向变革过程中，引起较大争议的问题是，市场化方式所追求的效率目标是否会损害公共管理所追求的公平要求。

事实上，市场化方式的效率标准与公共管理的公平要求之间并不必然处在对立状态。首先，公共管理方式市场化取向变革的目的在于增强公共管理的能力，提高公共管理的总体水平，从而更好地满足社会公众多方面的需求；其次，只有公共管理的总体水平得到充分提高后，才能有助于实现公共管理的公平要求，也就是说，只有建立在高效率基础上的公平才是真正有意义的公平；再次，公共管理方式的市场化变革提供了新的管理手段，属于手段层面上的变革，只要按照公共管理的目的和要求对这一手段的作用范围和程度进行控制，那么，市场化方式的变革就不会对公平造成损害。

例如，在教育领域引入市场化方式时，就应该对不同的构成部分区别对待。根据教育领域不同构成部分的公共性程度的高低，可以大致分成三个层次(参见图 6.1)。

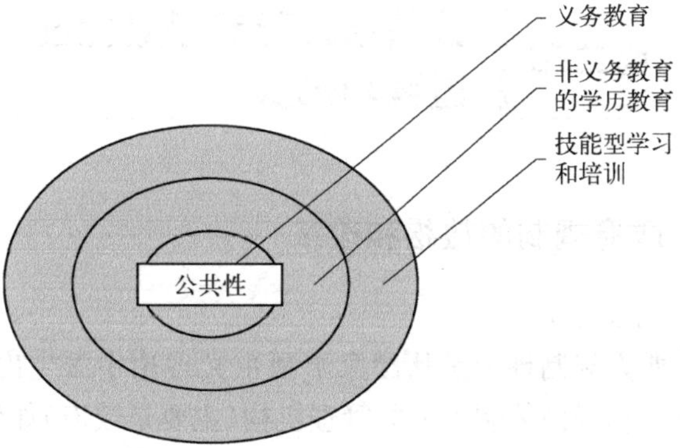

图 6.1　依据公共性程度对教育领域分类

第一个层次是义务教育。它的公共性程度很高,属于“纯公共物品”。按法律规定,义务教育的发展是各级政府的职责,不宜引入市场化方式。

第二个层次是除义务教育之外的各种学历教育。它的公共性程度较高,但相对于义务教育而言,公共性程度有所降低,属于“准公共物品”。因此,除义务教育之外的各种学历教育的发展和管理主要由各级政府承担,但可以适当引入市场化方式,其目的是弥补政府投入的不足,满足社会公众对教育事业快速发展的要求。需要强调的是,在引入市场化方式过程中,政府应给予严格的控制、协调和引导,不能出现单纯盈利驱动的现象。

第三个层次是技能型的学习和培训。它的主要目的是提高学习者的技能,以不断适应社会发展和实际工作的需要,它的公共性程度相对较低,可以以市场化方式为主,有关政府部门进行必要的管理,重点是把盈利水平控制在一定的范围内。

总之,教育本身所具有的公平性的要求,决定了引入市场化方式的程度和范围是有所限制的,其最终的目标是通过引入市场化方式,加快教育事业的发展,以更好地满足社会公众的需求。

第二节 公共管理方式市场化的过程和形式

一、政府规制的放松和改革

1. 规制理论的由来

现代西方规制理论是从国家干预主义理论中派生出来的,主要研究在市场经济体制下公共管理机构(主要是政府)如何依据一定的法律、法规对市场经济行为进行制约、干预或管理。西方规制理论认为：市场失灵是政府进行规制的必要条件。政府针对市场失灵的现象，设计出相应的规制制度来调控市场，约束和规范经济主体的行为，以保证整个社会经济规范有序的运行。

根据规制经济学的理论，规制的内容通常包括以下九个方面：(1) 公益事业政策中的规制，主要以处理自然垄断为目的，以维护帕累托效率。(2) 保护消费者权益、公开信息、保护知识产权等法律中的规制，主要以处理信息不对称为目的。(3) 针对外部不经济问题进行的社会性规制。外部不经济性反映了某一经济行为主体不付费而得到收益或增加另一行为主体成本的情况。这一不公平情形中交易费用的存在使得市场难以解决，而需要借助规制来加以解决。(4) 针对非价值物品进行的社会性规制，有些物品提供或经济活动可以通过市场有效地调节，但与社会公德相冲突，如色情、毒品等，则需借助规制来加以禁止或限制。(5) 财税、金融政策中的规制，主要以保证分配的公正和经济增长的稳定为目的。(6) 社会福利和社会保障制度中的规制，主要为提供与此相关的公共物品。(7) 民商法及反不正当竞争法中的规制，主要是为了解决不完全竞争问题。(8) 产业政策和振兴科技政策中的规制，以处理多样化市场失灵的相关问题为目的。(9) 保护环境、土地等自然资源、劳动保护等政策中的规制。

在上述规制内容中，第(5)项和第(6)项属于宏观经济层面；第(7)项中涉及的反垄断在西方通常由司法部门处理，称为间接规制，一般不纳入政府规制的范围。余下的规制都属于直接规制，它们均具有由政府直接干预的特点。当代西方规制理论又将上述直接规制分为经济性规制和社会性规制，其中，经济性规制是指针对特定行业、公用事业、交通、通讯及金融等适用于处理自然垄断方面的规制；社会性规制是针对外部不经济和非价值物品方面的规制。

政府规制产生的直接原因是市场失灵。经济学研究已经证明，在自然垄断、外部效应、信息非对称性等场合下，市场不能自行达到完全竞争状态。而且即使市场达到完全竞争均衡,也不能保证实现人们所合意的帕累托最优资源配置,因为竞争性市场机制不能自行解决收入公平分配、社会福利保障、医疗保险和“有害商品”等诸如此类问题。因此,经济学家将前一种情况称为“第一种市场失灵”,后一种称为“第二种市场失灵”。这就客观上要求政府出面干预进行规制约束,以实现资源最优配置和社会福利最大化。[2]

因此,那种认为市场经济就意味着企业可以不受政府制约地在市场之间自由进出的看法是不现实的。实际上,即使在英国、美国这样所谓自由的市场经济国家中,政府对企业的规制也是大量而普遍的。例如,美国有立法依据的独立规制的委员会有 14 个,著名的有证券交易委员会(SE)、联邦电力委员会(FPC)、联邦通信委员会(FCC)、联邦能源规制委员会(FERC)、民用航空委员会(CAB)等,几乎涉及经济活动的各个主要领域。实际上,政府对经济活动的规制行为自政府产生以来就存在,而目前发达市场经济国家规范的政府规制体制是以 20 世纪 30 年代资本主义经济大危机为背景建立起来的,并在凯恩斯国家干预主义盛行的影响下,于 20 世纪 50—60 年代达到顶峰,形成了一套以对自然垄断行业进行价格和准入规制为中心的庞大的政府规制体系。

但是,与此同时,以价格和行业准入为主要手段的传统政府规制制度暴露出很多严重的弊病,主要有:(1) 导致被规制企业内部的低效率或非效率;(2) 阻碍技术进步的产生与运用;(3) 不断增高规制成本及关联费用;(4) 由于规制当局自由裁决权过度而导致“寻租行为”泛滥;(5)“规制时滞”与瞬息万变的市场环境不相适应,造成企业和消费者的损失。[3]

这些弊端自 20 世纪 60 年代以来遭到很多经济学家的严厉批评,称之为“规制失败”或“政府失灵”。同时,20 世纪 70 年代以来国际经济环境发生了很大变化,主要表现在:(1) 以信息技术和其他高科技技术为中心的新技术革命的发展,引起许多产业结构的深刻变化，削弱了政府规制的技术基础；(2) 以跨国公司为主角的全球经济一体化进程得到加速；(3) 20 世纪 70 年代的两次石油危机的冲击使主要发达国家陷入“滞胀”困境，财政赤字扩大，无力维持日益庞大的政府管理费用。这些客观因素的作用，加上在政府规制理论上的突破，使得放松规制和改革规制变得越来越紧迫。

2. 放松规制和改革规制的进程

20 世纪 70 年代以后，西方国家开始了放松规制和改革规制的进程，促成这一进程的主要原因有如下四个方面。

第一，信息技术发展推动下的产业融合发展。现代科学技术革命的进展促进了产业融合，使产业之间或产业内部出现了替代竞争，如电信业（电子计算机与电话、电信与邮政）、运输业（铁路、航空与公路）、能源业（电力、石油与煤气）。在现代信息技术迅速发展的时代，各产业之间的隔墙越来越虚置，而产业间的企业相互渗透、相互竞争则进一步加强，由此部分或全部地改变了一些行业的自然垄断性质，使一些行业由自然垄断向竞争性结构转变。以往按个别产业所进行的规制已经失去了实际意义，因此，在这些已经改变了自然垄断性质的行业中放松规制，正迎合了这些产业迅速发展的需要。

第二，现代自然垄断行业专业化分工的要求。自然垄断行业的一个重要特点是以网络供应系统的存在为基础，因而具有自然垄断性。这也成为对自然垄断行业进行规制的理论依据。但是，自然垄断行业生产全过程并不全都具有自然垄断性，因此必须对自然垄断行业不同生产环节上的业务性质作出区分。那些固定网络性操作业务（包括网络的生产、建设、维护和管理）具有自然垄断性，应该维持独家垄断；而网络运营以外的环节，则不属于自然垄断性业务，应该进行多家竞争。西方国家放松规制的实践正是遵循了这一规律，即只在非自然垄断性业务领域引入竞争，在自然垄断性业务领域仍保持独家垄断和规制，这样既不会破坏网络供应系统的规模经济效益，也不会导致重复建设的浪费和恶性竞争。

第三,世界经济一体化的迅猛发展。世界经济一体化进程的加快,使全球经济运作业务量迅速增加,市场变得空前繁荣。市场的全球化扩展使一家企业垄断市场的局面不再是最有效率的,同时,国际经济合作需要一个开放、公平、自由的环境。而现有的政府规制人为地阻碍了生产要素的自由流动,不符合世界经济一体化发展的潮流,必然要求政府规制逐步地放松和改革。

第四,可竞争市场理论的挑战。可竞争市场是指一种由于存在潜在进入者的压力,市场在位者不能够获得超额利润,其定价和生产资源配置都是有效率的市场运作方式。[4]在可竞争市场理论看来,经济性规制不再被认为是提升经济效率的唯一手段,即使在传统上认为是自然垄断的产业内,只要是可竞争的,那么即使没有政府的外部干预,垄断者也会制定一种可维持的价格以获得平均利润,而不是制定垄断高价。因此,规制部门应该做的不是限制进入,而是降低产业的进入壁垒,使企业能够自由进出。

根据放松规制和改革规制的具体内容,放松规制有两个层次的含义:一个层次是完全撤销对被规制产业的各种价格、进入、投资、服务等方面的限制,使企业处于完全自由的竞争状态;另一个层次是部分地取消规制,即有些方面的限制性规定被取消,而有些规定则继续保留,或者改原来较为严格、繁琐、苛刻的规制条例为宽松、开明,如在进入规制中,由原来的审批制改为备案制。[5]

二、政府采购制

1. 政府采购的内涵

政府采购(也称公共采购)是指,各级政府及其所属机构为了开展日常政务和活动,或为满足提供公众公共服务的需要,在财政的监督下,以法定的方式、方法和程序,通过公开招标、公平竞争,从国内国外市场上为财政开支单位统一购买商品和劳务的行为,其核心是统一购买、公开招标。

政府采购的内涵反映在以下五个方面：(1) 政府采购是一种政府行为。它既不是个人行为也不是企业、社会团体和其他国家机关的行为，其主体是政府或政府为此设立的专门机构。(2) 政府采购是一种公益行为。一方面，它以直接或间接地为社会公众服务为目的，而不是以营利为目的；另一方面，它不仅仅是满足采购主体自身的需要，而更重要的是满足所有政府机关及其所属行政部门、企事业单位和社会团体履行社会公共管理职能的需要。(3) 政府采购是一种市场行为。政府或代表机构只能以市场主体而非行政主体的身份从事采购，在采购中必须遵循市场经济规律和等价交换原则。(4) 政府采购是一种规范行为。它必须根据财政预算，通过法定程序，采取法定方式，而不能主观随意地进行。(5) 政府采购是一种公开行为。它强调公平、公正、公开和竞争，不允许搞"暗室"操作、幕后交易，因而被称作"阳光下的交易"。

2. 政府采购制度的作用

政府采购制度诞生并完善于市场经济发达的西方国家，距今已有 200 多年的历史，是西方发达国家公共支出管理中普遍采用的一种手段，在各国的经济活动中起着非常重要的作用。我国正处在建立社会主义市场经济体制的转轨时期，实行政府采购制度具有十分重要的意义。

从政府主体这一方面来看，实行政府采购制度，不仅有利于加强财政支出管理，提高财政资金使用效率，还可以起到规范政府行为，抑制腐败的作用。社会公众授权给政府及其工作人员，并以纳税的形式支持政府运作，因此，如何管好、用好来自纳税人的财政资金，不是一个简单的经济问题，而是涉及政府能否得到社会公众拥护和信任的政治问题。国际经验证明，实行政府采购制度后采购费用可节约 10%甚至更高。另外，由于实行公开招投标的方式，增强了政府采购的透明度，并且有财政、审计、供应商等各个方面的参与和监督，也有利于防止采购中的随意性，制止幕后交易、暗箱操作等腐败现象。

从对国民经济的影响来看,实行政府采购有利于实现政府对经济的宏观调控,促进企业提高创新能力和竞争能力。由于政府采购数额巨大,是国内最大的集团消费者和扩大内需的重要力量,因此,政府采购的金额、品种、规模和频率势必对宏观经济运行和产业结构的调整产生较大影响。政府可以在其他经济政策的配合下,通过扩大或缩小政府采购规模影响经济发展速度,保障国民经济平稳增长和安全运行。

三、公共服务市场化的形式

美国学者奥斯本和盖布勒把公共服务的供给方式分为三类,并列举了36种具体方式,[6]其中主要的方式有以下四种类型。

1.公共服务外包

公共服务外包是20世纪70—80年代在西方国家兴起的"新公共管理"改革运动的一个重要内容。在西方国家,政府将公共服务以合同的形式,交给具备条件的私营部门或社会组织来承担。这种合同外包制度成为西方国家公共部门广泛运用的民营化方式,因此,公共服务合同外包往往等同于民营化。在西方国家"新公共管理"改革运动背景下,公共服务外包的目的是把市场机制引入公共行政领域,形成社会组织、私人企业共同参与公共服务的供给及公共服务领域多元主体共治的格局。

公共服务外包是指,政府将其承担的公共服务职能以市场竞争等方式,以合同为载体,转移给政府以外的社会组织、企业或个人实施,政府则对服务结果进行评估,并向承包者支付约定的费用。[7]

公共管理机构的责任是确定公共服务的数量要求和质量标准,监督承包合同的执行进度。合同订立后,公共服务的生产就进入了经济过程,市场机制在其中起主导作用。虽然,法律规定对公共管理机构的职责作了规定,但是,对于同时有其他竞争者存在的服务项目，即具有非排他性的同时具有选择性和竞争性的服务项目（如文化教育、医疗卫生、体育事业及城乡建设等），可以采用业务合同出租的形式，这有助于减少交往损耗，降低交易成本。

公共服务外包往往与竞争性招标联系在一起。竞争性招标的办法主要包括四个步骤：(1) 先确定有哪些业务可以出租，该部分可出租的业务由社会组织或营利性部门承担；(2) 社会组织或营利性部门提出应标书，清晰地写明以多大的成本、什么样的质量来完成服务；(3) 如果涉及定价问题，社会组织或营利性部门必须向政府作出明确的定价意向；(4) 在上述步骤的基础上，由政府决定该项服务的具体承包者。[8]

2. “化公为私”

所谓“化公为私”也称为民营化，具有两层含义：一是让更多的营利性部门参与公共服务的供给，通过扩大对市场的利用以替代公共管理机构；二是对某些提供公共服务的公营部门进行公司化改造，按营利性部门的方式开展运营。

因此，“化公为私”的目的是以私人之手段达到公共之目的，即通过某些制度安排达到“以私谋公”的效果。在许多法律没有明文规定是公共管理机构的职责而事实上存在许多市场竞争者的服务领域或项目上，如影视业、娱乐业、旅游业和通讯业等，可通过“化公为私”的方式由营利性部门提供，这样可以减轻公共管理机构的负担，有效地迎合顾客的导向和需求。

3. 建立公共部门与私营企业的伙伴关系

公私伙伴关系（Public-Private-Partnerships，简称 PPP）已经被广泛应用到各种公共产品和服务的提供中。

> 公私伙伴关系是指，公共部门与私人企业之间通过共同行使权力，共同承担责任，联合投入资源，共同承担风险，共同分享利益的方式，生产和提供公共产品和公共服务的一种制度安排。[9]

建立公私伙伴关系的一个潜在的逻辑在于，无论是公共部门还是私人组织，它们在公共服务的产生和提供的过程中，都有其独特的优势；成功的制度安排在于保持各自的优势，实现优势互补。公私伙伴关系的最重要特征在于：公私组织通过合作追求共同的或者一致的目标；协作的基础在于相互的利益；强调风险和责任的共担。

由于企业的投资动机服从利润最大化原则，对部分短期不盈利和长期利润不高的产业、行业和产品，完全由市场评价所得的投资回报不足以吸引私人的投资。但是，如果政府制定优惠政策，并给投资者带来实惠，投资者有可能得到接近或达到市场平均利润的投资回报，这样，投资者产生投资的兴趣。

对法律无明文规定是公共管理机构的职责而社会又缺乏实际竞争者的服务项目，如环保、科研、高等教育等公用事业，公共管理机构可以制定优惠政策鼓励和吸引私人资本的投资。其中，对于固定且正式的合作“伙伴”，公共管理机构可以要求其履行某些特定的管理职能，同时，在土地征用等方面给以某种形式的优惠。对于非固定的合作“伙伴”，公共管理机构可以采用核发许可证时提出一些附加条件等方式，要求其提供特定的社会服务。通过公私合作，既能借助社会资源提高公共服务的生产能力，又可借助价格机制显示真实需求。

4. 公共服务的付费制

对于有些公共服务采取收费的方式，其目的是通过付费方式把价格机制引入到公共服务中来，可称之为用者付费。

> 用者付费是指，政府对某种公共产品、公共服务或行为确定“价格”，由使用者和消费者支付费用的一种服务提供方式。[10]

在实践中公共服务付费制具有一些特定的优点：(1) 能够克服免费提供公共服务所导致的对资源的不合理配置和浪费；(2) 有助于协调在公共服务享受方面存在的客观差别；(3) 可以使

市场价格真正起到信号灯的作用，从而使市场机制在公共服务领域得以良好运行；(4) 可以增加财政收入，以缓解或部分解决财政支出的不足。

四、公共管理机构内部竞争机制

在那些无法引入市场竞争的工作领域，建立某种内部竞争机制是提高公共管理效率和质量的有效手段。在公共管理改革的实践中，公共管理机构之间形成竞争局面主要采取以下方式。

1. 客户竞争

公共服务的传统提供方式是垄断性的集中配置，划片服务或其他形式的客户分割是其主要特征。以中小学教育为例，常见的方式是以某条街道为界，街道以南的孩子全部进入学校 A，而街道以北的孩子全部进入学校 B。集中配置的方法保证了公共服务提供者具有稳定的客源，但是，同时也消除了公共服务机构之间进行竞争的动力和压力。

因此，改革的方向是打破集中配置的传统做法，实行公共服务分散化和服务机构小规模化，给客户以自由选择的权力和便利，迫使公共服务部门为赢得“客户”而展开竞争。以美国实行的中小学教育的“教育券”制度为例。“教育券”是指，政府发给学龄儿童的有价证券，家长和学生可以根据自己的偏好选择学校，教育券作为入学的凭证，学校再以收取的教育券数量向有关部门领取经费。教育券制度打破了“客户”集中配置的传统，质量差的学校会因为吸收不到足够的学生而解雇教师甚至被关闭，从而在学校之间为争取更多的学生而展开竞争。

在英国，虽然没有采用教育券制度，但是打破划片服务的传统做法、促进学校之间的竞争却是明确的政策指向的。政府主管部门设立一系列评价标准，要求各学校公布绩效状况，并以排行榜的形式帮助家长和学生作出理性的选择。[11]类似的客户竞争机制在社会保障、社区服务等领域都得到广泛的应用。

2. 内部市场

内部市场就是将公共管理机构人为地划分为生产者和购买者两个部分，在公共管理机构内部形成“生产者”和“消费者”两个角色。

内部市场的实现需要具备三个要素：(1) 要能够明确划分出生产者和消费者；(2) 内部市场的主体签订准合同和商业契约，并在此基础上运作；(3) 要求有合理的付费制和会计制度作保证。

英国公费医疗拨款制度的改革可以提供有益的启示。[12]英国的公共医疗系统由两个层次组成：一是负责检查诊断和处理小疾病的家庭医生，他们遍布分属各地的医疗中心，以方便群众就近求医；二是为数不多的大医院，主要负责手术和大病的处理。长期以来，政府的定额财政拨款分别交给医院和家庭医生。在免费医疗的情况下，就不可避免地出现了医院服务的效率和质量越高、治疗的病人越多就越容易亏损的局面。从 1992 年开始，英国政府把原来给医院的大部分款项转拨给家庭医生。医院的手术和住院服务明码标价，形成医疗服务的内部市场。家庭医生与病人协商选择医院，然后从自己的预算中向医院交付手术费和住院费。在不影响公民免费医疗权力的前提下，这一改革不仅改变了医院效率越高越容易亏损的局面，而且迫使各医院提高质量，降低价格，为吸引更多的“顾客”而展开激烈的竞争。

〔案例 8〕上海 G 街道城管“外包”的尝试

为积极探索城市市容顽症的长效管理，充分发挥区域内市场组织和社会组织参与市容环境卫生管理的积极性，有效引入市场机制实现社会资源的最优配置，上海市 G 街道将行政辖区的部分区域(约 3.5 平方公里)的市容环境卫生委托上海 C 清洁服务有限公司(以下简称“C 公司”)进行管理，实施城市管理公共服务“外包”，试图借助市场化机制提高管理和服务的有效性。

（一）市场化公司的选择方式

上海C清洁服务有限公司是一家环卫作业公司，注册在X镇，前身从事城市环卫作业。这种承包模式最早的尝试是从X镇开始的，将环卫作业、道路保洁、乱设摊管理连成一体，以版块形式承包给C公司。事实上在与C公司签订委托协议之前，G街道城管所已经与其有业务关系，对其比较了解。因此，在此次选择城管"外包"合作对象时，没有完全采用市场化招标的方式。

G街道与C公司的合同一年一签，基本不可能采用完全市场化的手段从多家公司里挑选合作对象。因为在管理方面这个行业没有进入的门槛，缺少硬性标准，招投标无法运作。街道只以管理成效最大化为目的，在试用期3个月内考察公司的管理能力，不能管好，合同就自动失效。

从全区层面上看，如果设立一个准入的门槛，规定注册资金量要达到多少、管理人员要达到什么标准以后，可以从全区获得管理许可的公司中进行招投标。但是，之所以没有采取这种模式，是因为通过招投标的方式选中一个不熟悉的公司获得了这个项目，它的报价可能是虚的。因为城管工作中人工价值的核定比较困难，标准弹性幅度很大，所以很难保证最后管理的效果。由于工作时间跨度很大，所以当初在给C公司核定时按照每人每月2 500元的工资标准，但如果是无序竞争，公司可以按照1 500元核定。如果按照价格最低来竞标，肯定会把工作交给报价低的公司，这样就很难保证人员素质。因此，过分低于标的的报价也是不可行的，公司在该投入的地方缺少投入，也会带来管理隐患。所以，不考虑完全采用招投标的方式进行管理。另外，对管理公司管理成本的核算也是一个难题，即在制定标准的时候是按照地域面积还是按照地区管理复杂程度的标准来衡量。

（二）市场化公司的合同约定

C公司负责委托管理范围内（10个小区）的跨门营业、乱设摊、乱堆放、乱晾晒、乱设亭棚、商铺或单位门责签约后的督察等市容环境卫生的日常管理工作。每天从早上6点至22点,共计16个小时。经双方协商后,G街道城管所给C公司一个月的熟悉、适应时间,在这段时间内不进行扣分,并且协助其对市容环境进行管理。此后C公司若连续两次(月)考核不达标,必须接受城管所做出的任何处罚决定,直至解除协议。C公司负责G街道3.5平方公里的市容环卫作业,服务人员数量按照22人测算,城管所无偿地为其提供2辆执法巡逻车,6名监察执法队员,6只对讲机,并且定期协助组织联合执法,增加管理的威慑力,配合做好个别"钉子户"的思想工作。

承包金的确定主要考虑以下因素:(1)日常运营管理的成本;(2)C公司工作人员的住宿;(3)设备的配备费用,如油费、对讲机的通信费、服装费等所有的费用相加(不包括折旧费);(4)再加上15%的风险金等,最终确定的承包金为147万元。

C公司人员的配备按两班,每班有10名操作人员,2名管理人员组成。G街道城管所对C公司的具体运作细节不加干涉,但要求其管理效果达到合同上的要求。社区居民的评价、城管所日常的检查构成了对C公司的考核,达不到考核方案的要求,则按实施细则进行扣分,最终影响承包费用。在管理过程中,如由于管理人员与流动小商贩之间发生肢体冲突等不文明管理的现象而引起的一切经济损失全部由C公司自行承担。

(三)市场化公司的运作过程

一般而言,环卫市场化是指环卫作业的市场化,比如清运垃圾、清扫马路等,基本不包含管理的职能。

G街道采用的是管理职能的市场化。在管理过程中,管理的权力就成为一个重要的问题。G街道明确规定,C公司只管理不执法。城管队员在管理过程中具有执法权,而C公司的员工不具备这种执法权,如果在管理过程中遇到不服从管理的情况应如何处理?针对这个情况,城管所为每班管理人员配备2名城管队员,每天6名城管队员轮班,保障具备简易的执法程序。这2名城管队员必须和C公司的人员一起上街巡视。在管理的过程中,C公司管理人员主要行使劝说和告知的职责。如果对方听从劝说,那么走的就是管理的程序;如果不听从,则执法队员亮证执法,走执法的程序。此时,C公司管理人员主要职责是听从执法人员的安排,搬走违章货物。

在最初阶段,运作方式是执法队员与C公司管理人员每天一起巡逻,劝说和告知无效则当场没收违章物品。经过一段时间的实践,面上的管理逐见成效,乱设摊的情况基本消失后,C公司为了降低人力成本,添置了两辆电瓶车,每天开电瓶车巡视,在发现有乱设摊情况时,如果只有一个队员在场则先告知对方,如果对方不听从再用对讲机让其他管理人员、执法队员到场执法。

（四）市场化公司的考核标准

为了加强规范管理,G街道针对C公司的管理职责设计了一套考核标准。在委托管理的第一个月,不对C公司进行考核,从第二个月开始进行正式考核。考虑到市容环境卫生管理的动态性,每月考核80分以上即可获得全额考核奖金。

考核分为三大部分,每部分按百分制进行考核,但是所占汇总考核得分的百分比不同,其中,城管所市容环境日常检查考核100分占汇总考核分的40%;市民巡访团、市容环境志愿者等监督反馈考核100分占汇总考核分的30%;领导巡视、有责投诉、上级考核检查和重大活动保障等方面考核100分占汇总考核分的30%,月考核得分为以上各部分考核得分乘各部分所占百分比之和。以月考核得分的百分比再乘以每月考核金额基数,结果为C公司每月应得到的委托管理金额。

但是,这套考核标准还存在一定缺陷:(1)缺少对于管理公司资质的具体要求。什么样的管理公司才是合格的、必须具备什么程度的设备投入等对于管理公司的选择和管理都具有一定的导向性。因此,结合街道实际设定的对于管理公司资质的硬性要求十分重要。(2)缺少对于事前行为的约定指标。目前的考核标准基本都是按照结果制定的,虽然从目的而言是为了达到这个结果,但是从完整性角度来看需要增加几个指标作为对管理人员的事前规范性要求,那么他们在管理的过程中对于有些问题就会注意规避。(3) 考核办法的完整性需要及时跟进。市容环境管理是个动态性的管理,在管理过程中不断会有新的问题产生,这就需要考核标准能紧跟环境变化做出相应的调整,使整个考核体系更具人性化和科学性。

案例资料来源:本书作者根据调研资料材料整理而成。

案例思考题:

(1) G 街道实行城管“外包”的主要动因是什么?

(2) 城管“外包”实施过程可能会面临哪些方面的风险?

(4) 城管“外包”应该如何处理执法权的合法性问题?

第三节 公共管理方式市场化成效的评价

一、对公共管理方式市场化成效的不同评价

近年来,公共管理方式市场化改革和创新层出不穷,市场化机制和手段已经在公共管理和公共服务的许多领域得到广泛的运用,并在很大程度上影响到了社会公众的利益。因此,市场化机制和手段的有效性问题引起了学者的研究兴趣,形成了不同的评价趋向。

一些学者通过大量的理论研究和实证研究,认为市场化方式产生了积极的成效。美国学者萨瓦斯对以合同外包方式实现市政服务市场化的情况进行了实证性的研究,涉及美国、英国、加拿大、日本等国家。萨瓦斯的研究表明,在服务水平和服务质量保持不

变的前提下，如果将管理与监督合同实施的成本计算在内，合同外包方式平均可以节省25%的费用。例如，英国伦敦旺兹沃斯区在其市政服务中引入竞争机制，大约1/3的承包合同被内部机构获得，其余2/3被私人承包商获得，总共节省费用27%。美国审计总署对服务总局下属的公共建筑服务中心的建筑物管理与维护服务进行了对比分析，发现合同外包平均节省费用25%。澳大利亚悉尼大学的研究小组对西澳大利亚州的研究发现，与承包前相比，合同外包平均节省费用20%。也就是说，在许多国家做研究所得出的结果非常相似，即合同外包节省的费用在20%—33%之间。[13]

我国学者实证研究了我国公用事业民营化改革的绩效，认为在不同的公用事业领域，民营化的经济效率不尽相同。在电力、热力行业，非公有企业的运营效率一般是先升后降；在燃气行业，非公有企业的效率表现为波动中上升；在自来水行业，非公有企业的效率是持续下降。[14]

从实际情况看，公共管理方式市场化改革和创新的积极成效是非常显著的，集中表现在三个方面：(1) 有利于利用民间资本弥补政府资源的不足，发展市政基础设施和公共服务设施，满足社会公众对公共服务的需求；(2) 有利于打破政府垄断及国有企业政企不分的弊端，降低公共服务的成本，改进公共服务的质量；(3) 有利于分担一些本来由政府承担的风险，促进社会的长期稳定发展。

但是，公共管理方式市场化变革在实践中也反映出了一些缺陷：第一，市场准入中的法律缺失。在市场化推进过程中，相关的法律规定没有同步形成，使得实践中的一些创新缺少法律方面的支持，也无法对实践中出现的矛盾和纠纷进行法律调节。第二，政府职能不清造成地位不平等。政府既是裁判员又是运动员，政府既是规则的制定者又是合同的履行者，政府所处的优势地位决定了政府不可能与经营企业处于平等地位，即使出现政府违反合同的情况，企业也难以获得充分救济。第三，公共服务“外包”面临合法性追问。公共服务“外包”涉及政府管理权力委托或授权的合法依据以及中标方在管理过程中的合法方式。在公共管理中任何一项新制度或新的做法,都需要有立法上的明确依据,即现行法律应当对公共服务“外包”发生的情形、有权决定的机关、决定的程序、相关合同的内容与执行、争议解决和救济方式均有明确规定。如果相关法律缺失,则公共服务“外包”的合法性存疑。[15]第四,市场不完善带来不确定性增加。虽然通过竞争方式可以获得竞争性收益,无须使用随意性较大的政府干预或规制方式。但是,在不完善的市场结构中使用竞争方式又会增加不确定性,导致风险的积累。第五,企业内部控制导致社会公众利益受损。如果企业的经营过程缺少有效的监督,那么,企业就有动机因争取自身利益的事项,而不惜损害社会公众的利益。第六,公正权力可能受到消极影响。在市场条件下,公共服务中单一的供求关系可能被打破,生产者以盈利为目的,按照市场竞争法则去选择有利于其获利的服务项目,对于那些不能很好获利但又不能不提供的服务,可能会消极供给。同时,对消费者而言,虽然从表面上看增加了选择服务的机会和余地,但是,对于生活困难者来说,实际上是没有选择的可能性的。而当一部分社会成员缺乏实际的选择权时,很难说社会公正得到了真正的体现。[16]

二、政府放松规制的成效

许多研究者认为,政府放松规制改革取得成效的关键在于形成竞争的格局。“哪里有竞争,那里就会取得较好的结果,竞争者之间通过增强成本意识,提供优质服务”。[17]

20 世纪 70 年代中期起,美国政府开始了以放松经济性规制为主的改革进程,其后放松规制呈加速趋势,而进入 20 世纪 80 年代,放松规制则更趋向彻底化。美国时任里根总统于 1981 年 2 月发布了第 12291 号行政命令,对工商企业活动规制规章的改革订立了 5 条政策原则,随后,行政管理和预算局根据这 5 条原则又制定出改革实践必须遵循的指导方针，其要点可概括为：(1) 制定规制工商企业活动规章的最高原则，应当是最大限度地增进全社会的净受益程度；(2) 在可能的条件下，对于规制的成本和效益必须进行定量分析，以确定其成本利益比和成本效益，其中在制定保护健康、安全和环境的规章时，必须以正式的"风险分析程序"的科学鉴定为依据；(3) 规制的对象应当是实际效果，而不是产生效果的中间过程；(4) 一般情况下，政府不应对企业的开设和经营方式、产量和物价等经济现象施加规制。

为推行工商企业规制改革条例，里根政府组织了放松规制工作小组，并把审批规章条例的权力集中到行政管理和预算局，对规制条例的制订和修订进行统一领导。行政管理和预算局在放松规制方面的任务主要有：(1) 对48个联邦部级机构报送的新订规章条例进行审查和协调，合格者由该局统一颁布；(2) 对以前历年颁布的规章条例进行复查，对其中不合理者、已经过时者和重复繁琐者或加以修订或予以取消；(3) 对不再适宜的有关工商企业活动规制的法律条文，向国会提出修改或取消的建议，推动立法上的改革。

与此同时，美国政府在社会性规制方面扩大监管范围，加强监管力量，设立和强化健康、安全和环境保护方面的监管机构，如美国环境保护局、国家高速公路交通安全管理局、消费者安全委员会、职业安全与健康管理局等。

与此同时，政府以放松经济性规制为主的改革如果缺少相应的配套政策和规则，有可能会导致恶性竞争、制定垄断价格等问题，对消费者造成不利的后果。[18]

〔案例9〕美国电信业放松规制的经验

美国电信业的放松规制开始于20世纪60年代。美国电信业的放松规制是以持续的技术革新为背景的，但是经历了一个曲折的发展历程，直到20世纪80年代才有突破性进展，而一直到20

世纪90年代才完全放开了电信业的竞争。

20世纪50年代以前,美国电信业是一个完全规制的垄断行业,美国电话电报公司(AT&T)垄断了全部长途电话服务市场和80%的短途电话服务市场。该行业的垄断结构起源于该公司对电报电话专利的垄断。20世纪20年代初的政府规制帮助建立和维持了该行业的市场结构。规制政策禁止其他企业进入该行业,但不规制价格的制定,因而规制很少影响到企业的垄断利润。

美国电信业的规制改革与其他行业的规制改革不同,它是渐进演变的结果,而不是理性设计、有计划推行的结果。随着新技术的突破,新的企业凭借新的技术谋求分享潜在的电信市场利润。新的企业与美国电报电话公司发生争端,法院作出判决,行政部门对法院的若干判例作出反应,电信规制改革就是在这个过程中渐进演变而成。

最初的官司涉及AT&T公司电话器材市场的垄断问题。AT&T规定任何电话用户不得安装其所属西部电器公司(Western Electrics)以外其他企业生产的设备。用户安装了其他小公司生产的帮助排除杂音的助讲器(Hush-A-Phone),因而与AT&T发生了诉讼。法院判决电话公司无权干涉用户使用电话的方式,这一判例在以后的类似案件中经常被引用,成为打破电话器材市场垄断的先河。

第二次世界大战后,微波技术的开发和微波通讯的发展引发了对大量通讯线路的需求,也引发了分享潜在电信市场利润的需求。新的经济主体为了分享新技术带来的潜在利润,必然要求政府修正电信法。1963年微波通讯公司(MCI)申请在圣路易和芝加哥设立一条为公众服务的微波线路。但由于AT&T的反对,联邦通信委员会于1969年才批准了这一申请。由于这项认可也允许其他企业加入,竞争机制最终引进长途通信领域。

随着电子计算机的发展,电信服务(以电话为主体)与信息处理服务(加工处理信息)之间的界限已不明显。AT&T的电报电话专利的技术优势地位相对降低。继续垄断电信市场已十分明显地阻碍了电信科学技术向生产力的转化,阻碍了电信业科学技术的产业化、商品化进程。

1982年,美国联邦最高法院决定将AT&T公司中的贝尔系统事业公司与西部电气公司实行分离。分离以前,提供通信设备的西部电气公司与提供电信服务的贝尔系统事业公司,在电信市场互为犄角,垄断电信市场,电信市场的利润被AM垄断。分离后,贝尔系统事业公司拥有的地区电话公司的网络仍处于地区垄断地位,西部电器公司及提供高级信息服务的部门(新的AT&T公司)同其他电信公司一样,平等参与长途电话市场的竞争。即地区内电话市场仍实行地区垄断,而长途电话市场则成为真正的竞争场域。

到1984年,微波通讯公司已成为美国电信业第二大电信公司。该公司利用微波技术大大降低了成本,与AM公司在长途电话市场上展开了竞争,主要争夺商业用户。由于电信技术的成本壁垒比较高,其他的企业想进入这个行业很难。但是,20世纪90年代后手机的出现使形势发生了变化。手机服务的利润较高,在整个通信服务中占有相当大的份额,因此成为一个新的竞争领域。AT&T公司在反垄断的压力之下,被分成了7个贝尔子公司,只能提供短途电话业务。而新的AT&T不能经营本地电话业务。竞争的加剧促使AT&T在1994—1995年间卖掉了自己的设备公司,专门从事电话业务。

20世纪90年代后,网络时代来临,信息技术的迅猛发展又对电信业的规制政策提出新的改革要求。

20世纪80年代的电信业改革是将电信业务按水平分解,分阶段地局部引入竞争。其基本标志是不同的电信企业只能从事有限的信息形态的服务,从而使数据、文本、声音、图像(静态图像、动态图像)四种信息基本形态的服务领域处于“分割”的局面。如电话公司只能提供数据、文本、语音通信服务,但不得介入电视;电话公司又分为长途电话公司和地方电话公司(长途电话市场可以竞争,地方电话市场处于垄断地位);从事视频信息通信的电视又分为有线和广播电视两大领域,外加卫星通信和移动电话领域,两者不能相互交叉从业。

但是,这种信息基本形态服务领域的"分割",只是既定的利益格局下人为的"分割",信息形态并不承认这种分割。网络时代的信息高速公路,只有有线通信、卫星通信和地面无线通信三个通道,且每条通道都是双向的、交互的。这在客观上要求打破企业原有的信息形态服务领域分割局面,真正地实现四种基本形态的信息,在"网网相连"的信息通道中自由而高速地流动。

1996 年 2 月 8 日,美国总统克林顿签署了新的电信法案,彻底打破了美国电信业中国际长途电话、地方电话、有线电视等服务领域"分而治之"的旧格局。美国电信企业在原则上可以从事任何一种信息形态的服务,这引发了美国信息产业新一轮重组和跨行业兼并的浪潮。

由于新的电信法彻底改变了原通信法的立法基础,由管理垄断产业转变为管理竞争产业,这样,原来的许多规定(包括联邦与州的行政规定)都会与新的电信法发生冲突。为了确保新电信法的精神能够尽快得到实施,新电信法对规制本身进行了规定,以确保规制本身能够平稳过渡。

新电信法赋予了联邦通信委员会在执行电信法有关条款方面的灵活性。在 1996 年以前,联邦通信委员会无权终止执行通信法及其修正案所规定的任何条款。在 20 世纪 70 年代,联邦通信委员会已经感到由于规制造成的工作量大大超出其资源所能承受的程度,他们曾经试图中止对非主导性电信公司的资费规制,但是,法院认为,联邦通信委员会无权停止执行通信要求的资费管理条款。而 1996 年的电信法赋予了联邦通信委员会这样的权力。当市场环境的确不再需要严格规制时,联邦通信委员会有权决定中止某类条款的执行。联邦通信委员会在作出这样的决定时,唯一需要考虑的是,中止执行有关法律条款不应该有损于消费者和公共利益。

除了一般性的中止有关条款外,联邦通信委员会还有权应某个或某类电信公司的要求,中止执行针对这个电信公司或这类电信公司的规制条款。对电信公司关于中止执行规制条款的要求,联邦通信委员会必须在一年内给予答复,否则中止自动生效。

上述内容主要体现在电信法第401节中,“在被认为是对保护消费者、保护公共利益、维护公正与合理没有必要时,联邦通信委员会有权中止任何一项规定”。“任何电信公司或任何一类电信公司都可以向联邦通信委员会提出申请,要求停止执行某些现行法规。在一年的时间里,联邦通信委员会不作出否定的答复,这样的申请即被认为有效。”电信法要求,联邦通信委员会每两年要对规制规定进行一次全面的复议,根据竞争发展的状况,决定规制是否对维护公共利益是必须的。但是,在如何进行复议问题上,电信法没有给出具体的要求。因此,这方面的工作,更多地将依赖于电信公司与电信消费者的参与。

电信法对电信规制权进行了重新定义,其中最主要的是联邦与州的规制权限问题。1934年通信法所确定的规制体制是一种平行体制。联邦规制机构负责管理联邦通信事务,各州规制机构负责管理州内的通信事务。由于电信事务的复杂性,哪些事务属于联邦事务,而哪些事务属于州内事务,常常发生分歧。在过去20多年里,联邦法院经常卷入处理司法权限的纠纷。联邦通信委员会一直努力引入竞争,放松对电信公司的规制,从而减少了各州规制机构的权力和规制范围;而各州规制机构对联邦通信委员会的相关规定持强烈的反对态度,否定联邦通信委员会在相关事务上的规制权限,官司经常不得不由联邦最高法院来裁决。电信法对这一问题给予了进一步的说明,扩大了各州规制机构在传统规制权限范围内的权力。国会认为,联邦层次上的规制放开,必然会增大各州规制机构的相关权力。但是,电信法要求在电信规制事务上加强联邦规制机构与各州规制机构之间的合作。各州在实施联邦电信规制政策时拥有广泛的自主权,但必须接受联邦通信委员会的指导与监督。首先,联邦通信委员会为各州规制机构确定规制指导原则;然后,各州规制机构根据这些原则处理有关本地竞争规制的具体问题。这些问题主要包括,接入互联的安排,贝尔运营公司进入垄断地区的长途市场,普遍服务等。

1996年的电信法中止了“1982年反托拉斯协议”。1982年,AT&T与美国司法部达成的反托拉斯协议,将贝尔运营公司的监督管理权赋予了联邦第八巡回法院法官格林,并对贝尔运营公司增加了许多业务限制。新的电信法取消了对贝尔运营公司的限制,明确提出了贝尔运营公司进入垄断地区内长途市场的条件,中止了法官格林对贝尔运营公司的监管权。与此同时,电信法还中止了1984年达成的GTE反托拉斯协议和1994年达成的McCaw反托拉斯协议,将所有这些协议的限制全部废除,改由遵照新电信法的有关条款。

除了上述的规制规定,联邦通信委员会还修改甚至取消了一些规定。这些规定主要集中在无线电的管理方面。另外,对外国人掌管无线电许可证的限制有所放松。

美国1996年电信法案既是对传统电信业规制政策的一种彻底性解除,又是对进入未来信息高速公路市场的电信企业的行为预先进行规范,对即将到来的信息高速公路大市场这块蛋糕的分配,事先做一制度上的安排。

案例资料来源:宋世明.美国行政改革研究.北京:国家行政学院出版社,1999;欧阳武.美国的电信管制及其发展.北京:中国友谊出版公司,2000。

案例思考题:

(1) 政府对自然垄断行业放松规制的根本动力是什么?

(2) 自然垄断行业放松规制的基本路经是什么?

三、公共管理方式市场化变革的完善

从公共管理方式市场化变革的实践来看,既反映出许多积极的成效,在一定程度上已经达到了改革的目标。但也要看到,这一变革还存在着缺陷和不足,产生了一些消极影响。因此,应该对公共管理方式市场化变革的状况进行理论总结,进一步规范和完善这一改革。

国际上,许多学者对这一问题进行了理论性和实证性的研究,取得了十分重要的研究成果。美国学者萨瓦斯对提供公共服务的不同制度安排进行了归类,共归为4种类型并细分为10种具体形式(参见表6.1)。[19]对具体形式作了详细探讨之后,萨瓦斯提出了各种形式复合安排的思想,认为在实际服务过程中,可以有效地运用多样化安排,如混合式安排和局部性安排等复合安排模式。[20]萨瓦斯复合安排模式的实质就是要把不同的方式结合起来,发挥各自的优势、减弱内在的不足,使公共管理方式市场化变革取得更好的成效。

表6.1　公共服务提供的制度安排

<table>
<tr><th rowspan="2">生　产　者</th><th colspan="2">安　排　者</th></tr>
<tr><th>公共部门</th><th>私人部门</th></tr>
<tr><td>公共部门</td><td>政府服务
政府间协议</td><td>政府出售</td></tr>
<tr><td>私人部门</td><td>合同承包
特许经营
补　助</td><td>自由市场
志愿服务
自我服务
凭单制</td></tr>
</table>

不少学者认为,要控制和减弱公共管理方式市场化变革过程中的消极影响,关键是要明确政府的作用和责任。从广义层面来看,政府责任意味着政府组织及其公职人员履行其在整个社会中的职能和义务,即法律和社会所要求的义务。[21]

在公共管理方式市场化变革中,政府的作用集中在以下三个方面:第一,推进制度建设。公共管理方式的市场化变革涉及制度性调整和重组,只有制定合理的制度,才能保证市场化变革在合理的框架内有序地进行。而制度建设的主要职责职能由政府来承担,特别是具有很强激励效应的产权制度的安排必须由政府来界定。第二,实行规范制约。私人企业在取得公共服务经营权后,可以形成某种程度的垄断优势,并凭借垄断优势为自己争取垄断收益,从而对社会公众的利益造成损害。因此,政府要运用公共权威性,对私人供给者进行必要的规范制约,以有效保护社会公众的权益。第三,提供必要支持。政府既要对私人供给者提供明确的支持,包括财政补贴等不同方面的优惠政策,又要对消费者提供某种形式的支持,例如,向消费者提供信息等,以使在私人供给者与消费者之间形成利益的平衡。

重要概念

可竞争市场(contestable market)

政府采购(government procurement)

公共服务外包(outsourcing of public service)

民营化(privatization)

公私伙伴关系(public-private-partnerships)

内部市场(internal market)

提示问题

1. 什么是公共管理方式的市场化?

2. 公共服务的付费制有哪些优点?

3. 公共管理方式市场化变革的实质是什么?

4. 公共管理方式市场化变革是否会损害公共管理的目标?

5. 公共管理机构内部竞争会不会对公众的权利带来消极影响?
6. 公共服务"外包"改革可能会带来哪些风险?
7. 如何完善和规范公共管理方式市场化的变革?
8. 在公共管理方式市场化变革中政府应该发挥什么作用?

章节文献

[1][6][17]　[美]戴维·奥斯本,特德·盖布勒.改革政府——企业家精神如何改革着公营部门.上海:上海译文出版社,1996.
[2]　陈杰.政府规制:理论与实践的最新探讨.上海经济研究,1999(12).
[3]　王雅莉,毕乐强.公共规制经济学(第3版).北京:清华大学出版社.2011.
[4]　王俊豪.英国政府管制体制改革研究.上海:上海三联书店,1998.
[5]　陈代云.产业组织与公共政策.外国经济与管理,2000(6).
[7]　杨欣.公共服务合同外包中的政府责任研究.北京:光明日报出版社,2012.
[8]　毛寿龙,等.西方政府的治道变革.北京:中国人民大学出版社,1998.
[9]　贾康,孙洁.公私伙伴关系(PPP)的概念、起源、特征与功能.财政研究,2009(10).
[10]　王树文.我国公共服务市场化改革与政府管制创新.北京:人民出版社,2013.
[11][12]　周志忍.当代国外行政改革比较研究.北京:国家行政学院出版社,1999.
[13]　E·S·萨瓦斯.民营化与公私部门的伙伴关系.北京:中国人民大学出版社,2002.
[14]　石淑华.中国公用事业民营化改革的若干反思.北京:中国经济出版社,2012.
[15]　杨桦,刘权.政府公共服务外包:价值、风险及其法律规制.学术研究,2011(4).
[16]　王乐夫,陈干金.我国政府公共服务民营化存在问题分析.学术研究(广州),2004(3).
[18]　王俊豪,周小梅.中国自然垄断产业民营化改革与政府管制政策.

北京：经济管理出版社,2000.
[19][20] E·S·萨瓦斯.民营化与公私部门的伙伴关系.北京：中国人民大学出版社,2002.
[21] 张成福.责任政府论.中国人民大学学报,2000(2).

第7章 公共管理的资源配置

本章提要

公共管理中的资源配置具有两重涵义：一方面，由于资源配置关系到社会公平实现的“公共性”问题而纳入公共管理的范围；另一方面，在市场经济条件下公共资源配置是公共管理的主要对象和关键内容之一。

在现实的公共资源配置中，政府机制、市场机制、自主机制等不同机制之间以互补关系为基础构建合作结构，形成公共资源配置的整合型机制。

在公共管理新的发展中，出现了公共管理的多元筹资倾向，并逐步形成公共管理的多元筹资模式。

公共支出规模和结构的决定受多种因素的共同影响。公共支出所产生的实际效果表现为政策效应、经济效应等。

公共管理的运行和发展受资源因素的制约较强，主要表现在两个方面：一方面，资源是公共管理发展的基础性保证；另一方面，资源配置尤其是公共资源配置是公共管理的主要对象。面对社会公众利益多元的现实状况，在公共管理中必须研究资源配置的有效机制。

在现实公共管理中，不管是公共设施建设和维护还是公共服务供给,都需要大量的资金投入。长期以来,公共管理的资金投入主要来自政府的财政,但这种单一的资金来源渠道有很大的缺陷。为弥补这种缺陷,在公共管理新的发展中,正在不断探索投资来源的多元化渠道,形成公共管理的多元筹资模式;同时,进一步深入研究公共投资所产生的实际效应,包括政策效应和经济效应。

第一节 公共管理的资源配置机制

一、公共管理资源配置机制的选择

广义而言,资源是自然界和人类社会中用以创造物质财富和精神财富的客观存在形态,如自然资源、人力资源、信息资源等。资源是人类社会存在和发展的基本条件,又是人类社会文明和进步的重要标志。

经济学强调的是资源同时兼有的效用性和稀缺性特征。由于资源具有天然的相对"稀缺性",因而客观上需要对相对"稀缺"的资源在各种可能的用途上进行比较并作出选择,这一过程称之为资源配置。

公共管理中的资源配置具有两重涵义:一方面,由于资源对人类社会的存在和发展处于基础性的地位,同时,资源又有相对"稀缺"的特点,因而资源配置问题不仅关系到资源使用的效率,而且关系到社会公平的实现,必然作为公共管理视野中的"公共性"问题而纳入公共管理的范围。另一方面,在市场经济条件下,根据资源的所有权属性,可以分为公共资源和私有资源。公共资源配置是公共管理的主要对象和关键内容之一。

对公共资源本质属性和构成内容的理解经历了一个发展过程。早期把公共资源视为自然生成或自然存在的资源,可以为人类社会提供生存、发展所需的自然物质与自然条件，通常包括矿物资源、土地资源、水资源、气候资源与生物资源等。[1]这一理解强调公共资源的自然属性和物质属性，认为其“天然”的是为全体社会成员共同享有，因而具有很强的“公共性”。由于这一理解强调公共资源的自然属性，也可称为公共自然资源。

其后对于公共资源的理解循着两个方向进一步扩展：第一个方向是更加强调公共资源作为人类社会发展基础的条件属性。随着科学技术的发展，自然资源作为人类社会发展基础的条件属性的重要性有所下降，而作为人类社会创造的物质财富和精神财富存在形态的人力资源、信息资源、网络资源等的重要性不断上升，因而，人力资源、信息资源、网络资源等也被看成是公共资源的组成部分，甚至是更为重要的组成部分。也就是说，随着人类社会的进步和发展，公共资源的构成内容不断扩展、结构不断优化。第二个方向更加强调宪法的规定性。现代社会，国家为了实现公共利益，通过宪法明确规定了公共资源的法律属性。由于国家性质的差异，各国对于公共资源法律属性的具体规定存在不同。

因此，应该从更加宽泛的角度理解公共资源的内涵，在概念层面把握公共资源的丰富性和可变性，整合公共资源的自然属性、经济属性和法律属性之间的关系。同时，在实践层面把握公共资源的层次性和可分性，可以将公共资源的部分权益从所有权中剥离出来，如公共资源的使用权、承包经营权等与所有权相分离。另外还要注意的是，用货币来衡量公共资源的价值，不仅可以在不同类型的公共资源之间进行比较，而且还可以更为准确地反映公共资源的使用绩效。

资源配置是通过一定的机制实现的。一般而言，机制是反映系统中各相关要素相互作用而达成其特定功能的过程。

> 按照经济学理论，资源配置机制是指按照资源运用合理化的原则，在资源配置系统中相关要素间相互作用形成的特定结构，以实现稀缺的资源在各种不同用途上的分布和安排。

在资源配置的实践中,资源配置机制主要有三类:政府机制、市场机制和自主机制。

政府机制是指,政府运用行政体系的权威性,通过计划指标、经济杠杆和经济政策等要素的相互联系和相互作用的关系及调节功能,直接调节资源配置的过程。

市场机制是指,通过市场运行中的价格、供求和竞争等要素之间的相互联系和相互作用的关系及其调节功能,实现资源配置的过程。其中,价格机制是核心,是市场机制实现资源配置的主要杠杆。

自主(自治)机制是指,通过区域或系统中相关主体在平等基础上的自主协商、讨论、谈判、合作等方式形成互动的协调结构,以实现资源配置的过程。

在人类发展历史上,对于资源配置不同机制有效性的认识既存在静态的争议,又发生着动态的演变。例如,在相当长的时期内社会共识性地认为市场机制不能达成公共资源的有效配置,这也被看成是市场失效的主要表现,因而应该运用政府机制来有效地配置公共资源。但在实践中发现政府机制在配置公共资源中存在低效甚至无效的情况,即政府失灵。面对公共资源配置中政府机制失灵的问题,有观点提出引入市场机制,也有观点提出发挥自主(自治)机制的作用。

二、公共管理资源配置机制的比较

1. 政府机制

政府机制的特点依附在其公共权力主体之上。政府作为公共权力主体具有公共性、合法性、强制性等特征。由此,政府机制在配置资源的运作过程中体现出以下四个主要特点:(1) 稳定性。政府机制在运作中,其构成主体之间的相互关系和作用方式是依据法律法规事先确定、相对固定并按照规定路径循环往复,相关主体必须遵守执行,具有强制的规范性和不可违反性。(2) 独立性。

政府机制依托既有的政府结构框架形成其相对稳定的构成主体，具有相对独立的关系结构、作用方式和功能作用，可以看成是相对独立的运作系统。(3) 效力性。政府系统是典型的科层制结构，其垂直运行为主的基本要求是命令—服从，下级必须服从和执行上级的命令，从而保证较高的执行效力。(4) 互动性。政府机制构成主体之间的作用过程是互动式的、双向运行的，每个主体都处于不断调整的过程中，相互之间存在着特定的有机联系。

政府机制的优势在于：第一，制定长远的经济社会发展战略，并按战略目标有计划地配置资源。第二，确定重点领域和项目实施倾斜式的资源配置方式，集中必要的物质资源、财力资源和人力资源进行重点投入。第三，兼顾经济、社会和环境的关系并使之协调发展。第四，从宏观上统筹规划经济总量、重大经济结构、生产力布局等。

政府机制的不足在于：首先，在资源配置中难以适应微观经济活动和社会需求的复杂多变。其次，以政府强制力实施倾斜式的资源配置时，有可能忽视甚至侵蚀社会其他主体的利益，造成整个社会的动力不足。再次，在政府科层制结构中确定发展重点并强制性地进行资源配置，容易出现软约束下对扩大部门权力的盲目追求、造成脱离实际和浪费资源的情况。

2. 市场机制

市场机制具有自发性、灵活性、事后性和微观性等特点。市场机制的优点是：第一，能够根据供求关系的实际变化，通过价格杠杆和竞争机制的作用，引导资源配置到效益更好的领域、方向和环节。第二，能够对市场上的各种经济信号作出灵敏反应，实现供给与需求的均衡协调，保证在全社会范围内资源的充分合理运用。第二，能够给予微观市场主体以强大的动力和必要的压力，通过优胜劣汰，促进资源运用能力和效率的提高。

市场机制的缺点主要集中在两个方面：一方面，市场机制的自发性和分散性，容易导致资源配置的盲目性，引发整个社会经济运行的无序波动。另一方面,对宏观经济总量调节、重大经济结构调整和生态环境保护等往往无能为力。

3. 自主机制

面对资源配置中出现的政府失灵和市场失灵的客观现实,以奥斯特罗姆为代表的制度分析学派建立的“制度分析与发展框架”(Institutional Analysis and Development Framework,简称“IAD”框架)提出了资源配置的自主机制。奥斯特罗姆指出,传统的分析公共事务的三个理论模型(即公地悲剧、囚徒困境、集体行动逻辑)所提出的解决方案不是市场的就是政府的,而且得出的结论往往是悲观的。[2]

奥斯特罗姆等学者通过长期的观察,发现世界各地的公共资源的使用者在资源配置中,通过自主组织经常能够发展出解决冲突和执行规则的弹性安排及有效机制,也可以达到合理配置资源的结果。某一区域的社会公众对社会资本的认同,构成了自主机制有效性的基础。第一,参与者通过交流愿望达成各方可接受的共同协议;第二,参与者通过使用诸如谨慎回应式的试探法扩大互惠以帮助人们建立对协议的信任;第三,参与者不仅制定了对违约者施以制裁的规则,还通过使用谨慎回应来强化协议的效力。[3]

三、公共资源配置机制的互补关系

在市场经济条件下,市场机制在资源配置中发挥着基础性和决定性作用;同时,由于客观上存在市场失灵问题,要求更好地发挥政府机制的作用。因此,现代市场经济是一种混合经济。在公共资源配置中还要注重发挥自主机制的作用。

政府机制、市场机制、自主机制等都是人类社会在长期实践中发展出来的功能型的资源配置机制,既可以单独运用其中的一种机制,也可以联合运用多种组合机制。

在社会公众利益多元、需求多样的情况下,有理由对资源配置(特别是公共资源配置)中以政府途径(利维坦)为唯一或者以市场途径为唯一的途径去寻找解决方法思路的合理性表示怀疑。奥斯特罗姆认为，不同的事物都可以有一种以上的管理机制，关键是取决于管理的效果、效益和公平。[4]

因此，在现实的公共资源配置中，不同机制之间以互补关系为基础建立起合作关系，形成公共资源配置的整合型机制。第一，不同机制都能独立存在并运行，强调发挥不同机制所具有的独特优势是形成整合型机制的重要基础。第二，不同机制之间竞争性与合作性并存，通过竞争促进不同机制的相互融通、优势互补，达到提高公共资源配置效率的结果。第三，不同机制在一个共同的规则体系中运行，并在这个体系内调整其关系。第四，政府机制因其隐含着更多的"公共性"特点，在许多情况下处于整合型机制运行的主导或引导地位。

第二节　公共管理的多元筹资模式

一、公共管理的多元筹资倾向

公共投资往往具有规模大、周期长、回报率低等特征。长期以来，由于把公共产品和公共服务供给的主要责任归于政府，因而公共管理的资金投入主要来自政府财政。这种单一的资金来源产生了两个缺陷：其一，政府财政投入难以满足迅速发展的公共管理的需要；其二，政府财政投入的效率和效果难以确切地控制。

在公共管理新的发展中，根据公共资源配置整合型机制的要求，不断探索投资来源的多元化渠道，出现了公共管理的多元筹资倾向，并逐步形成公共管理的多元筹资模式，包括政府投资、政策性金融、资本市场融资、项目融资等多元筹资方式的整合。对于公益性项目，往往采用"财政投入＋信贷融资"的多元筹资方式。对于准公益性项目,大多采用公私合作的多元筹资方式,包括合资公私、资产证券化融资、项目融资、BOT(Build Operate Transfer,简称 BOT)等方式。对于经营性项目主要采用 BOT、政府引导基金等多元筹资方式。

二、政府投资

政府投资是指,各级政府用于形成资本性资产的专门性投资,包括固定资产的新建、扩建或改建。

在市场经济条件下,政府要提供大量的公共物品和公共服务,而公共物品的生产和公共服务的供给同样需要固定资产,例如政府的办公大楼、学校的教学大楼、医院的病房大楼、公共服务的基础设施等。这类固定资产往往是由政府投资形成的。根据政府投资的形式,可以分为直接投资和间接投资。

1. 直接投资

直接投资是指政府财政资金的投入,或以政府财政资金为支持的投入。

直接投资的具体方式有很多,主要包括财政拨款投资、政策性贷款、财政贴息和投资补贴、财政投资融资等。财政拨款投资是指在某一公共项目所需资金中全部为财政拨款或财政拨款占主导地位。政策性贷款是指以实现某一政策目标为导向的财政专项投资,在很多国家又叫作软贷款。我国的政策性贷款是通过政策性银行操作的。财政贴息和投资补助是指投资者在政府鼓励的基础产业和公共部门进行投资而获得的利息补贴和投资补贴,补助金从中央财政支付。财政投融资是一种政策性投融资,是以国家为主体,采取有偿手段广泛筹集资金,并按照政府特定的政策目标进行投资而产生的有关资金集中和资金运用的活动。它与商业性投融资的最大区别是,商业性投融资以利润最大化为目标,而财政投融资则以产量最大化或成本最小化为目标。财政投融资的目的性很强，主要是对国民经济全局有重大影响的基础产业和基础设施，以及对社会发展有重大影响的公共部门进行融资，其运作虽不脱离市场，并且以市场参数作为资金配置的重要依据，但其政策性和计划性更强。由于财政投融资将财政融资的良好信誉与金融投资的高效运作有机结合起来，因而成为政府在基础产业、基础设施和公共部门投融资中发挥作用的有效形式。

按资金使用方式的不同，直接投资又可分为无偿投资和有偿投资。无偿投资主要适用于非营利公益性行业，因为这类行业无直接经济效益可言，其资金供给只能由政府用财政资金无偿安排。有偿投资主要适用于具有明显的社会效益和不够明显的经济效益的基础产业和基础设施，因为这类行业或设施的经济效益较低，其资金供给不可能完全推向市场，但其又具有一定的经济效益，所以又不宜全部通过财政无偿提供。

2. 间接投资

与直接投资相对应的是间接投资。间接投资是指不以直接的资金投入，而以政策引导为手段的政府投资方式。

间接投资主要是利用各种优惠政策，吸引社会资金投入不能取得社会平均利润，但对国民经济及社会发展具有积极长远影响的基础产业和公共部门，这些政策包括税收、信贷以及其他方面的优惠政策。其实现机制是以利益机制为杠杆，以调整利益分配关系为主要方式，吸引更多的资金流向基础产业或公共部门。与此同时，政府也以一定的限制政策来影响社会投资，包括许可证制度、准入制度等，以抑制某些产业或部门的投资。对于政府的政策投资，由于不表现为政府的直接投入，所以可称为政府的间接投资。

三、政策性金融

政策性金融是指，以实现一定的政策目标为目的的政府或其他公共组织的金融制度、体系及其相应的业务活动。[5]

这里所说的政策目标，是指一个国家或政府的产业政策目标、地区发展目标、社会发展目标、社会福利目标等。这里所说的政府或其他公共组织，是广义的政策性金融的主体。不过，从世界范围来考察，政策性金融机构几乎都是政府金融机构，只有少数国家有私人开发性金融机构(如菲律宾)或民营、合营的政策性金融机构(如澳大利亚)。但政府金融机构并不限于政策性金融机构，有些国家还有国有商业银行和国有非银行金融机构等。

从制度和运行考察，政策性金融具有如下三个基本特征：(1) 由政府创立、参股或保证。政策性金融机构大多数是由政府直接创立的，为贯彻实施政府的政策意图，在特定的业务领域直接或间接地从事政策性投融资活动。(2) 具有比较确定的业务领域和对象。由于政策性金融是为政府的政策服务的，因此它的作用范围是有限的，主要存在于市场失效的业务领域和范围。(3) 有独立的法律保护和约束政策性。政策性金融机构既是一个金融机构，又是一个政府机构。在西方国家，政策性金融机构一般不在中央银行监管之列，它们之间不存在中央银行与商业银行之间那样直接的紧密联系。(4) 政策性金融的资金融通具有不以营利为目标和有偿性要求并存的特点。一方面，不以营利性为目标是相对于一般的商业银行而言的。一般的商业金融从事投融资是为了追求自身效益的最大化，遵循效益性、安全性、流动性的“三性”原则。政策性金融是为了贯彻政府的社会经济发展政策，要优先扶持和促进基础产业和公共部门发展。但是基础产业和公共部门的发展由于具有公共物品性质和外部经济效应，从而不能完全通过内部“成本—收益”机制来取得正常盈利，因此一般商业银行是不愿从事此类投资的。如果政策性金融机构也恪守效益性和安全性原则，则不会将资金投向这类行业，从而与政府的政策目标相违背。因此，政策性金融不能以营利为目标。另一方面，按有偿性的要求进行资金融通是相对于政府财政资金而言的。之所以要求有偿性，是因为政策性金融所确定的投资领域，尽管在很大程度上不能取得社会平均利润率，但经过一定的努力和某些方面的改革，仍然是有利可图的，只是具有低盈利特征，因而不同于纯粹的公益性项目。同时，完全的财政支出往往具有低效率特征，通过有偿性要求的约束，可以提高资金运用的效率。而且，因财政资金的来源不同，政策性金融的资金来源有相当部分是按有偿原则向其他金融机构或社会公众筹集的，因而使用时也应该是对称的和有偿的。政策性金融具有的这两重性特征，表明其既是为了改变财政无偿提供资金的低效率、又是为了改变商业银行完全被盈利所驱使而容易忽视社会效益而进行的一种金融创新。

从调控方式来看，政策性金融表现为直接参与型。政策性金融主体通过实际投资活动或倾斜力度（如优惠利率等）的掌握，直接参与金融活动的过程，从而促进基础产业和公共设施的建设。而中央银行系统对经济活动的调控则主要是利用各种调控工具对金融活动实施间接性调控，例如，对各种利率水平的控制等。

由于政策性金融主要服务于基础产业、基础设施和公共设施的建设，因此，要求政策性金融的资金来源具有成本低、期限长的特点。这一特点又决定了政策性金融的资金来源不能像商业性金融那样可以广泛地面向社会筹集资金，或向同业拆借资金。政策性金融只能通过有限的融资渠道筹集低成本资金。

从世界各国的实践来看，政策性金融的资金来源主要有以下四个方面：(1) 资本金。资本金是政策性金融最基本、最主要的资金来源。初始资本金一般是由政府全额出资，然后根据政策业务规模的扩大，政府不断注入资本金。(2) 借入资金。借入资金可分为国内借款和国外借款，分别来自国内和国外两个渠道，国内渠道有财政资金、政府部门资金、公积金，有些国家还包括中央银行资金；国外渠道有世界银行、国际货币基金组织、各洲设立的开发银行（如亚洲开发银行等），还有政府间的低息贷款或无息贷款。(3) 发行债券。发行债券是利用国内外金融市场，发行有政府担保的金融债券。发行债券是发达国家政策性金融机构的主要筹资方式,在一些发展中国家也经常采用这种方式筹资,但比重不及发达国家那样高。影响债券发行规模的主要因素包括:金融市场的发达程度、直接融资和间接融资的发展程度及其结构差异等。有些国家对政策性金融机构发行债券还有限额规定,例如日本开发银行所发行的债券只能在其资本金和准备金总额的10倍限度内向政府发放借款和发行债券,当然这一规定要比对其他金融机构或企业宽松得多,一般公用事业债券的发行额度通常限定在自有资本的2倍以内。(4)其他资金来源。政策性金融的其他资金来源因国家的具体规定不同而有所不同。例如,在日本,邮政储蓄是政策性金融的重要资金来源,这是日本政策性金融的特点之一。还有一些国家将社会福利基金、保险基金等也列入政策性金融的资金来源,少数国家的政策性银行还可以吸收社会存款。但大多数国家不允许政策性银行吸收社会存款,以避免因与商业银行的竞争而造成金融秩序的紊乱。

四、利用资本市场融资

在市场经济条件下,市场起着资源配置的基础性作用,其中的关键是通过资本市场来实现的,资本市场有效地联结资本的供求双方,资金盈余部门通过资本市场把多余闲散资金借贷出去,而资金缺乏部门则从资本市场筹集所需资金,通过资金的流动牵引社会资源的合理配置,实现生产要素的优化整合,促进社会和经济的协调均衡发展。

社会再生产活动与社会资源合理配置不仅需要短期的流动资金用于周转,也需要长期的资金用于购置和更新固定资产。按照融资期限的长短,可以把金融市场分为供给一年以下短期资金的货币市场和供给一年以上中长期资金的资本市场,这是一种较为通行的分类方法,短期资金主要用于周转方面,长期资金主要用于资本形成方面。资本市场的类型包括:股票市场、国债市场、基金市场、资产交易市场等。资本市场使得中长期资金的供需双方得以连接和配合，供给方有较高而且稳定的收益和较为合理的安全保障，需求方则能以合理的价格取得所需的中长期资金。

1. ABS融资

ABS融资(Asset Backed Securitization，简称ABS)即资产证券化融资的英文缩写。ABS融资是指以目标项目所拥有的资产为基础，以该项目的未来收益为保证，通过在国际资本市场上发行高档债券来筹集资金的一种项目证券融资方式。在ABS融资方式中，项目资产的所有权根据双方签订的买卖合同由原始权益人即项目公司转至特殊目的的公司SPC(Special Purpose Corporation，简称SPC)，SPC通过证券承销商销售资产支持证券，取得发行收入后，再按资产买卖合同规定的价格把发行收入的大部分作为出售资产的交换支付给原始权益人，从而将原始权益人(买方)缺乏流动性但能够产生可预见未来现金流收入的资产转变成为资本市场可销售和流通的金融产品。

2. 债券融资

债券可按发行主体分为政府债券和企业债券，其中政府债券又可具体分为中央政府债券(国债)、地方政府债券。

通过发行政府债券筹集基础产业和公共部门建设资金，操作起来比较灵活，可以借此来调节总供求的平衡。当需求不足时，可扩大投资规模；当需求偏旺时，可缩小投资规模。而且只要把好项目论证把关，一般不会导致重复建设，从长远看，社会效益都比较好。当然，具体项目的选取，也要分轻重缓急，选择效益较好、见效较快的项目先建设，防止资金分散化。

可转换债券(Convertible Bond，简称CB)是企业债券(或称公司债)的一种，但又具有股票期权的性质，一般可定义为：以债券形式发行的、在规定期限(即转换期)内，在约定条件下，以约定价格(即转换价格)转换为发行公司普通股的凭证。换言之，它是一种具有债券、股票和期权多重性质的金融工具，是一种金融创新产品。

3. 产业投资基金

产业投资基金是以个别产业为投资对象的一种投资基金,通过发行基金受益券募集资金,交由专家组成的投资管理机构运作,基金资产分散投资于不同的实业项目,投资收益按资分成。

产业投资基金的投资目标既追求长期资本利润,也注重当期收入,是一种典型的成长及收入型投资基金。

产业投资基金具有以下四个特点:(1) 产业投资基金在进行投资时,要分散风险,不会将全部资金投向个别公司和项目,而是在相关行业上分别进行投资;(2) 产业投资基金资产主要集中于某一产业,抗风险能力不及其他基金高,所以该类型基金大多投向于低风险产业;(3) 产业投资基金对公司股权投资不以控股为目的,一般较少直接参与公司管理,而是利用基金本身的商业及财务专长辅助公司发展业务;(4) 产业投资基金的投资有助于公司将来上市,因此基金在进行投资时,通常要对公司各方面的情况进行全面考察,以此来保证投资资产的安全。因此,对其他投资者来说,产业投资基金选择的产业和公司,往往被认为具有良好的基础和发展的前景。在公共管理中,对公共设施的投资可采用产业投资基金形式。

五、项目融资

项目融资是指,以项目本身的资产和项目未来的收益作抵押来筹措资金的一种融资方式,是一种无追索权或有限追索权的融资或贷款。

项目融资是以项目自身的财产权益作为借款保证,贷款方主要看融资的项目有无偿债能力,评估和保证的范围以项目为限。因此,一旦贷款发生风险,贷款方只能以项目的财产或收益作为追索的对象,不涉及其他财产和收益。项目融资国际通常的运作方式是：(1) 为项目建设成立的项目公司是具有独立法人地位的法人实体；(2) 涉及大量负债资金，负债通常占总投资的65%～70%；(3) 项目公司是借款的直接债务人，贷款方对债权的追索权仅限于项目的资产或项目的潜在资金流量(如产生的收益)。对于项目公司及其股东来讲，项目的大部分资金可以用外部债务来实现，将风险转移至其他有关各方，因此，项目融资最大的优点是可以分散融资风险，不像传统融资方式那样将风险集中于投资者、贷款方或担保方。

项目融资首先出现在美国，继而在欧洲金融市场流行，进入21世纪后，开始在发展中国家的基础设施中广泛采用了BOT开发模式。如公路建设中的BOT，就是指政府通过特许协议，在规定的特许期内，授权项目发起人为特许权的公路项目设立项目公司，由项目公司负责项目的投融资、建设、管理、经营和维护。特许期满，项目公司将特许公路项目的设施无偿归还国家。通常所谓的BOT实际是以下三种方式的统称：(1) BOT(Build-Operate-Transfer)，即建设—经营—转让。(2) BOOT(Build-Own-Operate-Transfer)，即建设—拥有—经营—转让。BOOT与BOT的区别主要是：一是所有权的区别，BOT方式在项目建成之后，私人只拥有所建项目的经营权，而BOOT方式在项目建成之后，在规定的期限内既有经营权，也有所有权；二是时间上的区别，采取BOT方式，从项目建成到移交给政府这一段时间一般比采取BOOT方式短一些。(3) BOO(Build-Own-Operate)，即建设—拥有—经营。这种方式是承包商根据政府赋予的特许权建设并经营某项基础设施，但最后并不将基础设施移交给政府。

〔案例10〕杭州湾跨海大桥建设中的多元投资主体

(一) 杭州湾大桥的基本情况简介

杭州湾跨海大桥(宁波到嘉兴)，它北起浙江嘉兴海盐郑家埭，跨越杭州湾海面到南面滩涂，止于慈溪水路湾，全长36公里，其中桥长35.7公里,桥宽33米。2003年11月破土动工,2007年6月全线贯通,2008年5月1日正式通车。

杭州湾跨海大桥按照双向六车道设计,规划日通车量8万辆,设计时速100公里/小时,两岸引线设计时速120公里/小时,设计使用寿命100年。大桥设南北两个航道,其中北航道主跨448米的钻石型双塔双索面钢箱斜拉桥,通航标准35 000吨级轮船;南航道主跨318米的A型单塔双索面钢箱斜拉桥,通航标准3 000吨级轮船。其余引桥采用30米至80米不等的预应力混凝土连续箱梁结构。

大桥桥形借鉴西湖苏堤,似长桥卧波,S型长桥不仅高低起伏,而且在平面上也蜿蜒转折、曲直有致,如一条游动的长龙,既有利于行车安全,又使桥身有一种韵律之美。南北分别呈钻石型和A字形的两座高塔极有特色,这样的结构不仅最稳定,抗风力强,而且形成桥塔从海平面直刺蓝天的傲人雄姿。

(二) 项目建设资金概算和投资主体

1. 投资者

杭州湾跨海大桥的桥身建设总投资概算为118亿元,其中,35%的资金作为资本金,其余的70亿元全部向银行贷款,在全部的银行贷款中,国家开发银行贷款40亿元,中国工商银行20元,中国银行和浦发银行各5亿元(参见图7.1)。

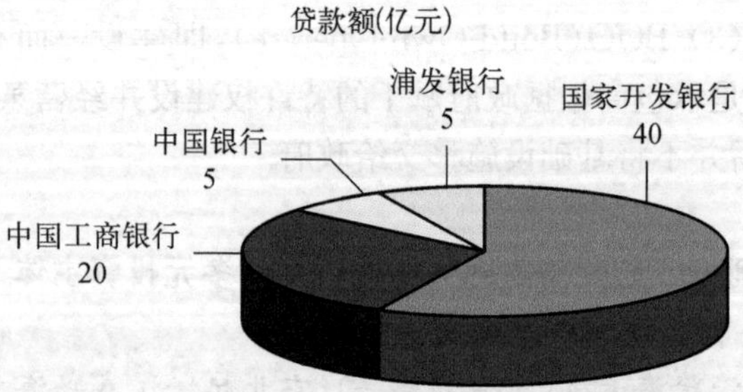

图7.1 杭州湾跨海大桥建设项目银行贷款构成

在资本金中，宁波方面出资占90%，嘉兴方面出资占10%，共同组建宁波杭州湾大桥投资开发有限公司。从资本属性来看，杭州湾大桥投资开发有限公司的股份中，国有股份占49.74%（包括国有的宁波交通投资开发有限公司和嘉兴高速公路有限公司），民资股份占50.26%，其中包括：宋城集团（占17.3%）、慈溪建桥投资有限公司（占12.83%）、雅戈尔集团（占4.5%）等，共有17家民营企业参与。

杭州湾跨海大桥指挥部还与多家保险公司签订了一份价值90亿元的保险合同，为大桥建设过程中可能出现的因不可抗拒因素及意外灾害造成的损失买单。

2. 预测的投资回报

以1类车为计算标准，每辆车收费55元。按照预测，建成后的2008年底，每日车流量是44 800辆，2015年达到79 900辆。大桥内部收益率在税前和税后分别可达8.03%和10.1%，投资回收期税前为11.9年，税后为14.2年，而大桥的收费期将长达30年之久。

当然，大桥的收益还存在着许多不确定因素。最影响投资决策的因素是，桥梁和桥梁之间以及桥梁和高速公路的竞争，将可能导致投资收益的下降。

（三）民营企业参与大桥建设项目的动机

1. 大桥建设对企业发展的推动作用

（1）较高的投资回报率。按照设计时的测算，大桥的投资回报率高达12%—15%，这是吸引民营资本介入的最大动因。除了过桥费这块的收益外，大桥建成通车后形成的“大桥经济”——加油、车辆维修、餐饮以及与上海直接连通带来的周边土地增值、就业增加、商机增多等都可以给投资者带来更加长远和丰厚的回报。当然，高达几亿甚至几十亿的投资，长达14年的回报期，也使得一些民营企业调整了原来的投资战略。如雅戈尔集团考虑到投资过大和回报周期较长之间的矛盾，在最终出资时决定将投资额由原来设想的45%，减少到4.5%。

(2) 品牌效应。杭州湾跨海大桥本身具有的巨大影响力,也是吸引众多民营企业参与投资的重要原因。参与大桥投资的民营企业崇尚的是一种“百年企业”“长线投资”的理念,投资回报固然是投资者加以考虑的不可或缺的重要因素,但是,是否具有品牌战略眼光更是企业能否保持长期发展的关键。

2. 民营资本的参与对大桥建设的意义

第一,广泛吸引社会投资,有利于筹集建设所需资金;第二,多元投资主体参与,有利于形成良好的治理结构;第三,民企参与投资,有利于引入高效的建设管理机制;第四,多渠道投资来源,有利于分散投资风险。

杭州湾跨海大桥建设中多元主体共同投资,尤其是民营资本在大桥建设开发公司总股份中所占比例超过 50%,这是我国大型公共项目建设中的一次突破性尝试,具有重要的破冰意义。当然,也面临新的不确定性。就在大桥建设施工进入关键阶段时,一些民营企业出于各方面因素考虑提出撤资,这与民营企业对投资回报的疑虑有关。在杭州湾跨海大桥上游 50 公里处,绍兴到嘉兴的跨杭州湾 2005 年开工兴建,一旦建成投入使用,会产生车辆分流的功效,一些民营企业担心由此会导致投资收益下降,同时,也与民营企业遭遇经营困难的原因有关。经过艰苦的谈判,一些民营资本转让不同数量的股份,其中宋城集团全部退出,这些股份最终转让给属于央企的中钢建设公司。在完成这次转让后,杭州湾大桥建设开发公司的总股份中,国有股份所占比例上升到 70.62%,民资股份所占比例下降到 29.38%。这一波折拖延了杭州湾跨海大桥的建设进度。

案例资料来源:本书作者根据相关报道整理而成。

案例思考题:

(1) 民营企业投资参与公共工程项目的主要动因是什么?

(2) 民营企业参与投资对公共工程项目建设带来什么影响?

(3) 民营企业参与投资公共工程项目面临的障碍有哪些?

第三节　公共支出的决定

一、公共支出规模的决定

从经济性质上分析，公共支出中的一部分用于购买性支出，一部分用于转移性支出。前者将最终转化为各种公共物品（或公共服务），体现政府实际支配资源的多寡，并影响微观经济主体对资源的支配或私人物品的供给量；后者则属于政府的再分配，这种再分配影响的只是微观经济主体之间对资源的支配量，并不直接影响资源在政府公共部门与微观经济部门之间的配置比例。根据上述分析，假定公共支出全部用于提供公共物品，而且在一个理想的财政经济体中，公共物品与私人物品的生产和消费都是有效率的，用于生产公共物品的资源与用于生产私人物品的资源之间是可以流动的，那么，怎样实现整个社会资源配置的最佳效率呢？

公共管理机构集中支配的用来提供公共物品的资源是有社会机会成本的。这里所说的"社会机会成本"是指因这部分资源由微观经济部门转移到公共部门而导致的微观经济部门的效益损失。如此，公共财政支出规模的效率评估也就演变为同等数量的资源或资金，是由公共部门集中配置使用更为有效，还是由微观经济主体分散配置使用更为有效的问题了。在这里比较的结果有三种情况：(1) 如果一部分特定的资源或资金，交由公共部门集中支配使用所能达到的效益大于由微观经济主体分散支配使用所能达到的效益（或者说大于其机会成本），说明公共部门支配的用于提供公共物品的资源量或公共财政支出规模尚未达到最优化，那么，这部分资源或资金由微观经济部门向公共部门的转移或者说公共支出规模的扩大就是有效率的。(2) 如果一部分特定的资源或资金交由公共部门集中支配使用所能达到的效益,小于由微观经济主体分散支配使用所能达到的效益(或者说小于其机会成本),说明公共部门支配的用于提供公共物品的资源量或公共财政支出规模已经达到或者超过了最优规模的水平,那么,这部分资源或资金由微观经济部门向公共部门的转移或者说公共支出规模的扩大就是缺乏效率的。(3) 如果一部分特定的资源或资金,交由公共部门集中支配使用所能达到的效益,恰恰等于由微观经济主体分散支配使用所能达到的效益(或者说等于其机会成本),那么,这时整个社会的资源(资金)配置将处于最佳状态,即每一货币单位无论花在公共物品上还是花在私人物品上,所带来的边际效益都相等。一旦整个社会的资源(资金)配置满足了这一条件,则不仅资源配置状态是最优的,而且与此相对应的公共财政支出规模也是最优的。

当然,对于上述问题,还可有另外一种解释,即如果公共支出效率很低或公共部门提供公共物品的效率很低,那么同样会导致公共物品供给的不足。在低效公共物品的生产条件下,解决公共物品供给满足不了公共物品需求的问题,可能不单单靠继续扩大公共支出规模,还应找出消除公共支出和公共生产低效率的途径。因为只有这样,才能在增加公共物品生产量的同时,不会影响微观经济主体支配和使用资源的能力。公共财政管理实践表明,有效的财政管理、使用合理的低成本技术、准公共物品的私人提供或有效率的政府采购制度、更有效地监管和协调公共机构的活动以及公共部门中资本与劳动的互相替代等方式,都有助于改善公共物品的生产效率。

上述分析表明,公共财政支出和公共物品供应存在着一个最佳水平问题,而且这一水平因地、因时而异。总体说来,在发展中国家,由于受到私人物品和公共物品的边际福利水平、两者对生产可能性曲线的移动效应以及居民对福利的时间偏好这三个因素的共同作用,更多的资源将会用于生产私人物品,较少的部分用于生产公共物品。而在发达的市场经济国家,公共部门与微观经济部门的分工较为清晰，公共支出主要围绕有效地提供公共物品和缓解社会分配不公的目标来安排，因此，公共物品生产规模可近似地用公共收入或公共支出占 GNP(或 GDP)的比例来测度。以美国为例，1995 年，联邦财政支出明确用于公共服务、国防、教育、卫生、社会保障、运输、邮电等公共物品生产的比例高达 80%。在发展中国家，则不能用财政支出来测度用于公共物品生产的资源量，因为有相当一部分财政资金被用于国有企业投资拨款或弥补其亏损，而大量国有企业生产的又是私人物品，这些私人物品本来是可以通过市场提供的。以印度为例，1990 年，印度中央财政明确用于公共物品生产的比例只有 43.6%，而 56.4%的财政资源用到了其他产品的生产上。[6]

从实证资料看，随着经济发展水平的提高，用于公共物品生产的资源量即财政收入(支出)占 GNP(GDP)的比重在各国均呈逐步提高的趋势。尤其在 20 世纪 30 年代西方社会出现"大危机"以后，随着政府职能的扩展，政府运用预算、公共投资和补贴、公债等多种财政手段调控经济的职能得到不断强化，公共支出占 GDP 的比重呈稳中有升的趋势(参见表 7.1)。

表 7.1　发达国家不同时期公共物品生产规模
(公共收入占 GMP 或 GDP 的比重，%)

年　份	法　国	德　国[a]	日　本	瑞　典	英　国	美　国
1890	15	10[b]	11[c]	6[d]	10	8
1929[e]	19	31	19	8	24	10
1960	35	32	18	31	32	28
1985	52	47	33	65	48	37
1995[f]	50	37	21	44	45	20

注- a：1960 年和 1985 年的数字为前联邦德国的数字；b：1881 年；c：1885 年；d：只包括中央政府；e：1929 年选用"大萧条"和"二战"等混乱阶段的代表年份；f：中央公共收入占 GDP 的比例，与上述年份有差异、不可比。

资料来源：分别是世界银行《1988 年世界发展报告》，中国财政经济出版社，1988；《1997 年世界发展报告》，中国财政经济出版社，1997.

二、公共支出结构的决定

从理论上讲,公共支出结构决定问题实际上就是如何在各类可供选择的财政支出项目间最有效地运用财政资金的问题。具体而言,就是在可供选择的公共项目中间配置既定的资金总额,使既定量的资金产生出最大的效益。

根据公共项目的特点可分为"可分割的公共项目"和"不可分割的公共项目"两大类。在实践中,这两大类公共项目的资金最优配置标准有所不同。[7]

1. 可分割公共项目结构决定

可分割公共项目是指项目对资金投入规模无数量限制,资金规模或大或小都可以形成项目并产生效益。例如,对于失业救济项目,财政支出可多可少,即具有微调性。

对于可分割公共项目的结构决定,其理论标准是每项支出项目的边际收益相等(参见图 7.2)。

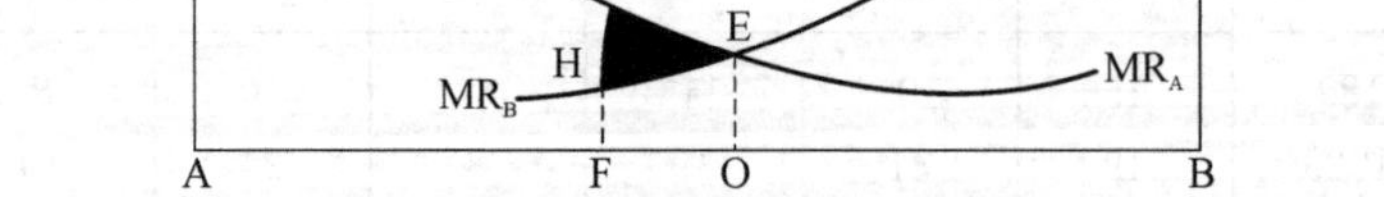

图 7.2　可分割支出项目的结构决定

图 7.2 中,AB 表示可供支配的财政资金总量,MR_A、MR_B分别为项目 A 和项目 B 的边际收益,则财政资金在项目 A、B 之间的最优分配应是图中 E 点处。在 E 点,项目 A 的边际收益等于项目 B 的边际收益,此时,公共支出总效益达到最大。由此决定的支出结构为项目 A 占 AO 部分资源,项目 B 拥有 BO 部分资源。假设,当

前分配结构为项目 A 拥有 AF 部分资源，项目 B 拥有 BF 部分资源，则资源从项目 B 转移到项目 A，可提高公共支出总效益。项目 A 由于增加 FO 部分资源而新增的效益额为图中矩形 CFOE 部分面积，项目 B 由于转出 FO 部分资源而减少的效益额为图中矩形 HFOE 部分面积，由这种资源转移而新增的效益额即为图中阴影部分面积 CHE。

2. 不可分割公共项目结构决定

不可分割公共项目是指项目对资金投入规模有数量的最低限度，即不具有微调性。例如，假设目前修建一座大坝至少要 5 000 万元投资，则不可能通过投入 5 500 万元资金修建十分之十一座大坝，而是要么增加资金到 1 亿元修建两座大坝，或是只能修建一座大坝。

对于不可分割公共项目，不能再沿用上述边际收益相等原则作为支出配置标准。这是由于不可分割公共项目的支出额不具有微调性，从而不可能通过逐步改变资源配置结构来实现各项目间的支出边际效益相等。为此需要采用其他方法从中调和。假设，7 000 万元用在解决某大城市的市内交通设施建设项目上，现有从①到⑦的各种项目可供选择，每一项项目的费用、收益和净收益均以人民币表示（参见表 7.2）。

表 7.2　对不可分割公共项目的选择　　（单位：万元）

支出项目	费用 C	收益 B	净收益 B—C	B/C	按 B/C 值的排列
①	2 000	4 000	2 000	2.0	2
②	1 450	1 750	300	1.2	5
③	800	1 040	240	1.3	4
④	500	1 250	750	2.5	1
⑤	3 000	4 200	1 200	1.4	3
⑥	3 050	3 300	250	1.1	6
⑦	1 250	1 000	—250	0.8	7

对于表 7.2 所给出的公共项目，可按如下不同的原则进行选择。

(1) 收益—费用比最高原则。即按收益—费用比的大小，依次从高到低进行选择,直到费用总和超出预算规定的数额为止。按照这个原则可以选择①、③、④、⑤四个项目,总费用支出为6 300万元,收益为10 490万元,净收益为4 190万元,资金余额为700万元。

(2) 总收益最大原则,即要求通过寻求各种可能组合,使总收益最大。结果发现,将第①、②、④、⑤四个项目组合在一起,总收益为11 200万元,达到最大,总费用为6 950万元,净收益为4 250万元,资金余额为50万元。

(3) 预算资金结余最小,但收益—费用比率大于1。按照这一要求,方案选择的结果是第①、②、④、⑥项目组合最符合要求。因为这种组合的结果是,总费用为7 000万元,收益为10 300万,净收益为3 300万元,预算资金余额为零。

以上三种原则哪一种较好呢?从受益角度看,第一和第二个方案均优于第三个方案,因此第三个方案应被抛弃。至于余下两个方案,则第一个方案较好。因为尽管该方案净收益额与第二个方案净收益相等均为4 250万元,但其资金余额达700万元,实际费用支出少于第二方案。

上述理论分析所决定的公共支出结构虽较符合效率要求,但其缺陷在于只能用于可均衡效应(即可直接用货币来衡量效益与费用)方面的项目评价,而对于那些非均衡效应项目则无能为力。因此,许多国家还往往配合使用实证分析方法对财政支出项目进行选择和评价。

第四节 公共支出的效应分析

一、公共支出的政策效应

判断公共支出是否合理,主要看其实际效果是否达到了预定的目标。但是,在公共管理实践中,公共支出的实际效果并不总是能够达到预定的目标,这是因为公共支出往往被视作政府实现其政策的重要工具,因而可能会产生不同的政策效应,既可能有助于公共支出目标的实现,也可能会有碍于公共支出目标的实现。

公共支出的政策效应可分为挤出效应、收入效应、替代效应和分配效应四类。

1. 公共支出的挤出效应

公共支出的挤出效应是指,政府用于增加社会福利的某些支出项目可以减少社会成员有关的支出,从而使得社会成员实际可支配的收入趋于增加。

假如政府增加社会保险方面的支出,那么就会对社会成员个人产生以下两个方面的挤出效应:第一,个人相应减少本来准备用于退休养老的储蓄(支出),从而增加了现期可供支配的收入;第二,那些本来需要支付较高费用赡养双亲的子女,现在由于政府的养老保险支出代替了他们的支出,也使得他们可供支配的实际收入趋于增加。

2. 公共支出的收入效应

假如政府给社会某些成员(如贫困家庭)以补贴,用于改善他们的生活状况,但不改变任何商品的价格,这时就会产生公共支出的收入效应。

3. 公共支出的替代效应

假如政府的某项公共支出导致了价格下降,那么就有可能产生替代效应。例如,当政府对教育进行补贴时,人们教育支出便会随着学校收费的下降而减少,从而可以产生支出的节余,并用于其他商品的购买,这样就产生了替代效应。

4. 公共支出的分配效应

政府的一项公共支出项目最初是为了让社会某一部分成员受益,但实际的结果却往往是应该受益的人没有受益,而那些不该受益的人却受益了,这种现象被称为“利益转移”。公共支出的利益转移现象,形成了公共支出的分配效应。

二、购买性公共支出的经济效应

购买性公共支出可分为消费性支出与投资性支出,这两类支出的具体经济效应又有所不同。

1. 消费性支出经济效应

消费性支出主要是满足社会共同需要而形成的支出,如教育、行政司法、文化事业、国防等支出。

(1) 消费性支出与资源配置。消费性支出将会影响社会资源用于私人物品与公共物品之间的结构。若用于生产公共物品的成本低于其给社会带来的效用,则资源由私人部门流向公共部门有助于社会福利的增加(参见图 7.3)。

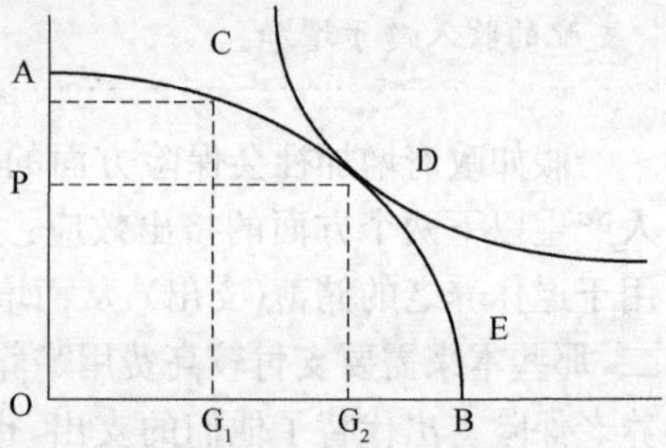

图 7.3　消费性公共支出的均衡

在图 7.3 中,假设社会无差异曲线与生产可能性曲线相切于 D 点,由此决定一国公共物品支出最优规模为 OG_2;又假定现有产出格局为 C 点,提供 OG_1 部分的公共物品,则通过增加公共消费支出到 OG_2Z 处,有助于社会福利的增加。当然,若现有产出格局已位于 E 点处,则公共消费支出的增加,反而会进一步恶化社会福利状况。

虽然在通常情况下公共支出的增加往往以私人产出的下降为代价,但这种情况并不是绝对的。有些与公共消费支出具有互补性的私人部门产出反而会随着公共消费支出的增加而增加。如政府提供诸如国家公园等娱乐设施,则旅游业、交通运输业等有可能得到增长,这是由于人们在消费公共品时需要消费上述由私人提供的服务而带来的连带效应。

（2）消费性支出与收入再分配。公共部门通过税收筹集资金，并免费或部分免费地向社会公众提供公共物品或公共服务。由于个人所交纳的税收与他从公共部门免费提供的公共物品或公共服务中所获得的收益常常是不对称的，有的人缴纳的税收可能会大于其从公共物品提供中所得到的好处，有的人则可能相反，于是，消费性支出就具备了收入再分配作用。

虽然公共部门通常会在公共物品的提供过程中有目的地贯彻其收入再分配政策，但其效果却常常是不确定的。首先，公共物品是全社会共同受益的，且一般说来高收入者比低收入者能得到更多的好处。这是因为当社会成员生活水平较低，基本生活需要尚不能满足时，对公共物品的支付意愿较弱。这样，公共消费支出就不能使低收入者得到较大实惠。其次，若想通过公共消费支出实现收入再分配功能，就有必要分别衡量富人与穷人对公共物品的各自边际效用，并将此与其所缴纳的税收进行比较，借以确定收入再分配效果。但公共物品对个人而言的边际效用极难衡量，从而相应增加了调节难度。因而在一般情况下，公共部门更倾向于通过直接转移的方式实现收入再分配，而使公共消费支出主要服务于资源配置。

（3）公共消费支出与国民收入及就业机会创造。公共消费支出实际上意味着公共部门资金与非政府部门所提供的商品与劳务相交换，因而对社会生产与就业产生直接的影响。若假定社会边际储蓄倾向为S，则公共消费支出Ge可通过乘数效应使国民收入增加$(1/S)\times Ge$。

（4）公共消费支出与经济稳定。一般而言，社会公共消费支出在一定时期内具有稳定不变的特点，即不随经济周期变化而相应变化。这样，当经济过热，从而需要削减公共开支时，公共消费支出并不会随之减少；当经济萧条，从而需要扩大公共开支时，公共消费支出并不随之增大。因此，公共消费支出反经济周期性并不显著，即经济稳定职能相对较弱。

(5) 公共消费支出与储蓄水平。由于公共消费支出并不能降低社会成员未来的各种风险(如养老、医疗、失业、工伤等风险),因而人们仍有必要出于预防动机而增加储蓄。此外,公共消费支出的收入再分配职能较弱,因而并不会降低社会平均储蓄率。总之,公共消费支出对社会储蓄水平影响较小。

2. 公共投资支出经济效应

公共投资支出包括公营事业(如水、电、煤气等)投资支出、国有企业投资支出及地区发展支出等。

(1) 公共投资支出与资源配置。公共投资支出主要用于具有自然垄断性质的经营性公共部门(如水、电、煤气等),这些部门若完全由私人进行投资,要么形成垄断高价,造成社会福利损失;要么投资不足,阻碍社会经济发展。因此,由公共部门参与投资,可实现社会福利最大化及经济的稳定与增长,提高资源配置效率。此外,公共投资支出可通过行政效应带动相关私人投资支出的增加。

尽管公共投资有助于资源配置效率的提高,但与此同时也造成了另一种效率损失——国有企业的"X—无效率"损失,即由于管理效率低下造成的损失。导致国有企业效率低下的原因主要是机构激励(Organization Incentives)不足。这种机构激励不足主要有如下两方面原因。第一个方面是破产激励。私人企业一旦发生亏损,就要面临企业破产的危险,而公共企业总是有可能通过从政府处获得补助来弥补亏损。破产机制对于促进企业经营效率提高具有重要作用,即限制了私人企业由于经营不善可能造成的最大损失规模;同时破产还往往造成效率低下管理人员被高效管理人员取代;此外,破产也使企业产生了预算硬约束。在竞争市场条件下,即使是一个再慷慨的企业经营者也不会冒破产的风险向其员工支付过高工资。而相反,公共企业则经常缺乏破产风险与预算硬约束,从而易导致公共企业工资水平的不正常增长。第二个方面是竞争激励。竞争会使得企业尽力降低成本,并尽量使其提供的产品或服务能更好满足消费者需要,同时,竞争的存在也为评价企业经营状况提供了客观依据。而公共企业由于缺乏竞争，没有动力去提高其经营效率，同时消费者也无从判断其效率水平的高低，由此导致公共企业无效率现象长期存在。

公共企业与私营企业相比，除上述机构激励不足问题外，还往往面临着个人激励(Individual Incentives)不足的问题。这种激励不足主要也来自两方面的原因：一是在公共企业中，员工报酬结构往往并不与其实际业绩紧密联系，从而抑制了员工工作的积极性；二是公共企业员工往往没有被解雇的风险，这样一部分业绩极差的员工也可能得以在公共企业中继续被雇佣，从而相应降低了公共企业平均劳动生产率。

(2) 公共投资支出与收入再分配。收入分配不均的主要原因是各人所拥有的资本份额不同。一旦生产资料归社会所有成员共同拥有，且资本收益在社会范围内进行分配，则造成贫富差距的主要根源就会被铲除。虽然个人之间的收入差距不会完全消除，但它被缩小到仅仅反映各社会成员对生产所提供的劳动量差别。公共投资而形成的企业，其产权归社会所有成员共同拥有，因而有助于抑制社会贫富差距的扩大。

此外，公共投资决策还往往将扶植落后地区发展、保障就业等因素考虑在内。公共投资支出主要投放于落后地区，投资项目应尽量采用“资本劳动比”低的项目，以促进就业。这些措施无疑在一定程度上改善了社会收入再分配格局。

(3) 公共投资支出与国民收入。公共投资支出从两方面影响着国民收入总量。从社会总需求角度看，由于投资支出是公共财政资金与资本品、原材料及劳动力的等价交换，因而对于国民收入增长具有直接效应。假设社会边际储蓄倾向为 S，则 G 部分公共投资支出可带来 $1/S \times G_j$ 部分的国民收入增量。从社会总供给角度看，公共投资支出可形成生产能力，从而扩大社会总供给，促进经济的长期增长。

(4) 公共投资支出与经济稳定。公共投资支出与经济稳定之间的关系并不明显,关键取决于公共部门是否将公共投资支出作为一种反经济周期手段,即在经济萧条时扩大公共投资,经济过热时减少公共投资。从目前世界各国具体做法来看,大都把公共投资支出作为一种反经济周期手段使用,因而可以认为具有相当程度上稳定经济的职能。

三、转移性公共支出的经济效应

转移性支出包括社会福利支出与社会保险支出。由于两者的调节作用不同,前者主要是进行收入再分配,后者则主要是解决私人保险市场失效问题,因而两者的经济效应也有所不同。

1. 社会福利支出经济效应分析

社会福利支出主要包括公共部门对穷人提供的现金救济、医疗补助支出、食品券和住房补贴支出等,其主要目的是解决收入分配不公问题。[8]

(1) 社会福利支出与资源配置。社会福利支出对资源配置的影响主要取决于福利支出形式。若公共部门采取现金补助的方式救济穷人,则并不会造成对市场相对价格体系的扭曲,从而符合支出中性原则;若公共部门采取实物补助或价格补助的形式进行收入再分配,则由于扭曲了补助物品与非补助物品之间的相对价格,容易导致一定程度的社会福利损失。

(2) 社会福利支出与收入再分配。由于社会福利支出直接针对贫困者进行货币或实物补助,因而一般而言具有较强的再分配功能。但其效果在很大程度上要受到公共部门管理水平的影响,即公共部门能否有效识别需要救济的人群,并确定每位穷人需要救济的具体金额等。

(3) 社会福利支出与国民收入。社会福利支出对国民收入的影响同样也有两方面。从社会总需求角度看,社会福利支出的增加无疑也会相应增加社会总需求,从而带动经济增长。但其作用不如购买性支出直接,即将这部分支出先转移给穷人,但若穷人并不立即使用这笔资金，则并不直接构成社会需求。一般而言，若社会边际储蓄倾向为S，则G大部分的社会福利支出所造成的国民收入增量为(1−S)/S×G_j，显然，其乘数效应要小于购买性支出。

从社会总供给角度看，福利支出无论是采取现金还是实物救济形式，都会对人们(尤其是穷人)的工作愿望和工作热情造成一定的影响。这具体体现在以下两方面：一方面，发放福利性救济本身就容易使穷人产生依赖和懒惰心理；另一方面，许多国家都把福利救济额作为被救济者收入水平的一个函数，随着被救济者收入水平的提高，其所得到的福利救济额就会相应下降，从而也影响到受救济者的工作和增加收入的愿望。当然，随着受救济者收入的增加，其救济减少额少于增加的收入额，则人们仍然有积极性增加收入。如当人们年收入为1 000美元时，补助额为500美元；当人们年收入为1 500美元时，补助额为300美元。这样该被救济者将其收入由1 000美元提高到1 500美元，则其实际收入将由1 500(1 000+500)美元提高到1 800(1 500+300)美元，净增了300美元，则被救济者仍有工作的积极性，但其工作热情不如没有财政补贴时的情况。因为在后一种情况，被救济者将收入水平由1 000美元提高到1 500美元，则实际收入将增加500(1 500−1 000)美元而非300美元。

由于社会福利支出相应降低了人们工作与劳动的积极性，因而将影响社会总供给水平的提高，从而不利于国民收入的长期持续增长。

(4) 社会福利支出与经济稳定。社会福利支出具有较明显的反经济周期性，即当经济萧条时，需要救济的人数将增加，福利支出也将相应增加，从而增加社会总需求，刺激经济复苏；当经济过热时，需要救济的人数将减少，福利支出也将相应减少，从而减少社会总需求，抑制经济过热。

2. 社会保险支出经济效应分析

社会保险支出包括养老支出、失业保险支出、医疗保险支出及工伤保险支出等。这类支出的主要目的是为社会成员提供基本生活保障,客观上也起到了收入再分配的作用。因此,各国在制定社会保险政策时,往往有意识地将其作为收入再分配的工具。

经济学家在衡量社会保险的收入再分配问题时,常常使用替代率的概念。所谓替代率,一般被定义为年社会保障收益额占退休前平均所得收益的比率。若替代率为1,表明一个退休者未因参加社会保障而蒙受损失;若替代率大于1,则表明该退休者获益。替代率的高低取决于多种因素,包括退休者的配偶是否就业、退休者的家属人数、退休年龄以及退休前的工资收入水平等。为了使社会保险政策具有收入再分配职能,就需要使富人的替代率小于1,使穷人的替代率大于1。社会保险政策的另一个收入再分配职能是使得财富在年轻一代与年老一代之间进行转移。这是由于随着人均收入和生活水平的提高,社会保险支出标准也会随之增加,但退休者已交纳的社会保险基金额并不会随之变化,因而相应增加了其净转移额。

社会保险支出对国民收入的影响同样也有两方面。从社会总需求角度看,与社会福利支出类似,也是间接影响社会总需求,且由于储蓄漏出的原因,对经济所造成的乘数效应要低于购买性支出。从社会总供给角度看,社会保险能够导致人们产生不愿继续工作或提早退休的意愿,从而减少劳动力供给。按照社会保障制度的要求,一个人工作的年限越多,其支付的社会保障税也会随之增加。这样若一个人认为他已经能够领到足够的养老金,且再工作的同时还要继续支付薪金税已极不合算时,那么他就会选择退休甚至提前退休。

社会保险支出具有"自动稳定器"的功能,表现出较强的反经济周期性。经济萧条时,社会保险支出中的失业保险支出、养老保险支出(由于解雇而提前退休)都会随之大幅度上涨,从而增加社会总需求;而经济繁荣时,由于失业率下降,则失业保险支出、养老保险支出等都会随之大幅下降,从而抑制经济膨胀,起到了较明显的经济稳定职能。

重要概念

公共资源(public resource)

资源配置(resource allocation)

政府机制(government mechanism)

市场机制(market mechanism)

自主机制(independent mechanism)

政府投资(government investment)

财政性投融资(fiscal investment and loan)

政策性金融(policy finance)

资产证券化(asset backed securitization)

产业投资基金(industrial investment fund)

项目融资(project financing)

BOT 开发模式(BOT development model)

社会机会成本(social opportunity cost)

公共支出挤出效应(public expense crowding out effect)

公共支出收入效应(public expense income effect)

公共支出替代效应(public expense substitution effect)

公共支出分配效应(public expense distribution effect)

提示问题

1. 为什么说资源配置是公共管理的重要内容?

2. 政府机制、市场机制和自主机制在资源配置中各有哪些优势?

3. 为什么说在公共资源配置中政府机制、市场机制和自主机制可形成整合的结构?

4. 公共资源配置中整合型机制的存在和作用应该具备什么条件?

5. 产业投资基金具有哪些特征?

6. 为什么政策金融的资金要按照有偿性原则运用?

7. 多元筹资模式会对公共项目建设产生什么影响?

8. 如何预防私人投资为追求利润而降低公共服务质量的情况出现?

9. 引起战后世界各国公共支出规模扩大的主要原因是什么?

10. 公共支出分配效应的存在是否说明公共支出的失效?

11. 政府社会福利支出的增加可能会对国民收入水平造成什么影响?

章节文献

[1] 朱宪辰.共享资源的制度安排——中国城镇住宅小区自发治理案例研究.北京:经济科学出版社,2005.

[2][4] [美]埃莉诺·奥斯特罗姆.公共事物治理之道——集体行动制度的演进.上海:上海译文出版社,2012.

[3] [美]埃莉诺·奥斯特罗姆,罗伊·加德纳,詹姆斯·沃克.规则、博弈与公共池塘资源.太原:山西人民出版社,2011.

[5] 王臣.基础产业融资论.北京:中国人民大学出版社,1998.

[6][8] 马海涛.公共财政学.北京:中国审计出版社,2000.

[7] 华民.公共经济学教程.上海:复旦大学出版社,1996.

第8章 公共管理评价体系

本章提要

公共管理评价是指依据一定的标准和方法对公共管理各个方面加以判断和评定，并由此对公共管理绩效作出结论的过程。公共管理评价标准是效率、有效性、政治或公共职责履行等多重标准的统一。

公共项目的目的是为了满足社会公众日益增长的物质文化生活的需要，其投资活动主要是为社会提供使用价值和其他有用效果，因此，公共项目投资带来的经济效益主要体现在其适合的效果上。

满意原则是公共管理机构服务绩效评估上一种全新的价值取向。以满意原则作为公共管理机构服务绩效评估的最终尺度，不仅是民主本质宗旨的必然体现，同时也是当今世界公共管理发展的客观要求。

公共管理和公共服务的过程涉及社会公众的利益，其管理和服务的最终绩效必须由社会公众来作出评价。但是，由于社会公众利益客观上存在着差异，具有不同利益需求的社会群体对公共管理和公共服务的绩效可能会作出不同的评价，因此，需要形成多元化的客观评价标准和方法，才能按照符合社会公众整体利益的要求作出合理的评价。同时，公共管理机构要以公众满意为原则，建立公共服务的质量评价体系和质量保障体系。

第一节 公共管理评价的标准和方法

一、公共管理评价的标准

公共管理评价是指,依据一定的标准和方法对公共管理各个方面加以判断和评定,并由此对公共管理绩效作出结论的过程。

公共管理的性质决定了对它的绩效评价有别于其他管理机构。公共管理中占主流的评价标准是:效率、有效性、政治或公共职责的履行。

1. 效率

效率是一个生产函数的概念,表明的是投入的要素组合和它最大产出的关系,即强调资源、要素的合理利用。效率标准适用于所有的公共管理机构和公共管理过程,是衡量工作绩效的一般性概念。

公共管理的效率标准应该考虑两个方面的内容:一是单项管理的投入—产出关系,即对某一项具体的公共管理措施和项目进行投入产出的分析,它关心的重点是以较少的投入来实现管理的目标;二是全部管理的投入—产出关系,即对一段时期内所有公共管理机构的投入—产出进行比较,它关心的重点是公共管理的投入—产出与整个社会投入—产出的关系。

2. 有效性

有效性主要指衡量公共管理产生的各种结果与影响。有效性既强调公共管理措施的可操作性,它以目标实现的可能性为衡量标准,与效率相比,它更突出投入要素组合方程中产出的解的存在性。有效性也强调公共管理的结果与目标的吻合程度,即公共管理的结果在多大程度上达到了目标要求。

从理想的角度来说，公共管理要求实现高效率和强有效性的统一。但是，有效性标准和效率标准之间并不完全一致，效率高不一定有效性强，同样，有效性强可能会带来效率的下降。在实际的公共管理评价中，往往会根据具体的公共管理项目以及环境状况作出选择。

3. 政治和公共职责的履行

政治和公共职责的履行标准有两层含义：一是公共管理机构不仅要对管理结果负责，而且还要坚持管理程序的公正性、合法性；二是必须公开回答来自社会各方面的查询和提问，而非公共机构则没有这一要求。与企业管理相比，公共管理要承担更大的风险，在任何时候、对任何一件事情都有可能将其政治化。在企业管理中，商业秘密是受法律保护的；而在公共管理中，除了涉及国家机密或法律所规定的保密内容之外，公共管理机构工作的公开化是理所当然的。

4. 公共管理评价标准的整体性要求

在公共管理改革发展中，公共管理评价的一个重要理念是“结果导向”，聚焦于公共管理的客观效果和结果，偏重于效率性要求。但是，在公共管理过程中更强调利益协调、可持续发展等目标，又要求在公共管理评价中体现公平性要求。事实上，公共管理评价中的效率性要求与公平性要求是互为依托的，两者不可偏颇。

因此，要以系统效能思维整体把握公共管理评价标准之间的关系，对公共管理绩效形成整体性的评价。不仅要关注公共管理中实际资源的投入情况，更要关注预定目标达成的程度；不仅要关注公共管理结果的效率性程度，更要关注社会公众的满意程度；不仅要关注公共管理结果中物质文明的进步，更要关注全社会精神文明的提升；不仅要关注公共管理的短期成效，更要关注未来可持续发展的基础。总之，公共管理评价的价值取向要从公共管理机构本位转向社会本位，进一步凸显以人为本、社会公众满意和引导社会可持续发展的要求。

在公共管理评价的价值取向走向社会本位的过程中,评价主体的多元化是必然趋势。公共管理评价主体包括公共管理机构自身评价、公共管理机构自身评价、公共管理服务对象的社会公众评价以及第三方专业机构评价。根据公共管理“公共性”的特征,社会公众评价和第三方专业机构评价有着更为重要的意义。社会公众作为公共管理机构公共服务的对象,对公共服务态度、服务质量、服务水平有着最直接最真切的感受,把社会公众评价作为公共管理评价的重要主体,体现了“顾客满意”的要求。[1]同时,公共管理机构实施的公共政策和提供的公共服务不仅大多是无形的,而且其有效性和影响性需要一定的时间才能体现出来,因此,公共管理评价需要较高的专业水平和理论素养。第三方专业机构有着特定的优势:一方面,第三方专业机构对评价活动的程序和要求比较熟悉,掌握专门的知识和技术,并能运用科学的方法;另一方面,第三方专业机构往往具有相对的独立性,能站在相对中立的立场上开展评价,其客观性的评价结果容易得到各方面的认可。

二、公共管理评价的方法

公共管理评价的基本方法主要是采用前后对比分析。所谓前后对比分析,是将公共管理执行前后的有关情况和状况进行对比,从而判定公共管理执行的效果。前后对比分析之所以被称为公共管理评价的基本方法,是因为它概括出了公共管理评价的基本特点和本质要求。公共管理评价是要确定公共管理的效果,但这些效果以前是没有的,是通过公共管理的实施带来的。要确定公共管理的效果,只能通过对公共管理执行前后的情况对比才能得到。前后对比分析可以分为以下四种具体的形式。[2]

1. 简单“前—后”对比分析

简单“前—后”对比分析是完全根据公共管理评价的定义而形成的一种评价方法。评估者为了考察某项公共管理执行的效果,将两个时间端点，即公共管理执行前和公共管理执行后的各种情况进行对比，在简单“前—后”对比分析图(参见图9.1)中，A_1代表执行前的情况，A_2代表执行后的情况，(A_2-A_1)就是公共管理的效果。虽然简单“前—后”对比应用起来比较简便，但是，难点在于，如何确定所观察到的变化究竟是由该项公共管理引起的，还是由于别的因素影响的，因为公共管理通常并不是存在于社会政治系统中的唯一因素。这种方法常用于对具体的公共管理目标进行考察。

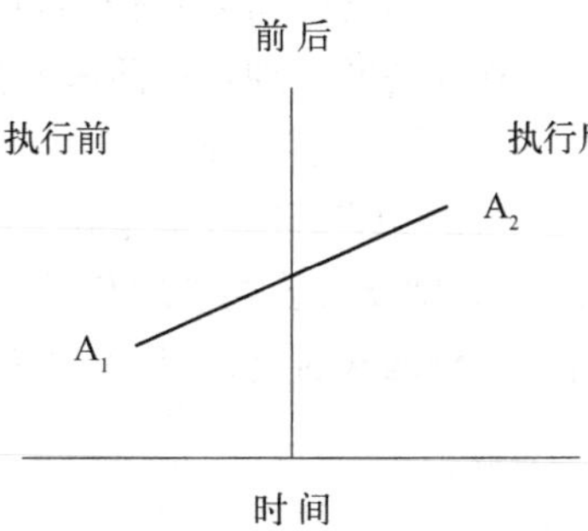

图9.1 简单“前—后”对比分析

2.“投射—实施后”对比分析

“投射—实施后”对比分析是将公共管理执行前的倾向线投射到公共管理执行后的某一时间点上，并将所得到的投影与公共管理执行后的实际情况进行对比，以确定公共管理的效果。在“投射—实施后”对比分析图(参见图9.2)中，O_1O_2是根据公共管理执行前的各种情况建立起来的倾向线，A_1为该倾向线外推到执行后的某一点的投影，代表若无该项公共管理在该点会发生的情况，A_2为公共管理执行后的实际情况，(A_2-A_1)便是公共管理执行的效果。这种方法比简单“前—后”对比大大前进了一步，因为通过投射将其他一些影响都过滤掉了，对比出来的结果可以完全归于所评价的公共管理。进行“投射—实施后”对比的关键在于，评价者必须详尽地收集

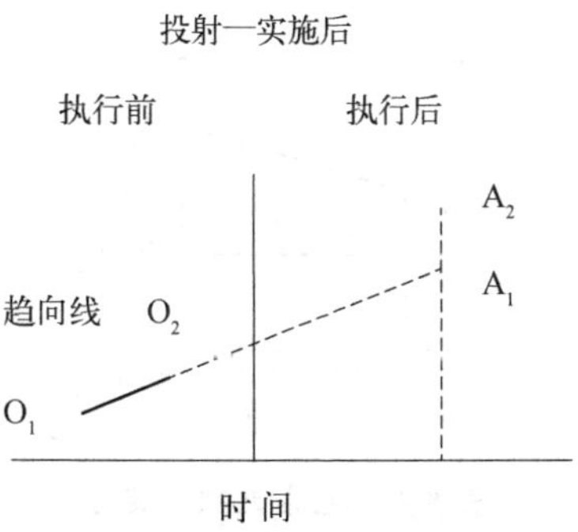

图9.2 “投射—实施后”对比分析

公共管理执行前与公共管理目标相关环境等方面的数据和资料,以建立起公共管理执行前的倾向线。

3."有—无"对比分析

"有—无"对比分析是在公共管理执行前和执行后这两个时间点上,分别就有公共管理和无公共管理两种情况进行前后对比,然后再比较两次对比的结果,以确定公共管理的效果。在"有—无"对比分析图(参见图 9.3)中,A_1 和 B_1 分别是公共管理执行前有公共管理和无公共管理两种情况,A_2 和 B_2 分别是公共管理执行后有公共管理和无公共管理两种情况,(A_2-A_1) 为有公共管理条件下的变化结果,(B_2-B_1) 为无公共管理条件下的变化结果,$[(A_2-A_1)-(B_2-B_1)]$ 便是公共管理的实际效果。"前—后"对比方法的优点是可以在评价中对不同的公共管理目标或其他要素的情况进行比较,大大拓宽了公共管理评价的思路。

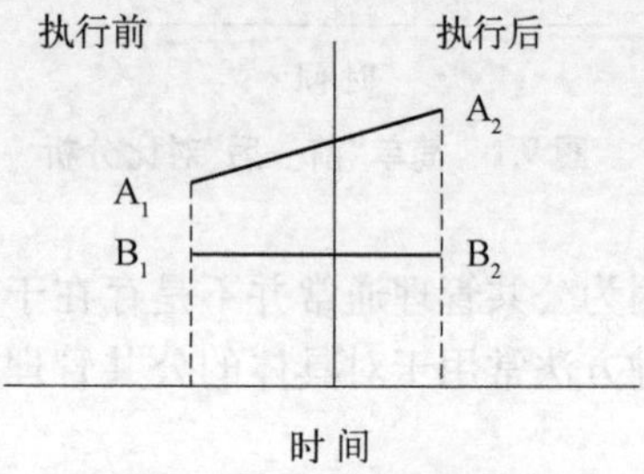

图 9.3 "有—无"对比分析

4."控制对象—实验对象"对比分析

"控制对象—实验对象"对比分析是社会实验法在公共管理评价中的具体运用。在运用这种方法进行评价时,评价者将公共管理执行前同一的评价对象分为两组:一组为实验组,即对其施加公共管理影响的组;一组为控制组,即不对其施加公共管理影响的组,然后比较这两组在公共管理执行后的情况,以确定公共管理的效果。在"控制对象—

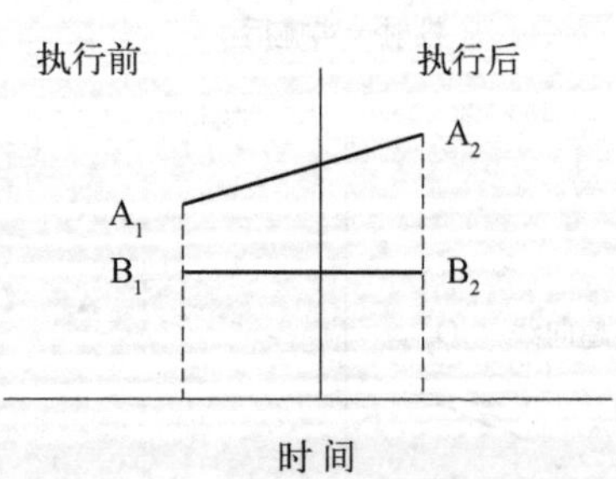

图 9.4 "控制对象—实验对象"对比分析

实验对象”对比分析图(参见图 9.4)中,A_1和B_1分别是实验前的实验组和控制组的情况,A_2和B_2是实验后实验组和控制组的情况,(A_2-B_2)就是公共管理的效果。这种方法与“有—无”对比方法的区别在于两类评价对象在实验前是同一的,而且评价者在评价过程中有条件地对影响评价对象的各种可变因素进行某种程度的控制,以尽量消除其他因素的影响。

三、公共管理评价中社会指标的应用

为了保证正确的公共管理评价,必须依赖于科学的评价标准与方法。社会指标分析就是常用的和有效的重要方法。

> 社会指标是指,观测各部分人口的社会情况与长期变化趋势的统计数字。其中的社会情况包括特定社会中社会成员生活的外在与内在的环境。

社会指标表现出的是统计数字。对公共管理评价来说,可以提供各种与公共管理有关的信息,其中最主要的信息有两类:一类是公共管理形成的原因分析;另一类是公共管理实施的后果分析。由此,社会指标的统计方法,成为公共管理评价的重要方法之一。

社会指标既有主观的,也有客观的。例如,社会指标可以反映城市市政建设的客观情况以及公众对市政服务满意程度的主观情况,同时,社会指标还可以反映出社会变化的特定内容(如环境污染、卫生保健、工作环境质量等)。美国的学者通过对大量资料的研究,提出了在美国社会中具有代表性的社会指标(参见表 9.1)。

表 9.1 美国社会中具有代表性的社会指标

方　面	指　数
健康与疾病	在精神病院的人数
公共安全	不敢在夜间行走的人数

续 表

方 面	指 数
教育程度	25 岁以上人口中具有高中学历的比例
就业状况	就业人口中妇女所占比例
收 入	贫穷人口比例
住 房	低于基本标准的住宅数
娱 乐	制造业每年平均休假天数
人 口	实际控制的人口数量比例
政府和政治	公共行政的素质
社会价值	整体的生活满足
社会流动	农民职业改变情况
环境保护	空气污染指数

对于这些代表性的社会指标应注意下列四点：第一，社会指标既有客观的指标，也有主观的指标；第二，大部分指标所反映的是在特定时间之内，并区分不同部分人群的状况；第三，有些指标表示目前的情况，有些指标则显示未来的要求；第四，许多指标可以直接地反映出公共管理的影响程度。

社会指标是建立在对各种信息的收集、整理和分类的基础上的，脱离了对反映社会现实状况的信息的研究，主观地设立社会指标将是毫无意义的。

根据社会指标形成和作用的不同，可以把社会指标分成五类。

1. 信息的指标

信息的指标是指描述社会客观的状况和对社会状况主观的反应。例如，城市文化设施建设的现状就可以用信息的指标，按时间顺序来表现其发展的实际状况，也可以对市民按不同的标准进行细分，用信息的指标显示不同层次的市民对城市文化设施利用的程度;还可以用信息的指标表明市民对文化设施的主观感觉和反应。这些信息的指标有助于对城市公共文化设施建设的分析。信息的指标在社会指标中所占的数量最多,是社会指标体系中最主要的部分。

2. 预测的指标

预测的指标是指能够显现出未来的状况和结果的指标。这类指标通常在未受干扰的情况下,能显示未来发展的趋势,或表现出数个变量关系的模式,由此模式可以预测未来发展的状况。预测的指标相对而言较难建立起来,因为在社会科学中缺乏合理科学的预测模式。但是,某些与人口趋势有一定相关性的项目,就可以发展出预测的指标,例如,劳动力供给趋势、劳动者分配趋势、住房需求趋势、儿童入学趋势等。同样,可以由与某一问题相关的若干因素组合形成一个预测模式,再通过预测模式建立预测的指标。例如,某特定社区少年犯罪的趋势,可以由若干环境的因素,如家庭收入、城市文化设施、空闲时间利用、受教育程度等,加以组合形成一个预测模式从而建立预测少年犯罪趋势的指标。

3. 问题定向指标

问题定向指标是指反映特定公共管理问题的发生地点和形态的指标,并且通过与全国性的比率相比较,来显示该地区问题的严重性。

4. 计划评价指标

计划评价指标是指对于特定的公共管理在特定地区实施的情况以量化的方式将公共管理目标具体化,使其便于评价,反映出达到目标的程度。计划评价指标只适用于特定公共管理目标的地区。

5. 目标描述指标

目标描述指标是指对公共管理的目标加以描述的指标。目标描述指标可以反映行动的必要性以及行动的有效性。例如:某一特定社区存在较高的失业率,目标描述指标显示出制定对策的必要性,由此形成了降低失业率的公共管理措施。在这项公共管理措施中规定了降低失业率的期限以及必须采取的措施,这样,通过与目标的比较,目标描述指标又反映出降低失业率政策的有效性。

总之,上述五类社会指标对于公共管理评价具有相当有效的作用。预测的指标和计划评价指标对于公共管理实施的情况可以具有解释力,而信息的指标、问题定向指标和目标描述指标对于公共管理实施的必要性具有重要的参考意义。

第二节 公共项目的绩效评价

一、公共项目的经济评价

公共项目的特点决定了其目的是为了满足社会经济持续发展的需要,决定了其投资活动主要是为社会提供使用价值和其他有用效果(即其中既有可以用货币计量的部分,也有不能用货币计量而只能以效用来表示的部分),而不是为了获取价值。因此,公共项目投资带来的经济效益主要不是体现在营利性上,而是体现在其适合的效果上。从质的规定性来看,是指资源消耗与社会需要的满足之间的关系;从量的规定性来看,是用一定的资源消耗获取满足社会需要的使用价值和其他有用效果,或是用最小的资源消耗获取满足社会需要的使用价值和其他有用效果,也就是说,是其付出的代价与其社会受益程度之间的对比关系。只要两者之间的对比关系是有效的(即以一定的代价获取最大的社会收益)、经济的(即在获取一定的社会收益下所付出的代价最小),公共项目就值得投资建设,否则,就要予以否定。基于公共项目自身及经济评价的特点,公共项目的经济评价方法一般采用费用效益分析法。

费用效益分析也称成本效益分析或代价利得分析,是国内外通常应用的技术经济分析方法，主要用于公共项目和一般工程项目的社会经济效果评价。这一方法尤其适合用于多个性质不同的公共项目之间成本和效益的比较。[3]

费用效益分析方法是在将公共项目的费用和效益量化后，通过效果指标的计算、分析和判断，对拟建的公共项目作出较为全面的估价和决策的一种分析方法。

根据公共项目的费用和效益是否可用货币衡量来区分的原则，费用效益分析主要可分为“收入成本分析法”和“成本效用分析法”。凡是公共项目的受益收入(包括直接受益收入和间接受益收入)可以用货币计量、计算的，能求出受益收入总额的，可采用“收入成本分析法”；凡公共项目的受益内容不能或无法用货币计量，不能求出受益收入，而只能以受益效用来计量的，可采用“成本效用分析法”。

在使用费用效益分析法对公共项目进行具体分析时，一般应遵循以下三项原则。第一，最有效原则。最有效原则是指当费用不变(即费用固定)时，效益最大者为优。也就是说，在规定的成本费用条件下使公共项目能获得最大的效益。第二，最经济原则。最经济原则是指当效益不变(即效益固定)时，则费用最小者为优。也就是用最小的代价来获得既定的效益。第三，费用效益比原则。费用效益比原则是指当费用与效益都不固定时，则取效益与费用之比值最大者为优，即单位费用取得的效益最大者为优。

使用费用效益分析指标时，应首先计算出项目中可用货币衡量的费用和效益部分；然后再考虑不能用货币计量的成本效用部分，并对有关定量指标加以调整，以便能更全面地权衡公共项目的可取性。

费用效益分析指标一般按是否考虑时间因素，分为静态分析指标和动态分析指标。

静态分析主要计算项目的净效益、效益费用比、投资收益率和增量费用效益比等指标。它主要包括:(1) 净效益指标。净效益就是反映公共项目的效益与费用之间差额的一种绝对值指标。一般要求净效益指标大于零,而且是越大越好。(2) 效益费用比指标。效益费用比是一种采用相对值的计算方式来计算项目的效益与费用的比值,并在评价时要求这个比值大于1而且是越大越好。(3) 投资收益率指标(净效益投资比)。投资收益率指标是指公共项目的净效益与投资之间的比率。一般也同样要求这一比值大于零,并且是越大越好。(4) 增量效益与增量费用比指标。是以相对值的计算方式计算公共项目增量效益与增量费用之间的比值,通常适用于改扩建和改造投资公共项目的评价,同样也可用于多方案比选的标准。

动态分析指标一般包括:最小费用指标、最大效益指标、效益费用比指标、净效益投资比指标和增量效益与增量费用比指标。这些指标的计算都要考虑资金的时间价值,即要按设定的折现率进行折现。

当公共项目的效益和费用可用货币计量和综合计算时,就可采用直接对比的"收入成本分析法"。收入成本分析法也称受益成本分析法,是将公共项目的受益收入与成本(费用)进行对比,用净收入和收入成本比率来评价公共项目经济效益的一种方法。它是费用效益分析法在实际中的应用。

公共项目的受益收入,主要包括从事生产经营、服务活动所发生的产品销售、提供劳务供应而使公共项目本身和社会所获得的各项受益收入。按其受益程度可划分为直接受益收入和间接受益收入。直接受益收入也称直接投资经济效益,是指由于公共项目从事生产经营、服务活动直接销售产品、提供劳务供应所获取的销售收入和营业收入。间接受益收入也称间接投资经济效益,是指由于公共项目从事生产经营、服务活动提供产品服务而使项目之外的受益者获取的受益收入。

当公共项目的产品成果和劳务无法用货币计量时,一般可用货币来度量费用，用实物量来表示成果的效用(或效果)，并采用“成本效用分析法”来进行项目的效益评价。所谓成本效用分析法就是将公共项目的效用与成本进行比较，用成本效用比率来评价项目投资经济效益的一种方法。成本效用分析法也是费用效益分析在实际中的具体应用。

在公共项目所提供的效果中，既有可用货币来衡量的效益部分，也有不可用货币来衡量的部分。这时，用收入成本分析法就无法对公共项目的投资成果进行评价。因此，为了全面评价公共项目的投资成果或投资效果，就有必要采用成本效用分析法。

由于效用一般有效能、质量、使用价值和受益等形式，它们各自的实物计量单位不同，不具有可比性，所以评价效用的标准很难用绝对值来表示，而采用利用率、完成率及可靠度等相对指标来表示。应用成本—效用比率来表示项目的社会经济效益，表明为获得一定效用所需花费的成本(或费用)，即“效用”的单位成本。把“效用”作为成本的计算对象，获得一定效用的单位成本越低，表明项目的投资经济效益越好。因此，在多方案选优时应选择单位成本最低的方案。

成本—效用分析一般有三种方法：(1) 当效用(效果)相同时，选择成本低的方案为优，也就是效用固定法；(2) 当成本相同时，选择效用(效果)高的方案为优，也就是成本固定法；(3) 当存在追加成本和增量效用(效果)时，选择增量效用(效果)的单位追加成本(费用)最低的方案为优。

二、公共项目的社会评价

公共项目的社会评价是公共项目为实现社会发展目标所做贡献与影响的一种评价方法。这种方法是把项目置于整个社会之中，从全社会角度出发，考察、分析和预测项目对社会发展目标的影响程度，综合评价项目对社会发展的贡献，判断项目在社会效益方面的可行性，以作为投资决策的科学依据。其目的是促进公共项目对经济社会发展目标的顺利实现,使项目与其所处社会环境相互协调,从而达到全面提高项目投资效益和推动社会进步的目的。

1. 评价公共项目对经济增长目标的贡献

(1) 提高劳动生产率,促进经济增长。教育、文化、卫生项目的建设,必然在一定程度上提高了劳动者的素质,从而提高了劳动生产率。可对比项目建设前和建成后一段时间(一般是5—10年)项目所在地区总产值、经济增长速度等指标的变化情况,分析项目建设对该地区劳动生产率提高、经济增长的影响。(2) 提高土地的使用价值。公共项目的建设提高了土地的使用价值,使其等级升高。根据项目所在地区的土地使用费标准,计算项目占用地和项目附近土地升级带来的土地使用价值增值,作为项目社会效益的一个组成部分。

2. 评价公共项目对收入分配目标的贡献

公共项目在一定程度上影响收入分配,这有利于在全社会实现"公平"目标。"效率"和"公平"是公共管理的两大目标,公共项目由于其产品具有公共物品的性质,因而必须向全体居民提供"公共消费物品",这就在一定程度上促进了社会财富的均等化分配。值得一提的是教育项目,由于受教育水平与收入水平之间存在着极高的相关性,受教育程度越高,所得收入越多,因而教育的普及打破了少数社会集团或社会阶层对教育的垄断,促进了社会的平等化。

3. 评价公共项目对提高人们生活质量目标的贡献

(1) 改善人们的卫生保健条件,有利于提高社会公众的素质和健康水平。(2) 满足社会公众交往的需要和情感的需要。教育、文化、体育等项目的建设促进了社会公众之间的交往和联系,促进了社会公众交往范围的扩大,在一定程度上满足了社会公众的社会需要。(3) 提高所在地区科学、文化、体育设施的普及程度。公共项目的建设,增加了每万人拥有的电视台、电台、图书馆、博物馆、运动场馆的数目，给项目建设地的居民提供了学习、娱乐、锻炼创造了良好的条件，产生了积极的社会效益。(4) 提高社会公众受教育程度和科学文化水平。教育项目、文化项目的建设，给所在地居民提供了接受教育的机会，为个体的全面发展积极创造条件。

4. 评价公共项目对科技进步目标的贡献

科学技术是第一生产力，较高的科技水平是实现资源合理配置和有效使用的重要前提。教育等公共项目的建设，直接或间接提高了所在地区的科技水平。

5. 评价公共项目对人口政策目标的贡献

公共项目有利于提高人口质量、优化人口结构。公共项目的建设提高人们的文化水平和道德修养，改变传统的生育观和养儿防老等传统思想。居民受教育程度与生育子女数之间存在反比例关系。因此，发展公共项目特别是教育项目，有利于实施人口控制和人口优化政策，减轻人口问题对我国政治、经济生活的压力，有益于政治和经济的稳定。

6. 评价公共项目对就业目标的贡献

教育、卫生、文化、体育等公共项目的建设，提供大量就业机会，有利于缓解就业问题上的沉重压力。在进行项目社会评价时，必须分析项目的就业效果，可通过计算项目的直接就业效果和间接就业效果来获得。

三、公共项目的生态评价

生态环境是影响人类社会生存与发展的各种资源数量和质量的总称，包括水资源、土地资源、生物资源、气候资源等，是保证社会和经济持续发展的重要条件。在人类社会利用和改造自然的过程中，出现了由于对自然资源过度开发和破坏性使用而造成的环境破坏和污染问题，危及人类社会长期发展的基础。

生态文明是指人类为保护和建设美好生态环境而取得的物质

成果、精神成果和制度成果的总和,是贯穿于经济建设、政治建设、文化建设、社会建设全过程和各方面的系统工程,反映了一个社会的文明进步状态。加强生态文明建设要正确处理好经济发展与生态环境保护的关系,牢固树立保护生态环境就是保护生产力、改善生态环境就是发展生产力的理念,更加自觉地推动绿色发展、循环发展、低碳发展,决不以牺牲环境为代价去换取一时的经济增长。生态文明是人类文明发展的新理念,良好的生态环境是社会的公共品,因此,在公共项目绩效评价中要纳入对生态环境评价的要求。

公共项目的生态评价有两个方面涵义:第一个方面是在公共项目建设和运行中要控制其对生态环境的不利影响,避免造成对生态环境的破坏和污染。第二个方面是公共项目被看成是治理环境污染、改善生态环境的有效途径,通过相关公共项目的立项和建设(如资源综合利用项目、水利工程项目、大气污染治理项目等),实现保持良好生态环境状况的目的。

公共项目的生态环境评价主要涉及生态效益、环境质量绩效、污染控制绩效、自然资源节约及综合利用效率、对生态平衡的影响等方面。[4]

第三节 公共服务的质量管理

一、用户满意的理念

公共管理就其本质而言,不是管制而是服务。作为管理对象的社会和社会公众是公共管理机构环绕运行的中心,公共管理机构的职能是满足社会和社会公众对管理的要求,社会和社会公众的意愿与要求是公共管理的出发点和落脚点,公共管理的目的不是向社会和社会公众提供价值,而是为他们追求利益和实现价值提供便利。因此，评价公共管理机构绩效优劣，主要不是看它投入了多少资源，做了多少工作，而是要考察它所做的工作在多大程度上满足了社会和社会公众的需要，这就揭示了公共管理机构绩效评估上的一种全新价值取向——满意原则。[5]

以满意原则作为公共管理机构绩效评估的最终尺度，不仅是民主本质宗旨的必然体现，同时也是当今世界公共管理发展的客观要求。20 世纪 80 年代以来，世界范围内掀起公共管理改革，传统的行政观念和以韦伯官僚制思想为基础的科层制行政模式受到了深刻的检讨和严厉的批判，出现了以公共选择、管理主义等为代表的公共管理理论，要求按市场原则重塑政府，主张打破政府对公共服务的垄断，建立公私机构之间的竞争，使公共管理服务对象获得自由选择的机会，以此迫使公共管理机构降低服务成本，改善服务方式，提高服务质量。

既然公共管理机构主要提供的是公共服务，那么，只有当公共服务因能满足消费者的需要而为消费者接受时，才真正是有绩效的。因此，从根本上看，社会和公众的“满意程度”是评价公共管理机构绩效的全面性、综合性、终极性的尺度，公共管理机构必须借助市场检验方法，定期征求社会和公众对公共服务的满意程度。

坚持以服务对象满意度测评公共管理机构绩效，一方面，必须明确公共管理机构的具体服务对象。公共管理机构如果连自己的服务对象是谁都不清楚，又怎能做到使服务对象满意呢？当然，更无从调查社会对公共服务的满意程度了。另一方面，要了解服务对象的需求结构。这是设计标示服务对象受益状态指标体系的逻辑前提。满意是指行为主体的内在需求得到满足以后而产生的内心愉悦，以及对满足需求的服务行为及其提供者表示认可支持的一种主观心理状态。要测评服务对象的满意程度，应该先了解服务对象的需求结构，并加以分析、综合和归类，据此设计能够准确标示出服务需求满足程度的具体指标体系。

由于大部分公共管理机构的主要职责是提供公共服务，因此也可称之为公共服务机构。公共服务机构在提供公共服务过程中主要是通过下列机制导入用户满意理念的。

1. 竞争驱动机制

由于公共服务长期的垄断经营导致了竞争驱动机制的缺乏，使得公共服务难以形成核心竞争能力。在企业经营中，质量必须以用户的需要为始点，以用户的感知为终点。而用户所认为的价值总是与供应商所认为的价值有着重大差别，所以企业管理的基础必须是用户的价值观念。公共服务领域内竞争的逐渐强化和领域外各种组织的渗透，使得超越质量的竞争手段——用户满意必然成为公共服务机构持久竞争优势的源泉。

2. 行业运营机制

公共服务除具有一般的服务特性外，还具有自己的特殊性：(1) 公共服务的区域性供求矛盾特别突出(如能源，交通等)；(2) 相关因素多，所涉及的竞争具有特殊性和复杂性；(3) 公共服务设施具有先天刚性，转换成本极高。这些一般服务特性和自身的特殊性使得公共服务长期漠视用户的需求，并使产品的用户需求导向弱化。产品特性及其组合与用户需求匹配的失衡造成用户利益的隐性损失，使得用户满意程度降低，从而削弱了公共服务的运营效率。为此，公共服务机构必须借助于用户满意理念来指导其具体的运营活动。

3. 文化驱动机制

组织文化是支持组织长期发展的内在动因，是组织的灵魂。公共服务机构对消费者利益的长期漠视，不仅对外不能使消费者满意，而且对内也极大地涣散了组织的凝聚力，破坏了组织健康发展的正常机理。一个不懂得尊重用户的组织，其共同使命感的缺乏使得组织成员只能以管理者意愿和制度作为价值取向，进而导致组织文化的僵化。公共服务机构要想在市场经济条件下获得长期持续的健康发展，就必须选择以用户满意理念为指导的新型组织文化。而用户满意理念中的“用户”既包括具体的现实的个体用户和群体用户，还包括了抽象的潜在用户；“满意”既追求现实用户的感知满意，又追求潜在用户的口碑效应，因此，用户满意理念指导下的组织文化把“为用户服务”落实到各个具体环节。这一具体化过程不仅强化了组织行为的正向效应（员工价值取向），而且也强化了外界环境要求（用户诉求）向组织内的传递效应，进而促进组织提高其市场适应能力。

二、公共服务质量评价体系

1. 服务质量评价体系的含义

质量是反映实体满足明确或隐含需要能力的特性总和。作为通用产品类中的一类，服务属于实体范畴。因此，服务质量就是反映服务满足明确和隐含需要的能力的特性总和。但是，公共服务机构在建立服务质量体系时，还应根据上述定义的内涵来理解和运用其他质量术语，使质量改进和质量管理向着强化服务满足需要能力的方向发展。[6]

公共服务机构建立服务质量体系和保证服务质量，以满足作为消费者的社会公众的需要，这是最直接的目的，也是最表层的目的，而最根本的目的应该是使整个社会受益，其中包括公共服务机构及员工。应当看到，社会中的每个成员和组织都是公共服务的使用者、加工者、供应者和受益者。提高公共服务质量的责任应由每个社会成员或组织来共同承担。

2. 现代的服务质量观

由于仅仅依靠成本优势和技术优势，很难长久地保持竞争优势。因此，公共服务机构要得到持续发展，就不能仅仅依靠单一的优势。特别是通过大量实践的积累，社会公众对质量本质的认识不断深化，国际标准化组织对质量的定义及其内涵的界定，使社会公众对质量这个客观事物有了新的认识和看法，形成了新的质量观念。经过对服务质量认识过程的考察，现代的服务质量观大致可以概括为。[7]

(1) 市场竞争由价格竞争转向服务质量竞争，对服务业而言，20 世纪将是一个强调服务质量的世纪。

(2) 服务质量就是要满足需要，首先是顾客的需要，同时要兼顾其他受益者的利益。质量观从过去符合性能规范型转变为满足需要的顾客型。

(3) 服务质量是服务企业生存发展的第一要素。服务企业要生存发展，首要条件是提供的服务能在市场中转变成价值，被顾客所接受。而顾客能否接受服务的决定性因素是服务质量。

(4) 提高服务质量是最大的节约，在某种程度上，服务质量好等于成本低。

(5) 企业看待服务质量要有一个立场上的转变。服务企业不能仅仅从服务提供者的角度来看待服务质量，应从提供者转变到消费者和其他受益者的立场上来看待服务质量，只有这样才能提供满足需要的服务。

(6) 服务质量的提高主要取决于科学技术的进步，其中包括科学的管理。服务企业也只有不断开发和利用新技术，提供新的服务，给顾客更多的附加价值，才会提高服务质量。

(7) 服务质量主要有设计、供给、关系三个来源及功能质量和技术质量两方面内容。

由于服务质量内涵的深化，使得公共服务机构运用质量战略的广度和深度都比以前有较大变化。质量战略即优质服务战略，公共服务机构的竞争能力是由为社会公众提供优质服务的能力决定的。采用优质服务战略的公共服务机构，与社会公众建立并发展的是一种长期互惠关系。服务质量是公共服务机构管理的核心。公共服务机构运用质量战略并不排斥成本和技术，相反，通过科学的质量效益分析，公共服务机构依靠技术创新，注重服务质量，给社会公众更高的服务价值，可以大大增加对公共服务机构提供服务的需求，并由于规模经济而降低公共服务机构的成本，形成技术—质量—成本的良性循环。

3. 服务质量的内容

一般来说，服务的生产和消费是同时进行的。从顾客的角度来说，顾客购买服务并进行消费，对服务质量的认识可以归纳为两个方面：一方面是顾客通过消费服务究竟得到了什么，即服务的结果，通常称之为服务的技术质量；另一方面是顾客如何消费服务，即服务的过程，通常称之为服务的功能质量。服务质量既是服务的技术和功能的统一，也是服务的过程和结果的统一。

根据上述对服务质量含义及服务质量内容的理解公共服务机构可以引入侧重服务的战略，即集中资源管理提供服务的过程，以提高服务的功能质量作为自己的竞争优势。

4. 服务质量体系的内涵

公共服务机构必须把服务质量管理作为核心和重点，把不断提高服务质量，更好地满足顾客和其他受益者的需求作为管理和发展的宗旨。但是，任何一个公共服务机构要实现自己的质量战略，没有完善的服务质量体系作保证，都将成为空洞的口号。

> 服务质量体系是指为实施服务质量管理所需的组织结构、程序、过程和资源的整体组成。[8]

公共服务质量体系的定义包含三个基本要素：(1) 公共服务质量体系的内容应以满足质量目标的需要为准；(2) 公共服务机构的质量体系主要是为满足内部管理的需要而设计的，因而比特定顾客的要求更广泛，顾客仅仅评价该服务质量体系的相关部分；(3) 为了合同或强制性质量评价的目的，可要求对已确定的公共服务质量体系要素的实施进行证实。

公共服务质量体系的作用是为了达到和保持服务质量的目标，使公共服务机构内部相信服务质量达到要求，使顾客相信服务符合要求。质量体系是一种客观存在的事物，它是实施服务质量管理的基础，又是服务质量管理的技术和手段。建立服务质量管理体系的最终目的要服从于公共服务机构的质量方针和目标。

5. 服务质量体系的构成要素

服务质量体系主要有管理者的职责、资源、质量体系结构三个关键要素,而顾客则是服务质量体系三个关键要素的核心。只有当管理者的职责、人力和物质资源以及质量体系结构三者之间相互配合和协调时,才能保证顾客满意。

(1) 管理者的职责。公共服务机构管理者的职责是制定服务质量方针并使顾客满意。成功地实施这个方针依赖于管理者对服务质量体系的开发和有效运行的支持。

质量方针。质量方针是对服务质量体系的要求和基本要素。服务质量体系是实现公共服务机构质量方针的基本手段和根本保证。任何公共服务机构在服务质量体系的设计和建立时,均应编制并颁布质量方针,并通过服务质量体系的实施,保证公共服务机构质量方针的实现。

质量方针是公共服务机构总的质量宗旨和方向,是公共服务机构在服务质量方面的总的意图。总体上看,质量方针是公共服务机构总方针的一部分,但随着服务竞争新时代的到来,必然要强调公共服务机构以服务质量为中心,从而决定了服务质量方针的地位和作用。服务质量方针应使整个公共服务机构总的方针适应服务竞争的要求,也就是说,服务质量方针应是整个公共服务机构总方针的核心部分,引导公共服务机构在日趋激烈的服务竞争中以服务质量取胜,以服务质量求得效益,以服务质量的优势保证公共服务机构的持续发展。

服务质量方针应该明确公共服务机构所提供服务的等级、质量形象和信誉、服务质量的目标、保证服务质量的措施、全体员工的作用等内容。

质量目标和质量活动。公共服务机构要实现自身的质量方针,首先要识别建立质量目标的主要目的。建立质量目标的主要目的应当包括:顾客需要与职业标准和道德相一致、不断地改进服务、考虑社会和环境方面的要求、提供服务的效率等。以上主要的质量目的可以转化为一系列的质量目标和活动。

质量活动是指从识别需要到获取、使用、评价全过程中与服务质量直接相关或间接相关的全部活动。确定质量活动和选择质量体系要素本质上是相通的。服务质量活动是选择服务质量体系要素的基本依据，确定质量活动又是对服务质量体系要素的延伸和展开。因此，确定质量活动实质上就是质量体系要素的展开。服务质量体系要素体现为一组过程，任何服务工作都是通过过程完成的，每个过程都包含一定的质量活动。

质量职责和权限。管理者的职责包括使得由于其活动影响服务质量的所有人员明确规定一般的和专门的职责和权限。这些职责和权限包括公共服务机构内部和外部各个接触面上的顾客与服务提供者之间有效的相互关系，所规定的职责和权限应该与为达到服务质量所必需的手段和方法相一致。应该说，公共服务机构的全体员工都对服务质量具有不同程度的影响，一线员工提供服务给顾客并直接与顾客接触，而其他员工对服务质量和顾客满意起到间接的影响。只有明确合理分工的质量职责和权限，一线员工才可以在确定的权限范围内尽可能地满足顾客的要求，其他员工也才可以通过承担适当的义务并与一线员工进行有效的合作，以持续地改进服务质量，并使顾客满意。

管理评审。管理者应对质量体系进行正式、定期和独立的评审，以便评估质量体系在实施质量方针和实现质量目标中是否持续稳定和有效。评审中应特别关注和强调改进的必要性和机会。评审应由管理者中的适当成员或有资格的、能够直接向最高管理者报告工作的、独立的人员进行。管理评审是管理者的一项重要职责，对于公共服务机构质量体系的有效运行和持续改进是必不可少的。

管理评审由一系列的有组织的、综合性的评价构成，包括：服务业绩分析的结果，即在达到服务要求和顾客满意方面，有关服务提供过程的全面效果和效率的信息;与规定的服务质量目标相符的质量体系相关的所有要素的执行情况和有效性的内部审核结果;由新技术、质量概念、市场战略、社会或环境等各种情况而带来的变化。

(2)资源。资源是服务质量体系的物质、技术基础和支撑条件,是服务质量体系赖以存在的根本,也是能有效运行的前提和手段。资源包括人力资源、物质资源和信息资源三部分。

人力资源。人力资源是公共服务机构最重要的资源,几乎所有的服务都要有员工来提供。对顾客而言,一线服务员工是顾客评价服务质量的重要来源。他们往往把第一线员工当作服务的化身。由于服务是一种情绪性的工作,管理好服务体系中的人力资源必须做到以下三点。

首先,聘用个性适宜为顾客提供良好服务的员工。对绝大多数公共服务机构而言,大部分工作岗位需经常与顾客密切接触,工作过程中充满了不确定性——顾客的需要和期望各不相同。公共服务机构员工在执行任务时,不可能完全按标准作业来进行,必须自行判断如何解决顾客的问题,不断采取主动式服务,才能针对各个顾客的特殊需求提供个性化的服务。

由于服务是无形的,顾客对服务质量的好坏,是根据他们与服务人员打交道的经验来判断的。有些研究发现,即使提供服务的系统发生故障,使得提供服务的效率降低,只要顾客认为公共服务机构员工是在关心他们、了解他们的需求,以及尽量设法补救,顾客仍然会同情谅解。优质的服务需要对顾客提出的要求有能力进行弹性处理。因此,公共服务机构必须寻找个性上能够为顾客提供良好服务的员工,即能适合公共服务机构服务文化的员工。

其次,加强培训。不断地、密集地和全面地培训是服务质量体系要素得以有效实施的前提。培训的课程要因职位不同而有所差异。与顾客直接接触的员工所需的培训,与在办公室工作的人有很大的不同。第一线员工所需要的技能与中层管理人员也不相同。但所有的培训都应当包含提供后勤支援的人如何对待内部顾客——第一线员工或其他服务企业的工作人员的内容。

除正式的培训以外，公共服务机构也可以通过社会化过程来培训员工。如通过同事和上司示范工作诀窍，传授应有的价值观和服务态度等。不管是采用正式的或非正式的方式，对所有员工的培训都必须前后连贯，并要符合公共服务机构的发展战略、经营策略、机构文化和人事政策，同时要得到公共服务机构相关部门的支持。

再次，适当的激励。服务质量体系要求对员工进行适当的激励。员工与顾客接触得越多，越需要情绪的投入。激励是一种正式的鼓励和赞美，可以通过激励鼓舞所有的员工，但通常情况下，很多激励方式因为缺乏公正、次数太少或缺乏心理意义而最终趋于失败。只有激励过程郑重其事，大公无私，并与顾客心目中的服务质量密切相关，这样的激励才有意义。要员工维持长期干劲，保持公共服务机构的服务质量优势，不能只靠赞美和奖赏，还须提供给员工可以展望的未来，并要超过一般的水准。如何通过最佳的激励方式调动这些能直接影响企业形象和服务质量的员工的积极性，是完善公共服务机构质量管理体系的重要课题。

物质资源。大多数人认为公共服务业仅仅是劳动密集型的行业，不需要太多的资本投入。虽然，公共服务机构固然对人力资源需求巨大，但为了提供服务而必须建立的基础设施及设备，也会使公共服务行业的资本密集度相当高，特别是提供公用事业服务的公共服务机构，其资本密集程度也不在制造企业之下。

所有的公共服务机构提供顾客服务，建立完善的服务质量体系都要对基础设施及设备建设投入大量的资金，这些基础设施及设备包括：基本的装修和服务工具、有关顾客的信息系统、管理的通信网络、备用物资的储备等。对基础设施及设备的投入与对人力的投入是相互关联的。由于员工培训很难速成，新员工需要几个月甚至更长时间才能达到熟练的地步。如果他们还没有对公共服务机构提供的服务和产品有深入的了解,每一个新手所处理的“关键时刻”,都可能是公共服务机构形象和信誉丧失的时刻。而基础设施及设备的投入可以使员工更新生产力,并降低增聘新员工的需要,节约挑选和培训新员工的时间和费用。

信息资源。服务质量体系有赖于服务质量信息系统的支持。对信息资源的投资,就像对其他物质资源的投资一样,目的都是为了提高和加强公共服务机构的竞争优势。拥有信息基础的公共服务机构可以根据自身的信息资源,对顾客提供个性化的服务,针对顾客的偏好适时调整其服务,以提高服务的效率。

公共服务机构获得信息资源的主要渠道包括以下四个方面:顾客、企业第一线员工、企业管理层、除顾客外的社会公众。公共服务机构可针对不同来源而特别设计调查方式,来获得与服务质量有关的不同来源的信息资源,进而利用信息资源来完善公共服务机构的服务质量体系。

(3) 服务质量体系结构。公共服务机构的服务质量体系结构包括组织结构、过程和程序文件三个部分。

组织结构。组织结构是组织为行使其职能按某种方式建立的职责、权限及其相互关系。服务质量体系的组织结构是组织为行使质量管理职能的一个组织管理的框架。其重点是将组织的质量方针、目标层层展开成多级的职能,再转化分解到各级、各类人员的质量职责和权限,明确其相互关系。由于整个管理最活跃和最关键的因素是人,管理的执行者是人,被管理者也是人,所以规范人的行为的组织结构就是整个管理的核心。

过程。服务质量标准是建立在“所有工作都是通过过程来完成的”这样一种认识的基础上,每一个过程都有输入,输出是过程的结果。对于公共服务机构而言,过程的输出就是无形的服务,每个公共服务企业都有其独特的过程网络,公共服务机构的质量管理就是通过对内部各种过程进行管理来实现。

程序文件。程序是指为进行某项活动所规定的途径。对服务质量体系而言，程序是对服务质量形成全过程的所有活动规定恰当而连续的方法，使服务过程能够按规定具体运作，达到系统输出的要求。

〔案例11〕英国的“公民宪章运动”

所谓公民宪章，就是用宪章的形式把公共部门服务的内容、标准、责任等公之于众，接受公众的监督，实现提高服务水平和质量的目的。实际上，它就是我国普遍开展的社会服务承诺制度。

1991年，撒切尔在党内斗争中辞去保守党领袖和首相职务，时任财政大臣的梅杰接任英国首相。新首相上任后的一个重大举措，是发动了声势浩大“公民宪章”的运动。它是英国保守党推行的公共管理改革进一步深入的产物和重要标志。

1979年撒切尔上台以后，以她为首的保守党政府大力推行以市场化为取向的公共管理改革，包括私有化、合同出租、公私融合和竞争等。在公共部门引进私营企业管理原则、技术和方法等是改革的主要方向和措施。由于当代西方公共管理改革的主要动因是政府面临的财政危机，因此，提高效率降低公共开支就成为撒切尔政府公共管理改革的首要目标。到了20世纪80年代末期，改革在公共部门的经济和效率方面取得了显著的成就，但同时另一个问题也变得日益突出——如果保守党政府的公共管理改革继续以经济和效率为重点，必然要承担牺牲质量和公共服务而追求开支节省的指责，公共管理改革和保守党政府就会失去公民的支持。英国的公共管理改革由此发生了从经济和效率到质量和公共服务的侧重点的转移。公民宪章运动正是在这种背景之下应运而生。

长期以来，公共服务中服务提供者居主导地位，公民宪章为服务对象提供了审视公共服务的机会。为此，英国政府要求所有公共服务机构和部门制定宪章，其内容和实施时间可以根据实际情况灵活安排，但宪章的设计必须依据以下六个指导原则，以满足公民对公共服务的合法需求。

(1) 明确的服务标准。包括服务效率、质量等方面的具体要求和公共管理人员在与公众打交道时的行为准则等。

(2) 透明度。有关公共服务的信息必须公开、透明,包括服务的内容和运营状况、特定服务项目的开支与成本状况、管理机关和承担服务的具体机构、后者的服务水平和质量等方面的信息。

(3) 顾客选择。在可能的情况下和与服务对象协商的基础上,应向公众提供选择服务机构的机会,充分发挥内部竞争的作用以提高服务水平和质量。

(4) 礼貌服务。公共服务人员必须礼貌对待公民,一视同仁地向公民提供服务,尊重公民的隐私权、文化宗教信仰和人格尊严。

(5) 完善的监督机制。建立方便有效的公民投诉受理机制,包括明确的补偿标准、便捷的受理程序、方便的投诉渠道等,在可能时设立宪章电话专线。

(6) 资金的价值。推广和完善合同出租制度,展开公共服务领域的公私竞争,以竞争求质量,以竞争求效益,实现公共资源的充分利用。

在梅杰政府的大力推动下,公民宪章在英国的公共部门得到广泛的应用。截至1992年9月,共有28个公共服务系统颁布了各自的宪章,包括乘客宪章、纳税者宪章、旅行者宪章、患者宪章。求职者宪章等。在47个郡级地方政府中,有30个准备或已经采用公民宪章作为提高服务水平的手段,其中包括工党控制的地方政府。社会中介组织,如全英大学生联合会等也颁布了大学生宪章,甚至私营部门采用顾客宪章技术提高质量的例子也见诸报端。到1996年,发布的全国性公民宪章达42个。在这种非强制性制度安排下,几乎所有的政府部门、公共服务部门和私有化的垄断性公用事业都对其业务设定了目标,并公布各主要方面的工作业绩情况、效率和质量。

作为竞争不充分的一种补救机制,公民宪章运动主要是针对那些具有一定垄断性质的公共部门和公共服务行业：(1)“自然”垄断性和半垄断性服务行业(如铁路、邮政、水电部门等)；(2) 非营利性公共服务行业(如环卫、城市公交、公共文化设施等)；(3) 管制性服务行业(如户籍管理、公共安全、执照核发等)。

面向公众的承诺一般包括服务内容、服务标准、服务程序、时限和违诺责任等具体内容。

1. 服务内容和工作目标承诺

服务内容即公共部门承担的责任或者向公众提供的服务项目的具体内容。从严格意义上说，作为部门工作职责的服务内容没有必要采取承诺的形式。但是在实践中，服务内容成为公民宪章制度的一个有机组成部分。这是因为，现代公共服务是一个复杂的社会工程，需要不同公共部门高度的专业分工和协作。专业化分工的结果是公共组织的“机构迷宫”——公众对公共部门的结构和职责分工缺乏深入了解，往往处于办事无门(即不知道找哪个部门)的困境。

以承诺的形式实现服务内容的明确化和具体化，实际上是帮助公众了解公共部门职能分工的一种手段，有助于克服“机构迷宫”给公众造成的不便和困难。此外，以承诺的形式公开部门职责和服务的具体内容，有利于公众对公共部门实施监督，约束部门之间相互推诿的行为。

2. 服务标准承诺

服务标准承诺是服务标准的公开化过程，同时也是服务标准的具体化过程。服务标准承诺对内构成了工作的目标和动力，对外提供了评价工作的依据。因此，标准的明确化、具体化和公开化是公民宪章制度发挥作用的基础，服务标准是服务承诺内容中的核心部分。

服务范围的不同对服务标准的制定提出了不同的要求。英国铁路公司负责全英国的铁路客运服务。铁路公司的服务标准承诺既有全国性的统一要求，又根据各分局的实际条件和环境制定了各自的指标,体现了因地制宜的原则。

英国伦敦地铁有限公司提出的服务承诺标准包括以下内容:(1) 可靠、快捷。定期公布运营状况,列车正常运营率1993—1994年度实际达到的水平为95.5%,1994—1995年度计划目标为95.5%;如果必须的维修打乱正常运营,我们将预先通告;不论发生什么原因取消计划中的末班车,我们将用其他方法把顾客送往目的地;如果严重延误了乘客的行程,我们将提供优惠券。(2) 明净、整洁、高效。列车清洁程度(顾客满意率):1993—1994年度实际水平为64%,1994—1995年度计划目标为65%;车站清洁程度(顾客满意率):1993—1994年度实际水平为68%,1994—1995年度计划目标为70%;购票方便程度(等待3分钟以上才购到票的比例):1993—1994年度实际水平为2.5%,1994—1995年度计划目标为2.5%;电梯服务可靠性:1993—1994年度实际水平为90.5%,1994—1995年度计划目标为90%。(3) 安全的环境。乘客的安全感(乘客满意率):1993—1994年度实际水平为83%,1994—1995年度计划目标为83%。(4) 热情服务。列车上的信息服务(顾客满意率):1993—1994年度实际水平为73%,1994—1995年度计划目标为75%;车站信息服务(乘客满意率):1993—1994年度实际水平为64%,1994—1995年度计划目标为65%;工作人员的服务态度(乘客满意率):1993—1994年度实际水平为63%,1994—1995年度计划目标为64%。

可以看出,伦敦地铁有限公司的服务标准承诺有两个特点:一是鲜明的顾客取向,即许多方面的质量用乘客满意度来衡量;二是量力而行,实事求是,在不少方面新年度的计划目标保持实际达到的水平,电梯服务可靠性方面的计划目标甚至低于已经达到的水平。

3. 服务程序和时限承诺

在公民宪章的实践中,服务程序和时限明确化的重要意义在于:提供信息,方便顾客;促进程序设计的合理化;通过程序合理化和时限要求来提高公共部门的办事效率；加强社会监督以实现顾客满意的目标。与此相适应，服务程序和时限承诺涉及以下内容和问题。

(1) 要求的明确化。这里的"要求"主要指公共部门对顾客的要求，包括资格要求和办事必备的手续。在公共领域服务部门的服务往往以低于实际成本的价格提供，管制性部门(如营业执照、驾驶执照核发等)往往负有总量控制的任务。因此，与私人部门不同，公共部门对顾客的资格要求和手续要求要复杂得多。公民个人由于不完全了解办事需要的手续而徒劳往返的事常有发生，要求的明确化由此十分必要。严格说来，对顾客的要求不属于对顾客的承诺，但要求的明确化却是提高效率和顾客满意度的基本条件。

(2) 办事程序的合理化。要实现公众满意的目标，公民宪章制度中服务程序的合理化应该是程序公开化的前提。

程序合理化首先要求从顾客观念出发，审视和改进现有的工作程序。英国社会服务部门工作存在复杂的"程序迷宫"，不仅降低了服务部门的经济水平和工作效率，而且给顾客带来了极大的不便。英国社会保障服务部门工作程序的合理化包括了不同服务内容间的协调、简化服务手续、不同单位之间的信息交流和共享。避免顾客重复劳动(如填写内容相似的表格)、避免不同部门重复工作(如几个单位核实失业的原因)等内容。结果不仅大大提高了部门的经济性和效率，而且降低了顾客办事的社会成本。

程序的合理化还应包括工作流程的简化和一体化。在实践中，一体化服务并不是公民宪章的一项重要内容，但它确实是实施宪章运动带来的可喜的发展趋势。英国政府在实施公民宪章时大力推行"一站商店"服务，力争公民在一个站点能办完需办的事情。

(3) 办事程序和时限的公开化。在程序合理化基础上确定办事时限，以克服推诿拖拉的官僚主义作风。

4. 违诺责任

违诺责任是承诺方对顾客做出的单方面承诺，它表明承诺者未能达到既定服务标准时对顾客将作的补偿,这种补偿可以是精神上的,如道歉,也可采取经济补偿的形式。

对承诺单位来说,违诺责任的主要意义在于向公众传达了一种信息,表明承诺者对自己的承诺采取认真、严谨的态度,并愿意承担违诺的责任。此外,面向公众的责任承诺也是一种自我加压的具体形式。对服务对象来说,责任承诺向他们提供了检验承诺单位诚意的一种手段。

公民宪章是以公众的广泛介入和监督为主要特征的服务质量改进机制。因此,完善的投诉渠道、投诉程序和检察机制是承诺制发挥作用的必要条件。各部门都设立了投诉电话,明确了处理顾客投诉的程序。

英国的公民宪章运动在国际上引起了巨大的反响,许多国家的政府部门纷纷仿效。1992 年,法国政府要求公共服务部门颁布"公共服务宪章"。同年,比利时发动了"公共服务宪章"运动。美国政府在政府改革报告中特别强调"顾客至上"原则,为此还提出了四条具体建议:倾听顾客声音,让顾客选择;使公共服务组织展开竞争;创造市场动力;利用市场机制解决问题。据统计,1996 年全世界共有 15 个国家推行了与英国公民宪章运动类似的服务承诺制度。

案例资料来源:周志忍.当代国外行政改革比较研究.北京:国家行政学院出版社,1999.

案例思考题:

(1) 英国公共部门是在什么理念基础上开展公民宪章运动的?

(2) 保证公共部门服务承诺活动真正取得实效的关键条件是什么?

重要概念

公共管理评价(public administration evaluation)

社会指标(social indicators)

绩效评价(performance evaluation)

服务质量评价体系(service quality evaluation system)

服务质量体系(service quality system)

服务质量方针(service quality policy)

公民宪章(The Citizen's Charter)

提示问题

1. 公共管理评价的有效性标准的涵义是什么?
2. 公共管理评价的公共职责履行标准的涵义是什么?
3. 应该如何理解和平衡公共管理评价三个标准之间的关系?
4. 在公共管理中为什么会出现效率与有效性不统一的情况?
5. 什么是"有—无"对比分析法?
6. 公共服务有什么特殊性?
7. 现代服务质量观的内容是什么?
8. 公共服务质量体系结构由哪些部分构成?
9. 用户满意理念在公共服务中如何得到有效运用?

章节文献

[1] [美]戴维·奥斯本,特德·盖布勒.改革政府——企业家精神如何改革着公营部门.上海:上海译文出版社,1996.

[2] 张金马.政策科学导论.北京:中国人民大学出版社,1992.

[3] 马国贤,任晓辉.公共政策分析与评估.上海:复旦大学出版社,2012.

[4] 潘彬.公共投资项目绩效评估研究.北京:中国人民大学出版社,2012.

[5] 卓越.公共部门绩效评估的主体建构.中国行政管理,2004(5).

[6] 王建军,等.用户满意——21世纪公用事业的经营理念.外国经济与管理,2000(3).

[7][8] 龚益鸣.质量管理学.上海:复旦大学出版社,2008.

第9章 公共管理的组织战略

本章提要

在公共组织能动发展中，面对日益复杂的发展环境，公共组织的战略管理重要性不断凸显。

公共组织的战略管理有其特定的作用和过程，公共组织战略管理的基本要素包括战略分析、战略制定、战略实施和战略控制。公共组织战略的基本框架由使命提炼、环境分析、战略制定、战略实施和战略控制等构成。

公共管理机构作为公共组织的具体表现形式，其组织形象在公共管理中有着重要的影响。公共管理的公共关系环境取决于公共管理机构与不同社会公众的各种关系状态，并成为公共管理活动得以实现的重要因素。

公共管理机构在面对公共危机事件时，积极开展公共关系活动，展示公共管理机构强大的危机管理能力，是深层次提升社会公众信任的关键。

随着社会的进步和发展，公共组织面对着日益复杂和多变的发展环境，必须要以战略的思维主动实施战略管理，找准定位，明确优势，利用和挖掘资源，以增强公共组织的持续发展能力，保证公共组织的稳步发展。公共管理机构作为公共组织的具体表现形式，其战略管理的有效性体现在其组织形象，因此，公共管理机构的组织形象塑造及公共关系活动具有重要的意义。

第一节 公共组织战略管理内涵和要素

一、公共组织战略管理内涵

“战略”一词原是军事用语，既涉及一种全局性的眼光和计策，又涉及多种战术、方法，是总体性目标定位与操作性战术及方法的有机结合。进入20世纪后，战略一词开始被用于商业（企业）领域，形成企业战略管理理论。20世纪中后期，战略管理思想和理论被运用于公共组织的发展管理。

> 战略管理是指，一个组织在一定时期具有全局性、长远性的发展方向、目标、任务和政策，以及为实现目标、任务而对资源调配做出的决策和管理，包括组织在完成具体目标时对不确定因素作出的一系列判断以及组织在环境分析活动的基础上制定战略等。

战略管理是一种综合性、动态性的管理理念和管理方式，是组织内部资源优势与外部竞争条件的优化运用结果的形成过程。在公共组织发展中引入战略管理思想和理论，主动实施战略管理，有利于其在急速变化的社会紧急环境之中，快速调整发展状态，找准发展定位，明确自身优势，发现存在不足，充分利用现有资源，积极挖掘潜在资源，进一步增强公共组织的能动发展能力及持续发展能力，实现公共组织的持续稳步发展。

必须要特别注意的是，公共组织战略管理与企业战略管理相比,既有相似之处,也有显著差别。公共组织战略管理与企业战略管理的相似之处在于,任何组织在面临不确定的环境时,运用战略管理理论有助于辨识有利因素与不利因素,科学确定发展目标和实施策略。而公共组织战略管理与企业战略管理的差别之处体现在四个方面。第一,价值理念方面的差别。公共组织追求公正公允的理念;企业追求的是效率至上的理念。第二,利益群体方面的差别。公共组织代表的是整个社会(或社会特定群体)的共同利益;企业代表的是投资者的利益。第三,文化观念方面的差别。公共组织强调沟通协商的和谐文化;企业推崇的是优胜劣汰的竞争文化。第四,专业属性方面的差别。公共组织的专业优势是良好的服务能力和公关能力;企业的专业优势是特定的技术能力和管理能力。[1]

因此,研究和实施公共组织战略管理必须从公共组织的组织特性和组织目标出发,挖掘和提炼符合公共组织发展要求的战略管理体系、框架和方法。

二、公共组织战略管理要素

一般而言,战略管理必须具备四个要素,即:战略分析、战略制定、战略实施和战略控制。公共组织的战略管理也应该具备这样四个要素(参见图 9.1)。

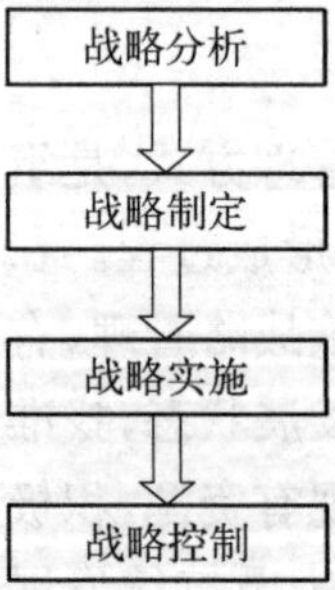

图 9.1 公共组织战略管理要素构成

战略分析的目的是了解公共组织所处的环境和相对竞争地位,包括两个主要方面:第一个方面是确定公共组织的使命和目标,这是公共组织战略制定和评估的重要依据;第二个方面是进行详尽的环境分析,包含外部环境分析和内部环境分析,这是公共组织战略制定和实施的基本条件。

战略制定是在对所有被选方案进行分析比较后所作出的最终选择。公共组织战略是一个由不同层次的战略方案所构成的、具有内在逻辑联系的体系，在总体战略的基础上，可以针对不同层次的战略目标，对应不同层次的战略方案。

战略实施和战略控制往往是密不可分的，在战略实施的过程中同样进行着战略控制。相对而言，战略实施是将公共组织的战略方案转化为具体行动的过程，而战略控制则是对已经实施和正在实施的具体行动进行测定和评价，检验战略方案及具体行动的有效性和科学性，并根据公共组织发展中出现的新情况，及时调整或者改变战略方案及具体行动，以保证其对公共组织活动的有效指导。

第二节　公共组织战略管理过程和方法

一、公共组织战略的基本框架

战略管理是对一个组织的未来发展方向制定决策和实施这些决策的动态管理过程，主要包括五个动态的具体步骤：使命提炼、环境分析、战略制定、战略实施和战略控制。对于任何组织的战略管理而言，这五个步骤都是相互联系、相互依存的，并没有严格的先后顺序排列。

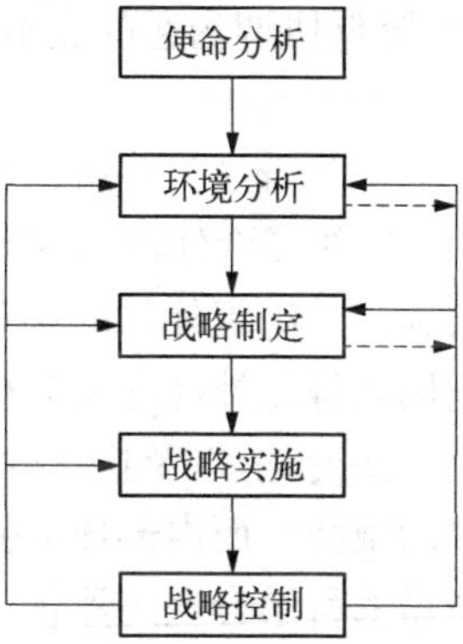

图 9.2　公共组织战略框架

由此，公共组织战略的基本框架也由五个部分组成：使命提炼、环境分析、战略制定、战略实施和战略控制（参见图 9.2）。

1. 使命提炼

使命就是责任,确定公共组织的使命实际上是回答"我是谁"这一问题,这是选择和确定公共组织战略目标的基本前提。彼得·德鲁克认为,"一个企业不是由它的名字、章程和条例来定义的,企业只有具备了明确的使命与愿景,才可能制定明确而现实的战略目标"[2]。如果一个组织没有战略使命,那它就丧失了存在的价值和意义。企业公司如此,公共组织亦是如此。

公共组织的战略使命是公共组织存在的基本理由和价值追求的根本所在。确定公共组织战略管理方向的首要工作就是明确公共组织的组织宗旨,提炼契合公共组织的使命要求。

提炼公共组织的使命是与公共组织的组织性质密切相关的。公共组织使命的表述要做到文如其名,反映公共组织所在领域、区域和行业的基本特征和发展要求,主旨明确、表达清晰、个性鲜明、通俗易懂。公共组织的使命提炼是公共组织战略管理过程的起点,通过对公共组织使命的提炼,公共组织的成员将形成对战略管理目标体系的一致认识,从而有利于减少战略管理实施过程中的阻力、降低协调沟通的成本。

2. 环境分析

环境分析是公共组织战略分析的关键性内容,主要包含两个方面:外部环境分析和内部环境分析。一般而言,外部环境可以理解为公共组织外部的宏观环境,例如,政治因素、经济因素、社会文化因素等。外部环境分析主要是了解公共组织所处的环境正在发生哪些变化,以及这些变化将给公共组织带来更多的机会还是更多的威胁。而内部环境分析则是对公共组织自身内部条件和能力所做的科学合理的评价,以了解和掌握公共组织所具有的资源优势、战略能力、相关利益者的利益诉求及对战略方案可能出现的反应等。

环境分析的实质是"知己知彼"的过程,了解和把握公共组织所处的内外部环境及其自身的相对地位，掌握公共组织目前状况，并通过评估影响公共组织目前和今后发展的关键因素，明确公共组织的优势和劣势，从而制定有针对性的战略，有效利用自身资源，扬长避短，保证公共组织在激烈的市场竞争和复杂的社会变化中掌握更多的主动权。

3. 战略制定

战略制定是指为使公共组织获得更大的成功而制定的战略决策。公共组织作为非营利性组织，战略制定的重点不在于获得最大的经济收益。所以，公共组织的战略制定必须牢牢把握公共组织的组织性质和组织目标，结合所在领域、区域和行业发展的实际和趋势，紧紧围绕“社会需要哪些服务”“我们能为社会发展提供哪些服务”“我们如何为社会提供这些服务”这三个问题制定明确的战略。[3]

公共组织发展战略制定与所在领域、区域和行业的发展阶段和发展趋势密切相关。常见的公共组织发展战略主要有三种。

第一，专门化发展战略。根据所在领域、区域和行业发展面临的共同问题和共性需要，专注于公共组织服务能力的培育和提升，以更好地服务于所在领域、区域和行业内特定服务对象（会员）为目的的战略。

第二，社会化发展战略。根据市场经济发展和现代化社会发展的要求，扮演公共治理主体的角色介入社会运行之中，以提升所在领域、区域和行业的社会影响力为目的的战略。

第三，国际化发展战略。根据全球化发展的趋势，作为所在领域、区域和行业代言人或代表者，提高广泛参与所在领域和行业国际交往、国际合作的能力，以提升国际影响力为目的的战略。

4. 战略实施

战略实施是确保公共组织既定战略能够被落实到实际操作中去的过程，是将战略目标付诸实际行动的阶段。

公共组织战略实施的重点是强调操作性、可行性和技巧性。

操作性是确立战略制定之后行动纲领的具体体现,公共组织战略实施的操作性程度充分体现其管理水平和行动能力。可行性是协调战略目标与现实可能之间差异的综合安排,公共组织战略实施的可行性在很大程度上取决于决策者及管理人员对所在领域、区域和行业发展状态及未来可能性的理解。技巧性是平衡理性模型与实际操作之间存在矛盾的方法,公共组织战略实施的技巧性要求在日常管理中有效应用不同手段和不同工具,以取得符合战略目标的绩效。

5. 战略控制

战略控制是指对公共组织的运行过程进行监督和衡量,帮助管理者评估实施的战略是否符合目标,发现偏差并采取措施,以确保公共组织发展目标得以实现的过程。

战略控制的类型主要有:(1) 反馈控制。向公共组织管理者提供实施状况的动态信息,以及时发现实施中存在的问题并及时进行调整。(2) 实时控制。把握公共组织运作中常见的控制过程参数,向公共组织管理者提供实时信息。(3) 前馈控制。帮助管理者参与公共组织内外环境的变革。

二、公共组织战略制定的流程

1. 准备工作系统化

通过对公共组织基本状况的研究和分析,使战略制定的准备工作系统化:(1) 收集与公共组织相关的基本数据并进行分类,实施需求评估;(2) 明确对公共组织未来发展具有积极意义的关键性议题或问题;(3) 阐述公共组织的作用和责任,确定相关利益主体;(4) 勾画公共组织发展目标的基本轮廓,并采集和分析相关的环境信息。

2. 阐述使命和目标

组织使命是公共组织存在的基础,组织目标是公共组织发展的方向:(1) 确定和提炼公共组织的独特使命,并用精炼的文字做出清晰的表述;(2) 阐明为实现公共组织使命在组织结构上必须进行的变革;(3) 定义公共组织的系统状态;(4) 确立达到公共组织使命和目标的具体项目任务。

3. 环境评估分析

对公共组织所处环境进行科学分析并做出合理认知是制定战略的重要前提:(1) 详尽分析公共组织内部和外部环境的特质;(2) 判断公共组织内部和外部环境的趋势对公共组织的要求;(3) 确定和描述公共组织战略的总体要求。[4]

4. 制定战略并进行分析可行性

根据公共组织的组织愿景及环境条件分析制定总体战略:(1) 确定公共组织发展战略;(2) 对公共组织发展战略的实施做出具体部署;(3) 对公共组织发展战略中关键性的战略目标给予重点倾斜支持;(4) 对公共组织发展战略框架下的实施项目进行可行性分析。

5. 匹配相应的资源

公共组织战略的实施需要匹配相应的资源:(1) 将公共组织战略目标和任务转化为基本的策略;(2) 制定明确的实施策略的具体措施;(3) 形成基于公共组织战略和策略的财务、人力等资源的分配原则和指南。

三、公共组织战略管理方法

1. BCG 发展矩阵

BCG 发展矩阵(BCG Matrix)即著名的波士顿矩阵,又称为市场增长率、相对市场份额矩阵、四象限分析法、产品系列结构分析法等。BCG 发展矩阵是由美国大型商业咨询公司——波士顿咨询集团(Boston Consulting Group)首创的一种规划企业产品组合的方法。其中,问题的关键在于要解决如何使企业的产品品种及其结构适合市场需求的变化,只有这样,企业的生产才有意义。同时,如何将企业有限的资源有效地分配到合理的产品结构中去,以保证企业收益,是企业在激烈竞争中能否取胜的关键。

在公共组织战略管理中需要对 BCG 矩阵图进行适当的调整,以能力建设为重点,引入"存量性的现有能力""增量性的发展速度"来进行分析。[5]该模型的意义在于,以能力建设为视角通过对"存量性的现有能力""增量性的发展速度"两个维度的考察,更加贴切地描述公共组织现实状态和未来可能,勾画出公共组织现状所反映的类型特征,并据此选择和制定战略方案(参见图 9.3)。

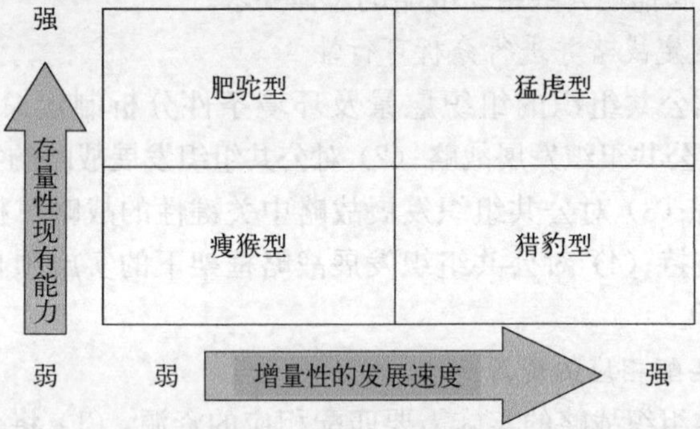

图 9.3　BCG 发展矩阵

(1) 猛虎型。猛虎型公共组织具有强现有能力和强发展速度,在公共组织间的竞争中如同猛虎一样,发展有力有势。

(2) 肥驼型。肥驼型公共组织具有强现有能力和弱发展速度。尽管此类公共组织由于历史传统的原因具有较强的基础性能力,例如较强的资源筹集能力,但面向未来的发展能力较弱,如同肥驼一样,有基础但行动缓慢,目前发展情况较好主要出于原有储备和基础较好。

(3) 猎豹型。猎豹型公共组织具有弱现有能力和强发展速度。例如,一些公共组织由于体制性限制造成制度建设、法人治理、资源筹集等方面需要进一步加强和完善,但由于这些公共组织在组织与管理方面进行持续创新,因而发展速度较快,面向未来的发展能力较强,如同猎豹一样,成长空间较大。

(4) 瘦猴型。瘦猴型公共组织表现为弱现有能力和弱发展速度。由于基础薄弱,缺乏发展潜力,这类公共组织往往是一种贫乏型或维持生存型公共组织,如同瘦猴一样,表现出“营养不良”“形象不佳”等问题。

2. SWOT 分析法

SWOT 分析法又称态势分析法,它是一种企业战略分析方法。早在 20 世纪 80 年代初就由美国旧金山大学的管理学教授提出来。SWOT 分析法能够较为客观且准确地分析和研究一个组织的现实情况,即根据企业自身的既定内在条件进行分析,找出企业的优势、劣势、机会与威胁所在。其中,S 代表 strengths(优势),W 代表 weaknesses(劣势),O 代表 opportunities(机会),T 代表 threats(威胁),其中,S 和 W 属于内部因素,O 和 T 则为外部因素。

SWOT 分析通过综合考虑组织所面临的外部环境因素和内部资源因素,得出组织的优势、劣势及其所面临的机会和威胁后,将外部因素和内部因素相匹配得出战略行动备选方案。而其中,优劣势分析主要将注意力放在组织自身的实力及其与竞争对手的比较上,而机会和威胁分析则主要着眼于外部环境的变化或对组织自身的影响。

按照企业竞争战略的完整概念,“战略”应是一个企业“能够做的”(即组织的强项和弱项)和“可能做的”(即环境的机会和威胁)之间的有机组合。SWOT 分析法是建立在企业内部的资源能力和外部环境良好匹配的基础上的,因此,SWOT 分析法的核心就在于战略的“匹配”,即根据企业的优势、劣势、机会、威胁匹配设计出 SO 战略、WO 战略、ST 战略和 WT 战略,以此来获取独特的竞争优势,使企业在行业中取得有利的地位。

在公共组织战略管理中,通常可以通过编制 SWOT 矩阵图来进行 SWOT 分析(参见图 9.4)。根据 SWOT 矩阵图,公共组织可以在四种组合战略中选择合适的战略。

	优势(O) 列出公共组织的各项优势	弱势(W) 列出公共组织的各项劣势
机会(O) 列出公共组织面临的各种机会	SO战略 内部优势与外部环境机会相匹配的战略	WO战略 利用外部机会来弥补内部劣势的战略
威胁(T) 列出公共组织面临的各种威胁	ST战略 利用内部优势规避或减轻外部威胁的战略	WT战略 在减少内部劣势的同时规避外部环境的威胁

图9.4 SWOT矩阵

(1) 优势—机会(SO)战略。SO战略是一种将公共组织内部优势与外部环境机会相匹配,发挥内部优势和利用外部机会以达到公共组织目标的战略。从战略管理过程来看,任何一个组织及其管理者都希望充分利用自己的优势并避开自己的劣势,抓住外部环境所提供的机遇以求得发展。但是,要充分发挥自己的优势实际上与其他因素的控制和转化有关,因此,公共组织在实施这一战略时往往需要以其他战略(如WO战略、ST战略或WT战略)的配合作为基础。

(2) 劣势—机会(WO)战略。WO战略是一种利用外部机会来弥补内部劣势的战略。通常是在这种环境下使用,即组织存在外部机会,但内部却有明显劣势,可能会妨碍外部机会的实现。实际上,这意味着当外部环境中出现公共组织发展机会时,可以利用这一机会作为契机来进行公共组织内部更新。

(3) 优势—威胁(ST)战略。ST战略是一种利用内部优势规避或减轻外部威胁的战略。当公共组织发展面临不利外部条件时,可以依靠和强化某些内部优势(如内部凝聚力、行业影响力、专业化服务能力等)规避或减轻外部条件变化所带来的威胁。

(4) 劣势—威胁(WT)战略。WT战略是一种在减少内部劣势的同时规避外部环境威胁的战略。与上述三种战略相比,这是一种防御型战略。当一个公共组织处于内部有许多弱点而外部又面临许多威胁的情况下，往往对外部机会的利用效率是很低的。

3. 标杆管理法

标杆管理是在 20 世纪 70 年代末由美国施乐公司首创，后由美国生产力与质量中心进行系统化和规范化，是现代西方发达国家企业管理活动中支持企业不断改进和获得竞争优势的重要管理方式之一。西方管理学界将其与企业再造、战略联盟一起并称为 20 世纪 90 年代的三大管理方法。

一般而言，所谓"标杆"是指可参照的预期要达到的目标及标准，是判断事物或者事情的依据和准则，也比喻作为学习的榜样。其中："标"是在质量、数量和价值方面所期望获得的业绩标准；"杆"则是参照物。在现代管理学理论中，"标杆"渐渐衍生为衡量的"基准"或"参考点"，成为"优异典范"的代名词。

在管理学的语境下，标杆管理的实质是"主动学习"，即企业基于进一步发展的愿景，主动地选择最强的竞争企业或本行业中领先的和最有名望的企业作为"标杆企业"，以"标杆企业"在产品、服务或流程等方面的优异绩效和有效措施为基准，为自己树立学习和追赶的目标。也就是说，标杆管理中的"标杆企业"并不是政府或社会"评选"的结果，而是企业"主动学习"的选择。在此意义上，标杆管理与"学习型组织"建设有异曲同工之处。

因此，对实施标杆管理的企业而言，"标杆"的实施方法有两个层次的把握。第一个层次是整体性标杆，即：选择行业内公认的最优企业作为学习的"标杆"，通过实施标杆管理，实现自身全面的提升和超越。第二个层次是局部性标杆，即：围绕自身发展的重点目标，选择具有特定优势和特色的企业作为学习的"标杆"，通过实施标杆管理，实现在重点目标上的绩效改善。

随着标杆管理在理论上的不断完善和实践中的显著成效，其运用的范围从企业向其他组织扩展。进入 21 世纪后，国际上许多社会组织开始引入标杆管理理念，出现了一些被认为具有"标杆"

意义的社会组织。同时,公共组织也开始引入标杆管理的理念和方法,分析和提炼标杆公共组织的共同特点(参见表9.1)。

表9.1 标杆公共组织的"标杆"要素

合法基础	内部治理	业务能力	社会评价
合法成立和登记 制订完备的章程 遵守管理规定	治理结构民主公正 治理制度合理完善 治理机制运转有效 诚信体系建设完善	反映诉求、维护利益能力突出 特定的服务能力较强 依法推动业内自律能力显著 具有一定国际影响力	对理念高度认同 参与志愿服务 关心弱势群体 具备良好社会声誉

(1) 完备的合法性基础。标杆公共组织合法性的基础条件必不可少:一是法定代表人、活动资金、组织名称和办公条件等都符合法律规定,具有法人资格;二是具有严格的章程制定、修改程序和规定;三是严格按照规定变更登记和办理备案。

(2) 完善的内部治理。标杆公共组织具有比较完善的内部治理结构、内部治理制度和内部治理机制。标杆公共组织内部治理结构强调民主和公正,会员大会、理事会、秘书长、监事会分别行使决策、执行和监督职能。以章程为核心的内部治理制度建设较为完善,包括民主选举制度、民主决策制度、运行管理制度、财务管理制度、诚信自律制度、信息公开制度、激励制度和监督制度等。运行机制科学规范,包括决策机制、人事机制、财务机制、激励机制、监督机制等内部治理机制等。

(3) 高效的业务活动。标杆公共组织具有较强的组织能力和核心业务能力,依法自律,规范行为,在高效地服务所在领域、区域和行业的过程中,得到服务对象、会员、社会及政府的认可。标杆公共组织在所在领域、区域和行业内具有广泛的引领力,在一定程度上体现和引领所在领域、区域和行业的发展方向。同时,标杆公共组织具有一定的国际影响力，通过参加所在领域和行业的国际组织并担任职务，履行有关国际义务。

（4）很高的社会评价。标杆公共组织具有鲜明的公共服务理念和强烈的公共责任追求，体现社会对公共服务的客观需求和时代特征，认可度高、有特色、影响力大。标杆公共组织与服务对象、会员、社会及政府等各方面积极合作，发挥影响力和引领力，在全社会形成强大的感召力，具有很高的社会评价。标杆公共组织不断强化社会合作功能，坚持以独立性、非营利性、民间性的特色提供专业性和志愿性服务，形成具有特点的公共组织文化，提炼基本价值观、行为标准和伦理守则。

当然，公共组织在引入标杆管理理论的过程中，要充分认识到与企业管理中运用标杆管理理论存在的差别。简而言之，企业标杆管理中对"标杆"的认定更多地依据可量化的经济指标，如产值、销售额、利润、税收、专利等指标的绝对数和相对数，因而更具直观性和可比性，更易获得业内普遍的认同。而在公共组织标杆管理中对"标杆"的认定，除了一部分可量化的定量指标外，还有许多定性指标来自相关人员的内心感受和主观倾向，由于存在利益关系和价值判断的影响，这些内心感受和主观倾向时有分歧，往往众说纷纭，较难形成直观性的普遍认同。

〔案例12〕美国大豆协会的战略管理实践

美国大豆协会是代表美国大豆农民利益的非营利性、会员制的民间组织，1920年在美国印第安纳州成立，总部位于美国"玉米带"中心密苏里州的圣路易斯市。目前，有32 000名会员，遍及美国的29个州，并在海外设有14个办事处。在近百年的发展中，美国大豆协会逐步形成和完善其组织战略，包括组织宗旨、环境分析、总体战略和战略措施等。

（一）美国大豆协会的组织宗旨

美国大豆协会的宗旨是推动美国大豆业的发展。美国大豆协会的主要会员是农业公司及个体农民,协会根据会员的需要进行广泛的促销、研究和教育活动。其具体目标有三个:(1) 代表国内外大豆种植业主的利益,积极与美国政府和其他国家就大豆业的发展进行沟通;(2) 赞助与大豆相关的科研活动,开发大豆和大豆制品的新用途,培育新品种;(3) 在全球范围内推广使用大豆及大豆制品。

(二) 美国大豆协会的国际化战略目标及实施措施

20 世纪 50 年代后,美国大豆协会详尽研究了美国大豆业发展所处的市场环境发生的新变化,一方面,美国国内市场逐步趋于饱和,另一方面,国际市场存在许多空白之地,大力开拓国际市场,把美国的大豆输入全球所有的角落,是美国大豆业获得持续发展的必然选择。因此,美国大豆协会制定了推动美国大豆走向全球的国际化发展战略,把开拓国际市场列为第一位任务。

围绕国际化战略目标,美国大豆协会制定了具体的实施措施。

第一,加强会员服务。美国大豆协会大量提供国内外市场信息,经常举办和参加国际展览,组织国际市场考察,为企业介绍合作伙伴,与国外公共组织建立合作关系,组织企业进行国际研讨和交流,进行国际贸易中介服务等工作。

第二,推进技术创新。美国大豆协会把开发大豆技术,培育大豆的新品种、新用途以及开发大豆加工制品的新技术,作为不断开拓国际市场的主要途径。按照市场经济发展的必然规律,强化科技创新,提高行业技术水平,提高行业国际竞争力。

第三,吸收国外会员。美国大豆协会允许外国的相关公司和机构等加入,调动全球范围大豆产业各方的积极性,以相同的利益来进行和调整自身的行动。同时,强化外国大豆产业相关组织与美国大豆协会的利益相关性,这些外国会员就可能在美国大豆进入该国时,成为共同的利益集团,为美国大豆的推广和促销铺平道路。

第四,争取政府支持。美国大豆协会就行业的发展积极同美国政府进行沟通,把参与并影响国会和政府的农业政策、贸易政策和应对国际市场的政策,作为协会的经常工作,如提倡政府在大豆销售困难时向种植业主提供销售贷款,售后还贷,低于政府价格售出部分可免还贷款。

为了保证国际化战略的有效实现,美国大豆协会积极争取政府的支持来配置相应的资源。美国大豆基金会就是其中一种重要形式。美国大豆基金会是负责管理全国大豆交款计划的农民委员会,其基金会的董事由美国农业部部长任命。根据交款计划,种植大豆的农民要把他们出售大豆收入的0.5%交给大豆基金会。这些费用主要用于支持有关大豆的科学研究,促进大豆的销售以及教育方面的投入,目的在于使增加种植大豆的农民获得更大的效益。

案例资料来源:本书作者根据相关材料整理而成。

案例思考题:

(1) 美国大豆协会是在什么背景下提出和制定国际化战略目标的?

(2) 美国大豆协会采取哪些措施有效地保证国际化战略目标的实现?

第三节　公共管理机构的形象战略

一、公共管理机构的组织形象及其分类

组织形象是指一个组织机构在社会公众中的整体印象。在市场竞争中,企业的形象和信誉对其产品、服务的销售起着决定性作用。与此相类似,公共管理机构作为公共组织的重要组成部分,其

组织形象在公共管理中有着重要的影响。

组织形象(又称为公众形象或公关形象)是指,一定的组织机构在社会公众心目中相对稳定的地位和整体印象,具体表现为社会公众对组织机构的全部看法、评价和一整套要求及标准。

在公共管理中,组织形象主要指公共管理机构的公众形象。[6]同时,公共管理过程中的很多环节和内容是由公共管理人员具体实施和提供的,因此,公共管理人员的个人公众形象也有着重要的意义,是影响公共管理活动绩效的重要因素。

社会公众对公共管理机构和公共管理人员个人持什么样的评价和看法就会形成相应的公众舆论,直接影响着公共管理机构的行为和运转。良好的舆论环境有利于促进公共管理活动的开展,反之则起阻碍作用。社会公众舆论对公共管理机构的支持或赞赏与否反映出该机构为社会所接受和拥护的程度。而社会公众的拥护程度对公共管理机构的生存和发展是至关重要的。正因为如此,公共管理机构必须高度重视社会公众舆论和自身的社会形象。

公共管理机构的组织形象是一个整体印象,可具体化为各种舆论。但舆论本身并不等于公众形象。因此,在理解公众形象时应注意以下几点。第一,组织形象必须是相对稳定的形象。组织形象一旦形成,就会存在和持续一定的时间,新的形象的建立和塑造要经历一个较长的过程。所以,社会公众一时的反应并不能代表公共管理机构的真正形象。第二,组织形象是整体性的。组织形象不是细枝末节、零碎的拼凑,也不是组织的某种具体形象如领导人、员工、服务质量等,而是包括了所有这些方面的整体或综合形象。应当把组织形象与具体的形象要素区别开来。第三,组织形象表现为社会公众舆论,但并不等于社会公众舆论。舆论是经常变动不定的,各种舆论中所包含的共同本质或趋向才构成组织形象。如果因某种原因社会公众舆论发生了变化(假如不利舆论产生),新的组织形象并不一定会立即形成。只有这种不利舆论一直持续下去，久而久之形成一种稳定的共同倾向，新的组织形象才会产生。

为什么公共管理机构会有相应的组织形象？这是由其自身的行为、政策及每一位公共管理人员的言行举止所造成的。这种形象的产生和运行机制可描述为：公共管理机构或公共管理人员采取某项或某些政策和行为，从而对社会公众产生一定的影响，社会公众在接受和了解到这些影响后，会用自己既有的标准、要求和价值观去评判公共管理机构及公共管理人员的行为和政策，并通过评判产生一定的观点、意见和看法，导致社会公众舆论产生。一旦这种社会公众舆论稳定化、系统化和定型化，就形成公共管理机构相应的组织形象。而这种形象的好坏又会反过来影响公共管理机构的政策和行为(参见图 9.5)。

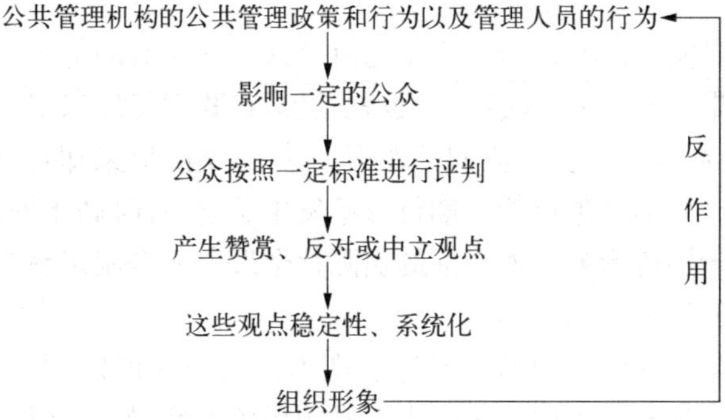

图 9.5　公共管理机构组织形象形成

公共管理机构的组织形象就是这样循环往复而不断发生变化的。由此可见，公共管理机构公众形象状况的原初动因，来自公共管理机构自身的行为和公共政策，即如何对待社会公众。一旦组织形象下降，说明公共管理机构与社会公众的关系失调，社会公众对公共管理机构不满意，这就要求公共管理机构对自身的态度、行为、政策进行合理调整。因此，组织形象实际上是公共管理机构与社会公众互惠互利、互相选择和互相适应的结果，是双方利益结合与和谐程度的指示器。

组织形象可划分为不同的类型,在实际的公共管理活动中可以针对某种具体形象进行一些传播沟通工作,公共管理机构应有这样的明确的形象意识。

从公众形象的性质来看,公共管理机构的组织形象可分为自我期待形象和社会实际形象两种。[7]所谓自我期待形象,指的是公共管理机构期望在社会公众心目中具有的对自身的全部看法、评价和标准。它又包括两种:一是理想形象,即公共管理机构对自身形象所作的较为长远的规划和设计,是公共管理目标的一个方面;二是目标形象,即公共管理机构希望通过某项或一系列公共管理活动的开展所达到的形象状态;公共管理机构在公共管理中应拟定这两种期待形象目标,可称之为公共管理机构的公共关系目标。所谓社会实际形象,指的是社会公众及社会舆论对公共管理机构的真实看法和评价。它是通过公共管理人员的努力而达到的实际效果,是一种形象现实。也就是说,自我期待形象仅仅是一种期望值,起着明确努力方向的作用,而社会实际形象却是真实的形象状态。实际形象可能与期待形象发生矛盾,有时高于期待形象,有时低于期待形象。而当前的实际社会形象又是制定新的自我期待形象的重要根据。

由于实际的组织形象具体表现为社会公众评价,所以又可以根据评价的不同主体而区分出不同的形象类型,如总体形象、主观形象、有效形象和特殊形象等。

(1) 总体形象指的是所有社会公众对公共管理机构的全部看法、评价和态度的总体趋势,即舆论主流,所以又称为综合形象。这最为公共管理机构所关心,因为它反映出公共管理机构组织形象的主要倾向。由于公共管理机构涉及许多利益关系平衡的问题,而绝对平衡又是不可能的,所以,通常公共管理机构要首先关注总体形象,即实现主要的利益关系平衡,使绝大多数公众满意。

(2) 主观形象指的是公共管理机构所坚信的社会公众对自己

的看法、评价和态度。它不是期待形象，而是对自己真实形象的主观估计和评估。由于缺乏对社会公众舆论的真实而全面的知晓和了解，它往往同真正的实际形象有差距，带有一定的主观性，类似于“自我感觉”或“自我认识”。在公共管理活动中公共管理机构的主观形象是否符合实际，对公共管理目标的确定有着特殊的意义。

(3) 有效形象指的是公共管理机构面临的主要社会公众对它的真实看法、评价和态度。在不同的时期，由于公共管理的目标和任务不同，所面对的主要社会公众也不相同。相对于该特定的公共管理目标来说，这些主要社会公众的评价最有实际意义，而其他如与公共管理目标不直接相关的社会公众，就不对公共管理产生重大的直接影响。因此，只有相关的主要社会公众所持的评价才是最有效的形象。

(4) 特殊形象指的是特殊社会公众对组织的评价、看法和态度。所谓特殊社会公众，指的是那些与公共管理机构有特殊利益关系，对公共管理机构有特殊要求的社会公众，如社会的老弱病残者，就要求公共管理机构给予特殊考虑。在重大事故中，受难者及其家属也构成特殊的公众。一般而言，特殊社会公众的社会关注度较高，树立良好的特殊形象就会有着十分突出的意义。

由此可见，由于评价主体不同，形成了各种类型的组织形象。公共管理机构应根据不同的管理目标和任务，善于去识别不同的社会公众，树立起相应的良好形象，从而有效地促进公共管理目标的实现。

二、公共管理机构组织形象的作用

在公共管理过程中，组织形象一般表现为公共管理机构作为整体的形象和公共管理人员作为个人的形象。实际上后者通常也是同公共管理机构整体形象联系在一起的。无论是机构的组织形象还是个人形象，在公共管理活动中有着重大的意义，具体表现在以下三点。

第一,良好的公共管理机构形象为公共管理创造良好的公共关系软环境。公共关系环境在很大程度上主要地表现为社会公众的舆论及其变化情况,而舆论中比较稳定的内容就是公共管理机构的形象。这就表明,良好的形象实际上是公共关系环境状况的指示器和信号灯。提高和完善公共管理机构的组织形象也就是要创造良好的公共关系环境。

第二,良好的公共管理机构形象有利于充分调动公共管理人员齐心协力完成公共管理目标。形象好并能给员工创造良好工作条件的组织,人们都会趋之向往,这就为保留和吸引人才创造了有利条件。在现代社会里,社会成员要求在工作中得到尊重,相互关系和谐,能够有实现自我价值的机会。组织形象良好的公共管理机构,员工就会感到自豪和骄傲,会努力地为实现共同的公共管理目标而忘我工作。也就是说,组织形象成为公共管理机构内聚力高低的重要影响因素。

第三,良好的公共管理机构形象有利于得到各方社会公众对相应的公共管理项目的支持。公共管理涉及的是各种公共事务,需要各方社会公众的积极参与和支持才能变成现实。而社会公众的支持程度与公共服务接纳者对公共管理机构以及相应的项目和管理目标的评价是密切相关的。支持力的大小反映社会公众对公共管理机构的信任程度,而支持的原因却很大程度上来自社会公众对公共管理机构和人员及其行为、政策的评价。

社会公众对公共管理机构的态度主要是三种:一是持支持、合作、赞赏的态度,持此种态度的社会公众一般称为顺意公众;二是持反对、不合作甚至敌对的态度,持此种态度的社会公众是逆意公众;三是持中间态度不表态或态度不明朗,持此种态度的社会公众称为独立公众或中间公众。一般来说,只有顺意公众才对公共管理机构和相应的管理行为起支持作用,但也不否认某些独立公众甚至逆意公众也会在特殊情况下对公共管理机构的生存、发展起到有利影响。凡是产生支持力的社会公众都属于公共管理机构的支持性公众或称为有利公众。

社会公众的支持源于公共管理机构的形象，当然有时候也可能有其他因素起作用。支持力的大小主要反映在两个方面。第一，支持率。所谓支持率，也就是在具体公共项目中产生支持作用的社会公众在总的相关社会公众总量中所占的比例。支持性社会公众越多，支持力就越强。第二，支持强度。在有利公众中的核心公众、意见领袖所产生的支持作用实际上要大于其他社会公众。而且同样是支持、合作态度，但是却有支持程度的差异，如“绝对赞同”“赞同”“倾向于赞同”“勉强赞同”等。这些强度因素对支持力大小有着重要的影响。例如，有些公共项目只要取得有关意见领袖和核心公众的支持，就会十分容易地完成。这就要求公共管理人员要善于去识别哪些社会公众是有利的，哪些社会公众是不利的，以及不同社会公众的有利程度。在必要时，还要采取一些手段去争取改变社会公众的态度。

总而言之，良好的公共管理机构和公共管理人员的形象对于维系公共管理机构的生存和发展、实现具体的公共管理目标都是至关重要的。

三、公共管理的公共关系环境

公共管理的公共关系是指，公共管理机构在遵循一般公共关系原理的基础上，为了更好地管理公共事务而运用传播手段与社会公众建立相互了解、相互适应的持久关系，以利于在社会公众中塑造良好的形象，争取社会公众理解和支持的。[8]

公共管理过程中涉及的环境包括两方面内容：一方面是公共管理的外部环境，如生态环境、文化环境、政治经济环境等。也就是说，这些环境因素对于具体的公共管理活动来说是现实的条件，而不是公共管理的直接对象和结果。另一方面是公共管理的内部环境，如内部关系、社区成员的支持、公共管理机构之间的交流和支持等。这些内部环境统称为公共管理的公共关系环境,它们是直接内在于公共管理之中并可以纳入公共管理机构的活动内容,这些环境因素是公共管理机构创造和改变的结果,因而构成公共管理机构不可缺少的与各种社会公众间的关系环境(即“人和”条件)。公共关系在这里成为公共管理过程中的重要辅助性行为。

公共关系从产生之初就同公共管理有着不解之缘。在公共管理中有两种形式的公共关系存在,一种形式是公共管理机构聘请专门人员设立公共关系部,处理专门的公共关系事务,这是职业性的。另一种形式是整个公共管理机构有意识或无意识地开展与各种公众的公共关系,这是非职业的。公共关系在这里可看作是以公共管理机构的名义同任何公众包括立法机构、新闻媒介、内部员工和职能部门间的有意识沟通和协调活动。前一种职业性的专门活动似乎在缺少公共关系部的公共管理机构中不存在,但实际上并非如此,这些由公关人员做的事情实际上可能由其他人代做。而第二种公共关系形式更常见,例如,市长电视讲话,深入基层慰问等都是在进行公共关系工作。

公共关系主要是采用传播手段(即信息交流)去进行的。而公共管理中的信息传播对公共管理的运行有着重大的影响。政府必须经常地同公众进行信息交流,让公众了解政府的行为,并争取公众的支持和积极参与。政府要进行两个层次的公共关系环境的创造工作。一是潜在层次的公共关系。即维系、巩固和延伸政治影响,形成舆论氛围,为现在和将来的公共管理行为建立支持系统。二是行为层次的公共关系。前者更侧重于创造组织运行的环境,后者侧重于创造公共管理活动的现实环境。前者永久性地发挥作用,后者可能只在相应的公共管理行为中有意义。一般称为公共关系环境的公共关系活动主要是指潜在性的,即目的是为公共管理机构整体运行创造良好的氛围。

在许多情况下,公共管理机构和公共管理人员需要采取一些有效的手段争取良好的潜在公共关系环境和现实的行为层次的公共关系环境。对于潜在层次的公共关系除了通过良好的组织形象和经常的传播交流之外，更要采取有效的手段和技巧。比较常见的方法有如下四个。

(1)“走漏风声”。有些公共管理行为和政策在实施之前，可以有意识地透露给新闻媒介或其他公众，以便检测立法机关、重要的利益群体以及其他相关公众的反应。当这种反应有利的时候再出台管理政策，往往能比较顺利地达到目标。这是了解公共关系环境的重要途径。

(2)“假借他人”。公共管理机构的高层公共管理人员可以授意其下属以其名义对外透露消息，这样可以避免高层管理者直接面对社会公众，从而有助于维护高层管理者的形象，同时也有助于在社会公众反映不利的情况下使高层管理者撤销、调整或修正有关的信息，而不至于纯粹被动地听从别人“指手画脚”。

(3)“他山之石”。有时候，为了获得社会公众的支持，公共管理人员可以利用某一政府官员或有代表性的公共管理机构作为传播交流的“幌子”，将他人推出，然后把自己与他人联系起来。如果社会公众与这些“他人”(一般是名流)的公共关系良好，那么自己也会获得良好的公共关系环境。

(4)“正规路子”。如果公共管理机构想把公共管理决策公之于众，可采用正规的途径，其中最常见的是新闻发布会或记者招待会。在这种情况下，公共管理机构的相应人员(主要是领导)必须直接发布其决策，并作出适当的解释。

对于行为层次的公共关系环境则主要依赖于相应的信息提供和合理的说服。由于这种公共关系工作的目的是争取有关社会公众对具体的公共管理行为的支持、理解和合作，所以公共管理人员必须向社会公众讲清利弊，说明其与社会公众的利益关系，准确表明要求社会公众做什么，能做什么，为什么必须做等。同时，公共管理人员自身的形象也很重要。直接与社会公众联系和打交道的公共管理人员必须做到：(1) 要对公众提出的问题和要求给予适当的反应;(2) 要有明确的使命感和奉献精神,体现出良好服务的境界;(3) 表现出激情以及对公共管理的忠诚和挚爱;(4) 注意信息的保密性和公开性。公共关系主要是一种信息过程,而提供信息必然会涉及信息的保密性和公开性问题。公共管理人员必须注意两者的明确界限,对一些保密性的消息应取得上级的同意后方可对外发布。

当然,潜在层次的公共关系环境和行为层次的公共关系环境之间又是相互联系在一起的。事实上,潜在的公共关系环境有利的程度往往对具体说服活动产生巨大的影响。潜在的公共关系环境主要以公共管理机构的公众形象(即组织形象)的形式表现出来,而社会公众形象是在长期的公共管理行为中形成的,是多次公共管理活动中行为层次的公共关系环境的不断积累和定型。

无论潜在的还是现实的公共关系环境都体现了公共管理机构与不同社会公众的关系状态。这些关系中主要的形式有。

(1) 与社区的关系。社区是一个地域和社会概念,即公共管理主体所辖范围内的全部居民和单位的总称。公共管理总是针对具体社区的。但不同层次和性质的公共管理机构所涉及的社区范围又各不相同。公共管理机构与社区的公共关系往往通过自身的威信、公众的评价、具体项目获得公众的支持与合作的程度等体现出来。

(2) 与新闻媒介的关系。新闻媒介作为相对独立的舆论制造者与监督者,在公共关系环境的改变方面有着异常特殊的作用。新闻媒介本身是有双重身份的,一方面他们是媒介,即公共关系的重要中介和通道,是创造、了解和把握公共关系环境的工具之一;另一方面,他们本身又是公共管理机构的主要公众之一,作为公众,又要与公共管理机构发生相互影响、相互作用的关系。由于媒介的这种特殊双重地位,要求公共管理者必须要善于处理与媒介的关系,善于运用媒介来为自己的公共关系服务。

不同层次的公共管理人员所面临的公共关系环境的形成机制

也会有差异。其中,高层管理者的公共关系环境往往直接依赖于新闻媒介才能形成和改变。因为高层管理者常常不是埋头于具体的事务,而是整体协调,所以他们并不经常直接地同各种公众打交道,为公众提供具体的服务。而他们又必须同公众进行交流,在这种情况下,他们就必须借助于新闻媒介,以便在广大公众面前树立起良好的自我形象。由此可见,高层公共管理者的公共关系环境主要是通过新闻媒介建立起来的,于是与新闻界的关系本身也就有了特殊的意义。

对于中低层公共管理人员来说,他们的直接任务是将公共项目变成现实,为公众提供直接的服务,所以他们的公共关系环境是通过与公众的直接相互作用甚至面对面的交流而形成的。在这种情况下,他们自身的行为具有更加重要的意义。但新闻媒介仍然不可缺少,不过可利用的机会相对少些。

(3) 与政府间的关系。各政府之间的关系含横向和纵向的相互作用关系,对公共管理无疑有着重大的影响。有些公共管理项目如果没有良好的政府间关系就无法实施。如环境保护和公共交通等往往是跨社区的,如果政府间关系紧张,就根本不可能有效地组织起公共交通网络,防止环境污染,进行有效的污水处理等。社区间的交叉影响需要政府间互相合作性的公共安全,公共卫生、公共秩序管理,这就更加离不开政府与政府之间的合作。如果从属于同一个上级政府,政府间的合作往往是容易实现的,但如果彼此没有隶属关系,相互合作通常会显得困难。在这种情况下,公共管理机构必须有强烈的公共关系意识,善于协调与各种公共管理机构(包括政府机构)的关系,创造良好的政府间关系环境来促进公共管理目标的实现。

(4) 公共管理机构内部部门与员工关系。公共管理机构自身是一个复杂的体系,由许多内部职能部门和分级机构组成,也离不开具体的员工(包括公共管理人员和一般员工)。这是一种纯粹的内部关系,也是最小、最直接的内部环境。显然,公共管理机构外求发展必须以内求团结为基础。只有当公共管理机构内部部门之间相互配合,公共管理人员之间相互合作,然后有效地调动所有社会公众和利益群体的支持,这样公共管理才能顺利进行,才能真正实现对各种公共事务的有效管理。

总而言之,公共关系环境取决于公共管理机构与不同社会公众的各种关系状态,成为公共管理活动得以实现的重要因素。

四、公共危机处置的危机公关

公共危机是指,由于内部或外部不确定因素的变化,对公共利益造成一定威胁或损害的具有公共危害性的事件。具体来说就是,突然发生的对社会安全、公共利益、公民生命财产造成严重影响,需要有关部门(公共管理机构)及时采取有效措施进行处理和解决的、具有严重的公共威胁性、紧迫性、社会性和不确定性的危机事件。[9]

由于公共危机具有"公共性"特征,会对整个社会造成十分重大的影响,因此,公共管理机构必须实施公共危机管理。因此,公共危机管理是政府和其他社会公共组织等危机管理主体,以公共危机为对象,通过监测、预警、预控防止公共危机发生;或者通过控制、应急处置、评估、恢复补偿等措施减少危机损失,避免危机扩大和升级,使社会恢复正常秩序的一整套管理体系与运作过程。[10]

公共管理机构的管理能力与其组织形象尤其是公众形象之间有着密切的关系。在面临公共危机时,公共管理机构承担着处置管理的重要职责,因此,公共管理机构对公共危机管理的充分能力和有效结果是影响社会公众信任的重要因素,也是影响公共管理机构组织形象的重要因素。因此,在积极开展公共关系活动的同时,展示公共管理机构强大的危机管理能力和水平,是深层次提升社会公众信任的关键。

就公共危机的公共关系本质而言,它是一种信息的传播行为。

因此，公共管理机构在公共危机事件中的公共关系，关键在于相关信息的有效传递，实现从信息不均衡到信息均衡的转变，以满足社会公众的知情权、安抚社会公众情绪。而与公共危机事件相关信息的有效传递应包含三个重要内容：一是公共危机自身变量信息与公共管理机构应急处置的变量信息；二是公共管理机构在危机处置中所展现的态度；三是公共管理机构在危机处置中体现出来的情感。[11]

在公共危机事件处置中，公共管理机构开展公共关系活动具有重要作用：第一，有助于创造有利的舆论环境。公共危机事件发生后，需要公共管理机构积极处置和应对，一方面，社会的共识认为这是公共管理机构理所应当承担的职责，因而对公共管理机构抱有极大的期望；另一方面，社会公众又会对公共管理机构处置和应对公共危机的行为作出各自的评价，这些都会形成一定的社会舆论，对公共管理机构处置公共危机带来压力。通过有效的公共关系活动，在处置和应对公共危机的行为层面得到社会公众的理解和支持，形成有利的舆论环境，这就为公共管理机构处置和应对公共危机提供了良好的支持性基础。第二，有助于增强合法性的基础。公共管理机构的组织形象是社会公众态度的反映，在很大程度上决定着社会公众对公共管理机构政策及行为的理解、支持和认同。公共管理机构的公共危机事件处置，会影响社会公众的态度，因此，公共危机的公共关系活动要争取社会公众对于公共管理机构的实质性理解和认同，进而增强公共管理机构的合法性基础。第三，有助于实现社会公共利益。公共管理机构通过有效的公共关系活动，积极回应社会公众的关切和呼声，形成公共管理机构与社会公众的良性互动，在有效处置和化解公共危机的同时，保证和实现了社会公共利益，这也是公共管理机构一切管理行为和活动的价值宗旨。

事实上，公共危机的公共关系活动要求信息的公开透明。这就要求：首先，要及时发布信息。在突发性公共危机事件发生后，社会公众在接受相关信息时有“先入为主”的特点。因此,公共管理机构向社会公众传递信息的速度是对公共危机反应速度的体现,表明公共管理机构的应急行为已经启动,这给社会公众一个重要的信号,即公共危机事态开始得到控制,这也是向社会公众表明了公共管理机构积极应对危机的态度,可以达到稳定社会情绪、激发社会公众主动性的效果。其次,要坦诚面对问题。在公共危机发生后,公共管理机构要真诚坦率地面对社会公众,实事求是地说明危机的真实情况,承诺积极处置危机的态度并及时向社会公众通报危机处置进展情况,消除疑虑,稳定民心,赢得理解,获得支持。再次,要积极开展沟通。公共危机的公共关系是一个系统工程,涉及不同的公共管理机构及其他相关主体,这就需要开展纵向和横向多维度的协调沟通。在协调沟通中,要建立信息多方向传递、多主体分享的机制,使相关信息能够系统集成,统一指挥,分工合作,形成公共危机处置的整体合力。

〔案例 13〕广东大亚湾核电站的危机公关

当 21 世纪的脚步声越来越近的时候,在东方的中国,一颗璀璨的明珠在大亚湾的千古潮声中亮起来的。1994 年 2 月 6 日,我国第一座具有世界水平的大型商业核电站——广东大亚湾核电站一号机组终于正式投入商业运行。当强大的电流源源不断地输往广东和香港时,中国的核电新时代来临了,它标志着中国核电在高起点上迈出了坚实的第一步。

20 世纪 80 年代,中国还没有核电站,对于这一新生事物,不少人怀有种种疑虑甚至恐惧心理。1986 年 4 月,正当大亚湾核电站各项工作顺利进展时,世界核电史上演了一场悲剧,苏联切尔诺贝利核电站发生了震惊世界的特大泄漏事故。中国香港公民对距他们 52.5 公里的大亚湾核电站的安全问题感到担忧。苏联切尔诺贝利核电站事件后,不少香港居民恐慌心理剧增,部分居民开始怀疑甚至反对建造大亚湾核电站的建造,当时还兴起了百万人的签名请愿运动，强烈要求停建大亚湾核电站。

在此情况下，大亚湾核电站的建设暂时停下。但是，核电站建设拖一天就要损失 100 多万元。如何扭转舆论，消除社区公众的误会及偏见，成为摆在核电站建设者面前的严峻的社会课题。在这样复杂的社会背景下，核电站建设公司果断决定组建公共关系处，由一位高级工程师任处长，以增强公关宣传的针对性，并由核电站公共关系部门立即邀请国内外公共关系专家赶赴深圳，制订方案并予以实施。

第一，邀请香港重要人士访问北京。1986 年 9 月下旬，香港立法局核电考察团应邀访问北京，国家领导人、政府有关部门的领导以及中国著名的核物理学家，分别向考察团、中外记者介绍了大亚湾核电站的安全和环保情况。

第二，开放核电站并分期分批接待港澳各界人士参观。不论来访者持何种态度，一律热情接待，有问必答，因此，香港每年都有几千人到大亚湾核电站实地参观，核电站收到的香港参观者送来的锦旗挂满了展室，称赞核电是造福人类的事业，盼望早一点看到这一核电领域的东方明珠放出异彩。

第三，向香港公众散发宣传材料。编发和平利用核能的系列宣传材料 5 集，共 7 万多册，同时，编印大亚湾核电站的情况介绍手册 7 万多册，向香港公众散发。

第四，举办宣传展览。核电站建设公司协助有关部门与香港科技学会，在香港举办“和平利用核能、核技术”展览，在展出的 16 天，共接待参观者 38 万人次，引起了轰动效应。

第五，争取新闻媒体的支持。核电站建设公司派人与香港电台、报纸等大众传播媒体接触和座谈，通过电台广为宣传，利用报纸发表了许多科普文章，将核电站安全保障的科学措施向香港居民传播和解释，争取港澳人士的理解和支持。

第六，开展多种形式的广泛沟通。与核电站附近的地方政府及居民群众沟通，进行座谈讨论，求得理解。

第七,权威保证。请我国政府领导人发表讲话,在报刊上郑重公布核电站五年论证的情况和核电站建设"安全第一,质量第一"的方针。

经过多方艰苦的危机公关活动,由建造核电站引发的轩然大波终于平息了。

案例资料来源:查灿长.公关实务与案例分析.青岛:青岛出版社,1994.

案例思考题:

(1) 公共管理机构开展有效公共关系活动时必须遵守哪些原则?

(2) 公共管理机构面对公共危机的传播沟通策略有什么特点?

重要概念

战略管理(strategic management)
战略分析(strategic analysis)
战略制定(strategy formulation)
战略实施(strategy implementation)
战略控制(strategic control)
组织使命(organizational mission)
组织形象(organizational image)
公共关系(public relations)

提示问题

1. 公共组织战略管理与企业战略管理的异同是什么?
2. 在公共组织战略管理中使命提炼的重要性是什么?
3. 公共组织战略管理的方法主要有哪几种?
4. 公共管理机构的组织形象有哪些类型?
5. 公共管理机构组织形象有什么作用?
6. 为什么对话与沟通是公共管理机构树立整体形象的重要途径?
7. 公共管理机构重视树立形象与热衷"形象工程"有何区别?
8. 为什么公共管理机构尤其需要重视与社会公众的沟通?

9. 为什么说公共危机的公共关系活动有效性的关键是信息的公开透明？

章节文献

[1] 黄浩明.非营利组织战略管理.北京：中国人民大学出版社，2003.

[2] [美]保罗·C·纳特，罗伯特·W·巴可夫.公共和第三部门组织的战略管理.北京：中国人民大学出版社，2001.

[3] 苗丽静.非营利组织管理学.大连：东北财经大学出版社，2006.

[4] 陈践，彭华民.社团大时代.北京：中国经济出版社，2011.

[5] 张冉.行业协会能力建设.上海：上海交通大学出版社，2013.

[6][7] 唐庆强.公共关系与组织形象塑造.北京：学苑出版社，1996.

[8] 张岩松，张国桐.政府公共关系.北京：清华大学出版社，2014.

[9] 刘奕.公共危机系统管理.上海：上海人民出版社，2012.

[10] 张永理，李程伟.公共危机管理.武汉：武汉大学出版社，2010.

[11] 李君华.政府公共关系——理论与实务.上海：华东师范大学出版社，2015.

第10章 公共管理的发展展望

本章提要

随着信息社会的发展，公共管理机构及其组织方式发生了深刻的变迁：公共管理组织结构的扁平化与网络化、公共管理权力结构分散化、公共管理决策结构的交互式发展和公共管理主体的虚拟化。

电子政府是政府管理信息化建设下的新概念和新形态，网络信息服务、政务公开、政府采购电子化、电子政务等各项应用，极大提高了政府管理能力和服务质量。

以移动化、智能化、敏捷化为特征的新一代信息技术得到普及和应用，“互联网+”正在重塑当代社会，推动“智慧社会”“智慧政府”“智慧管理”的发展进程。

信息社会对公共管理的发展提出了更高的要求，因而其必须创造更加有利的条件，才能适应新的发展要求。我国的公共管理体系必须以积极的姿态直面信息社会的挑战，选择适当的公共管理发展战略。

20 世纪 80 年代以来，信息技术在全球范围内加速发展，对社会结构、管理模式、价值观念等产生了全方位的冲击和深层次的震荡。以信息技术为核心的新科技革命是全球企业管理变革和公共行政变革的重要动因。为了回应信息技术革命带来的挑战，公共管理的发展发生了方向性的变化；同时，信息技术的广泛运用也为公共管理的发展提供了新的契机。传统的公共行政管理模式正在被新型的公共管理模式所取代，电子政务、智能服务、智慧政府、参与式治理、整体性治理等新模式层出不穷，推动公共管理未来发展持续加速创新。

第一节　现代信息技术发展的社会影响

一、互联网推动下的信息化发展及其巨大影响

自20世纪90年代全球“信息高速公路”热潮兴起以来，以互联网为基础的网络社会日益成型。互联网的发展与普及已远远超出作为一种信息传播媒体的意义，既是虚拟而实在的“影子社会”，又对现实社会中人们的生产、生活和交往方式产生了巨大的影响。“虚拟生存”“移动生存”“智慧生存”等作为人类有史以来最具革命性的生存方式，正在全球兴起并日趋显化。[1]互联网进一步推动了新技术向纵深发展，出现了在计算机技术、通信技术和网络技术相互融合基础上的现代信息技术的大发展，并推动信息技术向社会经济生活各个领域的全面渗透，“互联网＋”已融入人们生活中，并且逐步向中国的第一产业和第二产业渗透，这预示着“互联网＋时代”的到来。

信息化是指，利用现代信息技术对人类社会的信息和知识的生产进行全面的改造，并因而导致人类社会生产体系的组织结构和经济结构发生全面变革的过程，也推动人类社会从工业社会向信息社会转变的社会转型过程。[2]

信息化是一个内涵深刻、外延广泛的概念,反映的是在现代信息技术革命强力推动下的社会转型的宏大过程。信息化主要包括三个发展阶段:第一个阶段是信息产业化,即发展信息产业,培育新经济增长点;第二个阶段是产业信息化,就是利用信息技术改造传统产业;第三个阶段是社会信息化,是指进一步增强国民经济、社会管理和人民生活的信息程度,提高社会经济效益和生活质量。现代信息技术广泛应用于各产业部门,在工业革命所实现的机械化、电气化和自动化的基础上,进一步实现数字化、智能化、网络化和智慧化。可以说,信息化使经济基础、产业结构和社会形态发生了根本性的变化,实现了经济增长模式向知识密集型、社会管理向效益质量型的转化。

现代信息技术的发展和运用不仅对社会的生产方式、经营方式、管理行为等经济活动有着直接影响,而且还以其强有力的渗透力,广泛应用于社会生活的各个方面,直接或间接地引起人们生活方式、生活质量以及价值观念的变化。同时,随着互联网的普及应用,国家的安全已经不仅仅包括军事安全、政治安全、经济安全,还包括网络安全、意识形态安全和思想文化安全。在这个对信息技术依赖性不断增强的网络时代,伴随着信息技术的不断扩张,国家安全的内涵正在发生显著变化。从安全的角度来看,互联网具有信息流动性强和政治动员难以控制等特性,这给国家的治理带来诸多冲击。

二、信息技术发展为公共管理的变革提供了新的契机

公共管理的发展是一种动态过程,主要表现在公共管理机构体系内部效能和技术方法的革新以及对公共管理的促进等方面,其趋势是公共管理的现代化。公共管理发展的内容大体上包括公共管理系统的功能更新、公共管理制度的创新、结构再设计和行为科学化等。随着信息社会的来临,一方面,为了回应信息技术革命

的挑战，公共管理的发展发生了方向性的变化；另一方面，信息技术也为公共管理的发展提供了新的契机。1993年，美国公布了《信息技术再造工程》的国家工作评审报告（National Performance Review，Reengineering Through Information Technology），提出借助先进的网络技术信息通信技术解决美国政府在行政管理和公众服务方面问题的战略方向，通过信息技术实现政府电子化和信息化，再造行政流程等政府管理变革，节约政府管理成本，加强政府与社会公众的互动，从而提升政府行政管理能力和效率，增强社会公众对政府的信任。[3]

1. 公共管理环境的优化

公共管理的发展和公共组织的变革，常常是由环境的变化而引起。信息技术的发展，使公共管理环境发生了剧烈的变迁，从而引起公共管理系统的深刻变革。

就经济环境而言，信息社会一个最重要的特征是：知识和信息在资本运营和商品流通过程中占有越来越重要的地位。与之相适应，需要通过政府转变职能，调整其职能结构，强化对知识和信息的管理和调控，以加强知识产权保护为重点，引导、培育和扶持高科技产业的发展。政府职能结构的变化必然引起组织结构、人员结构和权力结构的变化。此外，全球经济一体化趋势使得公共管理的作用边界得到扩展，各国政府不仅要致力于治理本国范围内的市场失灵，而且还要参与治理世界范围市场失灵的“全球集体行动”。在全球经济一体化的推动下，公共管理发展的全球性也日益显现。总之，公共管理发展与经济发展是相伴相随的，是随着经济环境的变化而变化的。

就政治环境而言，知识和智力在整个社会权力结构中占有越来越大的比重。社会公众的民主意识与政治参与意识也进一步加强。信息社会的双向信息传输系统使社会公众意愿的表达更便利、更直接、更广泛，社会公众与公共管理部门之间可以形成一种良性的互动机制，推动理性化、民主化和法制化进程。

2. 公共管理价值观的重塑

公共管理价值观是整个公共管理系统的灵魂。从一定意义上说,公共管理价值观体现了对公共管理行为的认同,决定了公共管理的基本功能与内在构造。在工业社会,效率在公共管理价值体系中占据重要地位,是衡量公共管理决策科学性、公共服务有效性、公共管理行为合理性的关键指标。然而,信息技术的发展为社会公众参与政治决策过程、公共管理活动等提供了有利的条件和机遇。信息开放度和透明度的增强,使社会公众对政治事务和公共管理事务的了解日渐增多,对传统公共管理的核心价值观发出挑战,取而代之的是社会公平正义价值与公共管理效率要求的并重,这是信息社会中公共管理发展的大势所趋。

换言之,信息社会中的公共管理必须考察其提供的公共服务是否促进社会的公平与效率,效率必须以公平的公共服务为前提、以正义的社会贡献为代价。社会公众需要的是公共管理体系运转的轴心,即社会公众的权利或利益应高于公共管理机构自身的利益扩展和利益满足。在信息社会,普遍地联入互联网已成为实现民主的前提之一,信息化与网络化使公共管理的民主化成为可能,使公共服务的公平性得以量化。

3. 公共管理技术的创新

随着高新科技的发展和信息网络的普及,公共管理的发展越来越离不开公共管理技术的创新。计算机技术、卫星通信技术、光纤通信技术和大数据技术的进步,电子计算机技术和通信技术的密切配合,使人类对信息的提取、传递、储存、处理和挖掘的能力以令人难以置信的速度提高。一方面,互联网能够实现低成本的和大范围的信息传递;另一方面,互联网能够实现个性化的信息传播,信息的获取和传递可以随时随地进行,个人也能够更加从容地选择、吸纳和传播信息。

公共管理机构可以通过互联网更为充分地占有决策信息,了解和整合社会利益要求。显然,信息技术的发展使公共管理处于一种网络组织的状态，公共管理的决策者和执行者能够更好地与社会公众沟通。信息技术在公共管理领域的广泛和深刻运用，是一个不可逆转的发展趋势，这说明公共管理发展离不开公共管理技术的创新与普及。此外，信息技术的普遍运用，一方面减少了公共管理人员的重复性工作，使公共管理机构和人员缩减，因而会降低公共管理成本；另一方面带来了一系列新的公共管理模式和组织方法，从而极大地提高了公共管理效率，增加了公共管理的整体效益。

三、信息技术发展引起公共管理组织方式的新变迁

随着信息社会的发展，公共管理机构及其组织方式发生了深刻的变迁。

1. 公共管理组织结构的扁平化与网络化

信息技术革命给公共管理组织带来的突出影响是减少组织管理的层次，扩大管理的幅度，使组织结构从金字塔型向扁平型发展，并且体现出有机性、灵活性和适应性。

从人类社会诞生以来，在人类所有组织结构形式中，占绝对统治地位的是金字塔型的、自上而下的科层制组织结构形式，甚至在很长的时间内，是公共管理机构的唯一组织形式。这种组织结构形式在工业社会具有效率优势，但也带来环境适应的呆板、僵化和迟钝，并压抑了组织成员的全面发展。当人类社会进入后工业社会和信息社会之后，环境变得更为多样化和复杂化，社会也要求公共管理机构的管理和服务更加多元化、个性化。因而对传统的科层制的改革就不可避免。信息技术被广泛应用于公共管理组织系统，改变了传统科层制政府系统信息纵向传递模式，实现信息全方位、多层次、跨时空的网络化传递，无疑为对传统金字塔型的科层制进行改革提供了强有力的支持。20 世纪 80 年代后西方国家相继掀起了政府再造的热潮，采取了一系列改革的战略和战术，使支配了 20 世纪大部分时光的传统的公共行政模式向“管理主义”或“新公共管理”模式转变。[4]

信息技术时代的公共管理组织结构,对现有的金字塔型和科层制组织结构进行重造,并积极创造新型的组织。许多国家的普遍做法是减少或者取消组织的中间管理层次,压平组织结构,推行网络化的组织结构形式,即所谓的组织结构扁平化。扁平化的公共管理机构组织结构强调信息共享,重视横向的联系、沟通与协作,支持与目标联系,重视权力分散、自我管理和民主管理,强调公共人力资源的开发。这种扁平化的公共管理机构组织结构适应的社会技术基础是信息技术的应用,适应的环境是动荡的、多变的和复杂的,适应的需求是多元化的和个性化的。

2. 公共管理权力结构分散化

在工业化社会中,为了能使生产要素有效地组织起来进行生产,进而有效地利用社会资源,必须要有控制型的组织权力结构,以保证大工业的有效进行。作为经济基础反映的权力结构,一般也采用控制型权力模式。但控制型权力结构也有明显弊端,高税收、浪费、僵化及低效率几乎成了多数国家政府的通病。

在信息技术革命的冲击下,传统的控制型权力结构逐渐被分散化的权力结构所替代。公共管理权力的分散与下移、决策权与执行权分离,有利于公共管理机构机动灵活地应付多元化、复杂化的公共管理环境与公共管理需求。此外,就公共管理民主化的实质而言,公共管理的权力来源于社会公众,公共管理权力的扩散,有利于还权于社会公众。让社会公众直接参与公共事务的管理,这正是公共管理民主化所追求的目标。更重要的是,社会公众已不再满足于僵化的、低效率的控制型权力结构,而要求能够提供具有多样化选择及具有分权式、高效率的公共管理机构,同时,随着互联网的普及,虚拟社区(社团)以惊人的速度出现,按照不同的主题把人群进一步细化,并通过多种多样的电子方式把这些社会公众链接在一起,为社会公众希望能够有参与公共事务决策权力的要求提供了有效的载体。信息技术的发展为社会转型带来了契机,也为提高公共管理机构能力创造了条件。

3. 公共管理决策结构的交互式发展

在传统的工业社会中，作为政府重要职能之一的决策活动，往往采用是垂直型运行结构，决策信息从上往下流动，上级政府机构做出决策后，下级必须无条件服从，而且决策的最高层也很难确切地了解最底层的基本情况。而公共管理的中间层往往因缺少横向沟通，容易产生多种弊端。信息社会，社会公众通过互联网可以对高层的公共管理决策直接发表意见，公共管理机构之间也能够加强横向的联系。互联网还可将公共管理机构的决策情况集中在一起，让社会公众进行选择，从而形成交互式的公共管理决策机制。此外，信息技术的发展为公共管理决策的科学化与民主化奠定了坚实的物质基础与制度支持。反之，科学化与民主化的公共管理决策又促进和推动了经济社会的可持续发展。

4. 公共管理主体的虚拟化

在传统社会中，作为公共管理主体的政府，其形态是客观存在的，就一定意义上而言是“有形”的“存在物”。在信息社会中，计算机的使用、信息的网络化、虚拟现实、虚拟社团、虚拟社区乃至虚拟国家都成为公共管理所面临的问题。与传统的公共管理行为相比，互联网使公共管理行为涉及的范围几乎不受限制，把社会公众的交往空间扩展到整个地球和结成网络的群体之间。在虚拟社区里，社会公众可以直接参政议政，民主的气氛更为浓厚，民主变得更为直接、真实。

虚拟共同体与虚拟社区的存在为虚拟政府的应运而生奠定了基础，也就说打造一个以互联网技术为基础，联结政府机关内部现有和正在建设的网络，并充分利用互联网、电子邮件、数码电视等技术广泛联结的“虚拟政府”。

虚拟政府指的是这样一种政府，它的信息流动和传播流动越来越依靠网络而不是官僚渠道或其他正式渠道……它的政府组织存在于组织间网络以及网络化的计算系统内，而不是各自独立的官僚机构内。一个虚拟政府由许多覆盖在正式官僚结构之上的虚拟机构(是由网络化的计算机所连接起来的组织)组成。[5]

政府的虚拟化主要体现在其内部的结构方式和规则体系两个方面。在结构方面，与传统政府依赖于永久性的实体组织不同，虚拟政府更强调具有临时性特征的任务型组织与行动者网络，并通过对传统组织结构的解构而实现自身的开放。在规则方面，与传统政府依赖于控制性规则不同，虚拟政府更强调促进性规则，并通过对促进性规则的自觉运用而获得更多的灵活性与有机性。正是由于有着这两个方面的变化，虚拟政府表现出了更高的开放性与灵活性。[6]

总之，在信息社会中，知识与信息是其基础、创新是其灵魂，信息技术是其支柱。在信息社会的各种要素尤其是知识与信息网络的合力作用下，公共管理的发展已发生了超越性的创新与变革。

第二节 从电子政府到智慧政府

一、电子政府的意义定位与产生背景

进入21世纪，世界各国的政府都在加强电子政府的建设和推动，这与世界经济、科技和社会的迅速发展与变化直接相关。电子政府是政府管理信息化建设下的新概念和新形态。

电子政府是指，政府从网络上获取信息，推进“网络信息化”；政府信息服务，即政府在网上设有自己的同站和主页，向公众提供非保密政府信息的检索服务，以使“政务公开”；电子化的政府服务，建立网上服务系统，使政务在网上与社会公众互动处理，即“电子政务”；使“政府采购电子化”，即将电子商业用于政府。[7]

1. 社会经济的不断发展提出了迫切的要求

社会经济的不断发展和经济体制的改革调整，对公共管理活

动变革提出了新的要求，这是电子政府发展的内在因素与原动力。经济发展与公共管理密不可分，经济发展是公共管理的基础，又是公共管理的延伸。随着经济市场化程度的不断提高，必定要求在公共管理领域实行制度性开放与制度性重构。

2. 信息技术的快速发展提供了技术的基础

20世纪80年代以来，计算机通信等信息技术的发展和互联网的空前繁荣，为电子政府的建设提供了适宜的工作平台，这是电子政府的技术保证和前提条件。知识与信息更加及时地传输，不但加速了经济的运转，也加速了政治变革。

3. 政府职能的持续转变创造了实现的条件

政府职能转化需得到技术的支持，信息技术时代科学技术的快速发展毫无疑问地将带来新的政府面貌。电子政府致力于政府的管理信息化建设，它的功能与公共管理发展目标紧密相关，促成了政府改革。在信息技术时代中，电子政府体现了政府改革的目的和意义。

4. 政府改革的不断深化标示了必然的选择

在信息化浪潮的冲击下，为政治生活制定新的行为准则已经成为社会的共识，这就要求政府必须通过变革自身，使其内质符合外在要求。电子政府适应也加速了信息化潮流下政府权力结构、组织机构、工作方式等一系列的深刻变革。

近年来，世界各国各种类型的电子政府得到迅速发展，其积极作用也得到了充分的体现。

第一，拓展政府服务空间，优化政府服务手段。政府职能服务化是信息化社会政府职能转变的大方向。其中，向社会公众提供信息服务是政府职能之一。政府信息是一种有重要价值的公共资源，政府既是巨量公共信息的掌握者，又是法规、规章和规范的制定者，凭借互联网强大的技术支持，政府能够为社会公众提供有关政治、经济、社会等所有公共领域的知识和信息，而且这些信息在网上是易于被检索的，社会公众通过访问政府网站，阅读有关信息，可以对各政府部门的工作有更多的了解。同时，借助互联网的技术优势，政府可以开发网上服务系统，利用信息技术向社会公众提供更迅速、简便、周到的服务，政府服务的平台从传统的办公室、窗口、柜台转向简捷的网络平台，可以说服务型政府在网络空间得到更为充分的体现。

政府服务空间的拓宽与服务方式的变化不仅极大地便捷了社会公众，提高了政府工作效率，同时，对于促进整个社会向民主化、规范化方向的发展也有着深远的意义。

第二，扩大公众参政通道，更新参政技术手段。电子政府拓宽了社会公众的参政渠道，通过电子民意调查、电子公民投票、电子选举、电子邮件等方式，社会公众进行利益表达以影响政府的利益决策，而政府则认真倾听民意，作为决策的参考。互联网可以看作政府与社会公众之间的一座电子桥梁，推动了社会公众与政府官员的直接对话，提高了社情民意在政府运作中的分量，从而极大促进了民主政治的发展。互联网已经成为社会公众参政通道。互联网融入公众参政最直接的影响是：一方面政府能够比以往更广泛地听取各方的意见，从而集思广益，有利于决策的科学化；另一方面，互联网能够使信息不受时空限制快捷地进行互动，使社会公众对于参与政治过程有了崭新的认识。

电子政府对于社会公众思想观念的潜在影响是巨大的。随着电脑的普及，特别是移动技术的快速发展，越来越多的社会公众向主动参与者转变，即愿意参与政治过程，并相信通过自己的努力可以影响政府决策，从而推动民主的发展。

第三，提高政府运作透明度，促进公共管理公开。在电子政府的架构中，依法把法规、规章、条例、公共政策等涉及社会公众的公共信息在网上发布，提供包括市政规划、公用事业、工商管理、环卫、监督、检察、人事、就业、医疗卫生、物价查询等在内的数据库查询服务，在网上进行电子采购和电子招投标，及时公布政府的政策和招标情况，可以充分体现政府活动的透明性、权威性和时效性，并有助于社会公众通过互联网进行舆论监督。

电子政府有利于实现社会公众的知情权和参与权，增加政府行政行为的透明度，有效地监督、制约、规范政府行为，确保政府行为的合法性和合理性。

〔案例14〕上海长宁区城市网格化管理

长宁区位于上海市西部，面积38.3平方公里，常住人口69.1万人（截至2015年底）。长宁区把38.3平方公里的范围划分为1 459个万米单元网格，在实际工作中又将1 459个万米单元网格划分成111个责任网格。每个责任网格根据实际情况分配相应数量的监督员负责管理。

在城市管理中，城市的管理对象主要分为城市的硬环境和软环境。硬环境主要指城市市政、城市基础设施等硬件，如道路、桥梁、绿地、公园等；软环境主要包括城市市容、城市公共秩序等环境。在网格化城市管理模式中，管理对象都被具体化、数字化，将硬环境包括的对象划分为部件；将软环境包括的对象归类为事件。同时，对所有部件、事件进行编码。

长宁区对城市管理中的各类问题进行了详细的梳理、摸排，普查了部件43万个，并组织人员进行复核。对每个部件赋予代码、对每种事件进行编号，通过信息平台数据库进行分类保存管理。

部件大类包括：公用设施类、道路交通类、环卫环保类、园林绿化类及其他设施类。公用设施类主要包括：水、电、热、气等各种井盖，以及相关公用设施等共46小类；道路交通类主要包括：公交站亭、停车设施、各类护栏等共22小类；环卫环保类主要包括：公共厕所、垃圾箱房等共6小类；园林绿化类主要包括：古树名木、公共绿化、街头座椅等共9小类；其他设施类包括重大危险源等。

事件大类包括：市容环卫类、设施管理类、突发事件类、街面秩序类和综合管理类。市容环卫类主要包括：废弃车辆、暴露垃圾、干道保洁等共13小类；设施管理类主要包括：道路破损和市政公共设施偷盗、破坏或占用2小类;突发事件类主要包括:路面塌陷、自来水管破裂、架空线坠落等共5小类;街面秩序类主要包括:占道无证经营、流浪乞讨、无证掘路等共7小类;综合管理类主要包括:违章搭建、车容车貌脏乱差、河道污染等共5小类。

网格化管理系统中采用了新型的信息采集器——"城管通"。城管通以手机为原型,集成应用了无线网络技术、移动定位技术、多媒体信息采集技术等先进技术,具备了拍照、录音、短信、定位等功能,为监督员主动发现问题,及时上报问题信息提供了便捷的工具。监督员在责任区域进行不间断的巡查,发现问题后,立即用城管通向监督中心报告。

长宁区城市网格化管理形成的是双轴管理系统。一个轴是监督受理中心:负责对监督员主动发现和上报的问题以及城建热线12319、社会公众举报的区域内城市事件和部件方面的问题进行收集、立案、批转、核查、结案、评价等工作;对问题实行实时传递和限时办理。另一个轴是指挥处置中心:负责对立案的事件、部件等城市管理问题的任务派遣,负责协调各部门解决城市管理中的难点问题,由此形成长效化的管理机制(参见图10.1)。

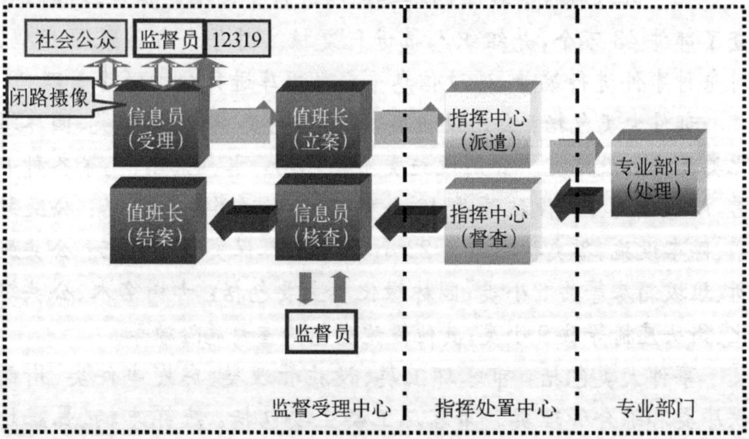

图10.1 城市网格化双轴管理系统

城市网格化管理双轴管理系统的流程分为八个步骤：(1) 问题发现与报告：主要是通过监督员在网格内实施巡查、发现问题后，以适当形式(拍照、电话、短信)报区城市管理监督受理中心。原则上以拍照为首选形式；对于无法通过拍照记录的情形，可以通过电话或短信形式处理；还可通过 12319 城建特服号将问题信息转发至监督受理中心和市民拨打 962347 监督投诉电话。(2) 立案与信息流转：区监督中心接报后经分析确定立案，迅速将信息流转至区城市管理指挥处置中心。区指挥中心应立即通知相关处置管理责任单位，所在街镇可以通过查询即时获取信息。(3) 问题处理：相关责任单位应自接到通知后，在规定时间内按照规定程序，妥善处理，并做好备案登记。问题无法在规定时间内处理完毕或无法处理的，应向区指挥中心提出缓办或延期的申请。(4) 信息反馈：相关责任单位将处理结果及时反馈区指挥中心后将信息流转至区监督中心。(5) 跟踪确认：区监督中心立即将处理结果信息通知网格内监督员。监督员通过现场验证，确认问题已得到妥善处理的，将确认信息反馈区监督中心。对于已报告但无法处理的问题，应专题组织研究确认。(6) 结案：区监督中心根据监督员反馈的确认信息进行结案，表明案件结束。(7) 其他问题：对于市民投诉、咨询的其他问题，由区监督中心负责立案登记，并通过其他渠道予以处理。(8) 流转时间节点：区指挥中心在当日 18:00 以后，除特殊应急问题外，其余的问题不再流转至处置单位，改为次日 8:30 开始流转。

案例资料来源：由作者根据调查材料整理而成。

案例思考题：

(1) 城市网格化管理模式的动因是什么？

(2) 城市网格化管理模式有效运行的关键是技术因素还是体制因素？

二、电子政府的应用领域

1. 网络信息服务

网络信息服务是指政府机构及其工作人员从网络上获取信息,包括机构内部的工作流信息和从机构外部获取的反馈信息。网络上承载的信息不仅仅是通常所说的资料,而且还是战略性的资源。因此,网络信息将成为政府思考、判断、作出决策的重要因素之一。从目标和功能来看,网络信息正致力于使政府部门能够及时捕捉外部反馈信息,加快政府内部信息的增容、流转、处理、协调和共享,加强对突发事件的反应能力。

在一个开放的社会里,大众传播工具是向决策者传送政治要求的主要手段。网络作为一种大众传媒,其特点在于信息发布不记名、不丢失,安全可靠,以最小的失真度把信息传递给不计其数的人,它改变了政治交流的结构与流程,由自上而下转为双向(或多向)互动,它畅通了公众表达意向的渠道,促进了决策的民主化,改善了政府形象,从而全面提高了政府办公效率、决策效能。

2. 政务公开

政务公开是指,政府在网上设有自己的网站和主页,向社会公众提供非保密性政府信息的检索可能性。

互联网为政府机构扩大自身工作的透明度,提供了一个方便、有效、快捷的载体。政府既掌握有最大量的公共信息,又掌握着法规、规章、政策的制定,相对于社会公众而言,政府处于信息掌握的强势地位。但是,长期以来政府的政治运作过程,是个不可知或不可甚知的领域,从而使本来应制度化、程序化、公开化的政务运作,由于存在着透明度极低的暗箱操作,往往为某些人操纵。

电子政府的建立为实现政务公开提供了有效的途径。政府官员的背景资料、政府官员的施政方案、某项重大工程从提议到拍板、某个备受瞩目的大案从立案侦破到判决执行，诸如此类以往讳莫如深的内情，现在政府网站都应该并且尽可能详尽无遗地直接披露，社会公众可随时掌握政府的非机密信息，最大限度地满足社会公众的知情权与参与权，提高政府工作的透明度。运用网络工具，可以十分便捷地掌握政府部门的工作进展状况，加强公众意见的反馈与监督，如通过发电子邮件加强与决策者的沟通、参加网络听证会监督政府的施政方针，通过短信和微信等向政府部门反映各种社会问题，变被动接受为主动参与，形成集中而广泛的舆论，实现与公共管理系统的互动与沟通。政务公开的功能使公共管理向公开透明、决策民主跨进了一大步。

3. 政府采购电子化

政府本身是个很大的集团消费者，因为政府既要为社会提供大量的公共产品，又需要维持自身机构的运作。政府采购电子化将使政府消费更加合理、公平和有效。

首先，政府将采购需求在网上公布，发出邀约，进行公开招投标，这有利于投标方（厂商）对政府所需产品和服务的快速承诺，而招标方（政府）也可以通过网络，对各种市场行情一览无遗，从而提高了购销过程的能见度，有利于“企业政府”的改革进程；其次，买卖双方在网上进行结算，一切以电子化方式自动完成，使卖方可以及时地、准确地收到支付和汇款的信息，均能保证在电子交易下的购买和支付规则被一致地理解和执行；再次，电子采购减少了采购报告等文本工作，降低了采购成本缩短了采购时间，提高了工作效率；最后，电子采购使采购过程合理化，由传统的政府代表（人）—厂商代表（人）模式转化为政府代表（人）—网络（机）—厂商代表（人）的互动过程，由人—人界面改为人—机界面，所有过程都有电子记录在案。采购电子化是增强工作透明度、提高管理效率、杜绝有关领域腐败的强有力的办法。

4. 电子政务

电子政务是指,利用信息与通信技术,打破行政机关之间的界限,改进行政组织,重组公共管理,实现政府办公自动化和政务业务流程的信息化,为公众和企业提供广泛、高效和个性化服务的过程,其核心内容在于借助信息手段集成政府的管理和服务,实现更高效、更廉洁务实的政府监管和服务。[8]

电子政府建立了一个社会公众参政的窗口,通过访问政府网站,"官民"之间建立了一座新的电子桥梁,电子选举、电子公民投票、电子民意调查等结果马上可以反馈到有关政府部门,而且能供网民查询,排除了作假的可能;政府在了解民意后,再经科学地统计分析,可以使公共决策避免盲目性与出现大的偏差,为实现科学化和民主化的决策构筑基础和提供支持。

政府最为重要的职能是为社会公众提供公共服务,如税收征管、企业登记、养老金发放等。信息技术时代的政府通过建立网上服务系统,使公共服务由面向办公室、柜台窗口转向计算机屏幕,实现"人机对话",使政务通过电子文件交换方式进行,如税收通过电子转账来完成;通过标准化中介工具,极大地简化了原本的手续与步骤,提高了管理效率。以往是社会公众到政府机关去办事,这种服务的质量很大程度取决于政府工作人员的主观态度;而电子政府可以使社会公众用鼠标和拇指通过访问政府网站来完成,充分享受公共服务的高效性与统一性。

三、智慧政府:政府改革的新目标

伴随着互联网的快速发展,尤其是大数据技术的异军突起,以移动化、智能化、敏捷化为特征的新一代信息技术得到普及和应用,"互联网+"正在重塑当代社会,为公共管理带来进一步发展的新机遇,推动其走向"智慧政府""智慧管理",其中,"移动政务"成为快速发展的新领域。

> 移动电子政务是指，移动技术在政府工作中的应用，将移动智能终端、Wi-Fi终端以及无线网络的GPRS、CDMA、3G、4G等技术应用于政务。[9]

移动电子政务是电子政务与移动通信和移动计算技术相结合的产物，在电子政务中引入移动通信技术，将移动通信网络作为提供高效率服务的新渠道，将移动手机作为向社会公众提供信息、服务、参与机会的新手段，可以提高工作的效率和绩效，更好地为社会公众提供便利的公共服务。随着电子政务建设和信息化的不断推进，移动电子政务将成为政府面向社会公众提供社会管理、公共服务的新途径。

移动电子政务应用广泛，既可以提供即时的信息支持，又可以用于远程数据自动采集，最重要的是通过移动及无线技术实现对现场信息交互的支持，减少了不必要的物流和人员流动。公共管理和公共服务的各种功能，都可以通过移动电子政务进行改造和提升。

（1）快捷的信息发布。基于短信或微信的应用，向社会公众发布相关公共信息，包括政府各种日常信息（如公告、通知等）和紧急信息的通知（如预警）。移动电子政务系统信息发布的速度快、辐射广、覆盖宽。

（2）适时的智能监测。将GPRS、CDMA、3G等数据传输技术应用于电子政务领域，通过射频识别（RFID）、红外感应器、全球定位系统、激光扫描器等信息传感设备，进行信息交换和通信，以实现智能化识别、定位、跟踪、监控和管理。利用GPS、MPS等技术结合GPRS/SMS通信，可以实现对所需位置进行实时监控，对远程设备进行数据采集、自动抄表、数据查询，对水、电、气等用量负荷进行自动预警、设备无人化自动管理等功能，从而有效降低维护成本,提高服务和管理效率。

(3) 流畅的政府服务。移动技术支持为突破传统的政府服务提供范式,为社会公众提供更为便捷的公共服务,为实现公共管理和公共服务创新,打造流畅政府提供了新的机遇。

(4) 高效的移动办公。移动电子政务的应用使政府内部管理水平和管理效率得到改进和提升。用短信或微信通知会议活动,在移动电脑上处理文件,通过互联网传输文稿,都大大提高了办公效率。

移动电子政务具有打破边界的潜力,能够有效增强政府工作人员的工作效率,改进政府信息和服务供给,扩大与社会公众的互动渠道等。大数据时代,移动电子政务扩展了电子政府的服务空间,增加了电子政府的应用范围,丰富了电子政府的应用形式,推进了电子政府的健康发展。

进一步而言,在大数据技术的支持下,政府管理朝着智慧政府的方向发展,政府的运作、管理和服务不仅将更加聪明,而且将更加人性化,更好地体现"以人为本"的宗旨。[10]

智慧政府是指,充分利用大数据、物联网、云计算、数据分析和挖掘等现代信息技术,强化信息获取自动化、监督管理精细化、业务职能协同化、服务过程人性化、辅助决策智能化,通过信息资源全面整合共享,实现政府治理的要素、过程、决策等全方位的智慧化。

在智慧政府框架下,有效的信息整合是关键基础,要创新共享化的信息平台和载体,把分散在不同层次、不同机构的公共信息资源进行交换和共享,不仅有利于提高公共信息资源的利用效率和质量,而且有利于形成政府治理的整体认识和准确判断。通过公共信息资源共享中的甄别和比较,有利于不同社会主体达成对公共利益和社会公共的共识,为政府的有效治理提供稳定的社会心理,为社会的合作治理提供充分的社会资本。

第三节　信息社会公共管理发展的条件和对策

一、信息社会公共管理发展的条件

信息社会既为公共管理发展创造了契机，也对公共管理的发展提出了更高的要求，必须创造更加有利的条件，才能适应新的发展要求。

1. 公共管理观念的转变

观念支配行为，行为体现观念；观念是行为的先导，行为是观念的后果。现代化的过程有若干不同的层面：经济发展是物质层面，政治发展是制度层面，而思想行为模式则是社会的深度层面。[11]作为一种新的公共管理机构与社会公众的互动方式，与传统的交流方式不同，由于在互联网上只有主动的参与者，不存在过去意义上的“受众”，公共管理机构不可能单向地进行选择、传送和灌输。互联网打破了信息的垄断，人与人之间的交往变得自由和平等。因此，公共管理机构与社会公众在网上进行交流必须遵循共同的不成文的约定：大家在身份上彼此平等，平等是交流的前提。这就要求掌握着信息优势的公共管理机构彻底摆脱传统公共管理观念的束缚，真正做到与社会公众的平等对话，它要求除了涉及国防、外交等国家机密与个人隐私外，公共管理机构应无保留地提供信息资源共享，并且认真听取来自社会公众的意见。

公共管理观念的转变主要包括：由政府本位的公共管理观念转变为以民本位的公共管理观念；由全能统治的公共管理观念转变为有限责任的公共管理观念。如果公共管理观念不转变，仅仅是以网络平台代替原来的办公室、窗口，与其说是一种进步，不如说是一种倒退。

2. 法律法规的创建、完善与制度创新

制度是影响一个国家兴衰的决定性因素之一，不同的制度安排会带来截然不同的后果。美国政治学家亨廷顿指出："制度化程度低下的政府不仅仅是个弱的政府，而且还是一个坏的政府。"[12]这样的政府无法承担起维持社会稳定、提供公共物品的责任。因此，制度是整个管理的核心和关键，制度建设是公共管理发展的必要组成部分。而在所有制度里面，法律是最重要的制度。

对于信息社会中的公共管理发展而言，需要解决的问题主要在于以规范、明确的法律、规定来保证公共管理机构网站的信息资源发布的正常运转，保证公共管理机构快速有效地处理信息并进行反馈和提供办事服务，以促进公共管理机构与社会公众在网上的双向互动。这就需要进行法律、法规的创建、完善和制度创新。

3. 高素质的公共人力资源

现代化的实质是人的现代化，人的现代化是社会现代化的起点和终点。信息技术发展是对公共管理人员的一个挑战，对于公共管理人员的思想观念、行为倾向、知识结构、知识存量、应用能力等都提出了很高的要求。如果公共管理人员没有一定的知识存量而且不具备处理问题的综合能力，那么不管是问题的数量还是复杂程度都超出了他们应对的限度，"反应失败"势必会发生。而"反应失败"最终会动摇公共管理机构的合法性基础，抵消新的技术手段带来的便利，甚至造成社会动荡。

因此，信息社会中公共管理的发展有赖于一个高素质的公共管理人力资源，这就要求公共管理人员转变行为观念，树立起为人民服务的观念；勇于开拓创新，积极调整自己的知识结构；主动适应环境的变化，提高综合应用能力；养成良好的学习习惯，不断拓展自身的知识存量，熟练掌握先进的技术手段，提高自身吸收与借鉴、消化与转化能力，即成为"集成型公共管理人才"。

4. 公共管理机构的再造

西方发达国家的实践证明，公共管理机构的信息化建设必然和公共管理机构再造联系在一起。因为信息、技术的利用与公共管理机构—社会公众交流界面的转换意味着一系列重大的变化：新的岗位需要新的人员，而一些旧的机构在信息化过程中逐渐失去了存在的必要。机构再造可以说是一个必然的趋势。

公共管理机构再造可以使新的结构最大限度地发挥信息技术的优势和潜力，从信息技术的投资中获取最大的回报率，即精简人员与工作的高效率。信息化带来公共管理机构再造的必要性，公共管理机构再造是信息化实现的前提条件。

公共管理机构再造是指，按照信息技术所提供的各种可能性重新设计公共管理机构的工作流程与组织结构。

二、我国迎接信息社会公共管理发展的对策

信息社会的典型特征是知识经济的发展，对于发达国家而言，它们正处于由工业社会向信息社会转变的历程中。对于像我国这样的发展中国家而言，却面临着更为艰巨的挑战，即工业化的重任尚未达成，信息化的冲击已然来临。正如，以蒸汽机的发明为标志的工业社会所带来的是科层制的典型公共行政模式，如何确立与信息社会发展相契合的公共管理发展新模式，是对我国的又一巨大的挑战。我国的公共管理体系必须以积极的姿态迎接信息社会的挑战，选择适当的公共管理发展战略。

1. 以公共管理民主的思想为指导，确定双重追赶战略

信息社会民主的内涵应该有全新的界定，既要在政治发展的过程中追求政治民主；又要在公共管理发展的历程中贯彻政治民主与公共管理民主并重。公共管理民主要求社会公众的权益高于公共管理机构自身利益的扩展和满足，要求吸纳社会公众参与公

共管理决策的制定,强调公平与正义。

技术的进步、通讯的便捷和网络化的发展,为社会公众参与公共管理决策和公共管理活动提供了有利的机遇和条件:信息的开放性和透明度增强,深化公众对政治和公共管理的了解增多,参政意识和能力随之提高。但是,中国的现实国情是经济基础落后、资源紧缺、传统中央集权的影响和所面临的复杂的国际竞争环境,又决定了中国的发展必须采取“工业化—信息化”双重追赶战略。发展中国家与发达国家之间存在的工业化和信息化的双重差距应该一次解决,这样既不致使工业化半途受挫,又不至于在信息化竞争力中无立足之地。对中国来说,要以产业信息化来带动传统工业部门迈向现代化,推动新兴技术及通讯、媒体、文化等部门的产业化发展,迎接信息社会的到来。

2. 以公共管理网络化为依托,加快公共管理持续变革

信息社会的到来必然对传统的公共管理模式产生巨大的冲击,也必然促进公共管理现代化的早日实现。

首先,网络化提供了社会公众直接参与公共管理决策的机会、不受限制地表达与交流思想的渠道,使更多的公共管理信息和决策受到社会公众的监督,决策的科学化与民主化将成为现实。毕竟,科学决策除了要有完善的组织系统和科学的决策程序作基础保障外,还必须借助高科技的物质手段,即具备能及时收集、整理、传输、编辑、贮存、检索、发送、显示有关信息的计算机信息网络系统。其次,信息化提高了公共管理的效率,降低了公共管理成本。各级公共管理机构相互之间联系更为密切,从公共管理的理性视角出发,有助于借鉴和利用发达国家在公共管理的理论和实践方面积累的丰富经验,为我所用。如:在技术先进和市场成熟的公共服务项目方面,实行公共服务的市场化改革,提高公共服务的质量,缓解财政压力;在充分保障公共管理效率的前提下,实行决策权和控制权的下放,激励公共管理主体的积极性和创造性;在推行现代公务员制度的同时,在适当的公共管理机构内部试行公职人

员的聘任制,增强公共管理人员的危机感和竞争意识。再次,信息化必将带来公共管理组织的高度完善化与公共管理职权的分散化。表现为:一方面,公共管理组织系统将会由决策机构、信息机构、咨询机构、执行机构和监督机构互相连接、互相依赖、互相制衡、联成一体组成,它的特征是结构齐全、功能完整;另一方面,公共管理职权高度分化,公共管理机构设置高度合理化,改变了因人设事、因人设职的弊端。根据现代社会经济发展的客观要求,科学地设置公共管理机构,分化公共管理机构职权,使公共管理各个机构能各就其位、各司其职、相互制衡,促使彼此提高适应外部环境变化和内部发展变化的能力。

3. 以公共管理创新为手段,构建适应信息社会需要的公共管理发展模式

创新是社会发展的永恒主题。对于发达国家而言,信息社会的到来是其社会生产力发展的必然结果,但是,对于正处于工业化进程中的发展中国家而言,信息社会的到来无疑是挑战与机遇并存。只有具备创新精神与创新能力的社会才能经得起信息技术革命浪潮的冲击。

就公共管理创新的内容而言,包括公共管理技术创新和公共管理制度创新。所谓公共管理技术创新主要是指信息社会的新技术与现代化公共管理方法的组合,提高公共管理效率与公共管理质量。所谓公共管理制度创新是指从我国的国情出发,根据一定的理念和原则,对公共管理机构及其功能重新进行制度安排,包括对公共管理机构与社会各主体的关系、公共管理机构之间的关系、不同层级公共管理机构之间的关系作出必要的调整,对公共管理机构的管理权限、管理职能、行为方式、工作制度以及与之相适应的机构设置、人员编制、工作流程、财政预算、公共管理责任等进行再审视、再设计、再组合、再定位,进而通过新的制度安排,构建新的公共管理体制,即有中国特色的公共管理体制。公共管理机构的制度创新能力,是指公共管理机构能不断地创新和转换自己的

职能,为社会的发展提供新的制度支持的能力。制度创新能力是公共管理机构能力中最为核心的组成部分,它的提高也就是社会生产力的发展与提高。此外,还需加强对网络信息和知识的宏观调控与管理,实现公共管理体制、公共管理运行机制的根本变革。重构与信息社会相适应的公共管理价值体系和伦理道德,培育民主、服务、法治的公共管理价值观。就创新主体而言,包括公共管理组织创新和公共管理人员创新。公共管理组织创新是指公共管理组织依据信息社会发展的需求,推进公共管理组织的网络化、扁平化乃至虚拟化,使得公共管理组织的层级减少。公共管理人员创新是指信息社会中的公共管理人员不仅要有专业知识,还要有综合知识与创新能力。总之,创新将贯穿于公共管理发展的全过程,是公共管理发展的手段与不竭动力。

4. 以鼓励社会公众广泛参与为途径,实现公共管理的民主价值

在公共管理发展中,参与式治理得到广泛的重视。参与式治理是指与公共政策有利害关系的公民个人、组织和政府一起参与公共决策、分配资源、合作治理的过程。利益相关者对治理过程要全程参与,不仅参与决策过程,而且要参与执行过程。[13]参与式治理的重点在于突出“参与”,要求利益相关者广泛地参与到政治生活和政治决策中;参与式治理在行为态度上坚持平等对待,即各方在参与过程中都是平等的地位和平等的姿态;参与式治理强调社会公众不仅能够发出自己的声音,同时还能直接参与到决策过程,社会公众的权利在参与式治理中获得切实的保障。

参与式治理作为一个工具,使社会公众通过社会参与,增强政治效能感,从而提升社会责任意识。也就是说,参与式治理被看成是民主理论和治理理论的结合,强调社会公众对公共事务决策和执行过程的直接参与,以赋权、参与、协作和网络为特征,是一种新型的既有“治理”的绩效、又有“参与”的民主的治理模式,是有效性和合法性的结合。[14]

在我国公共管理改革实践中，社会转型所带来的社会结构的变迁、权利时代公众主体意识的觉醒、现代社会对公共生活的“公共性”吁求，从自上而下和自下而上两个方面推动了社会公众参与公共事务的兴起，进而带来了丰富多样的公共事务治理的新实践。在公共管理未来发展中，要倡导以多元主体共同参与为核心的公共管理理念，在公共管理中更加重视社会公众的广泛参与，处理好公共管理秩序性要求与社会公众权利性要求之间的关系，提供多样化的利益表达渠道，确保公共管理决策执行的顺畅，落实和维护社会公众权益，注重社会力量和社会组织的嵌入，积极发挥公共管理主体的整合力量，实现公共管理的民主价值。

〔案例15〕上海陆家嘴智慧社区建设创新的实践

上海陆家嘴社区位于浦东新区陆家嘴金融贸易区的中心区域，面积约6.89平方公里，2014年底实有人口16万人，户籍人口11.87万人，外来人口近4万人；辖居民区31个，居民户数4.36万户。

陆家嘴社区区域内办公、购物、休闲、娱乐、观光资源优质、丰富，会展、旅游等现代服务业发达。整个陆家嘴地社区范围集聚有商务楼宇82幢，各类企事业单位8 500多家。东方明珠、金茂大厦、上海国际会议中心、上海国际新闻中心等临江而立，东方滨江大酒店、香格里拉、金茂凯悦等多家五星级涉外宾馆酒店坐落其中，以正大广场为核心的小陆家嘴商业中心和以新上海商业城为核心级商业中心圈，集金融、贸易、休闲、商务于一体吸引着来自四面八方的宾客。陆家嘴社区已经成为浦东开发开放成果的重要标志性区域。

（一）陆家嘴智慧社区建设的逻辑框架

智慧社区建设是把社区建设与发展，社区中人的成长与发展作为一个整体来分析，围绕幸福生活、个体和群体发展，使各方面之间相互联系、相互制约，使社区总体建设中的各个部分相互协调配合，服从整体优化要求。陆家嘴智慧社区建设的目的是通过样本实验，探索新型的社会保障、社会动员、社会创新的途径，在现有社会资源总量的基础上形成新型社会的调控形式。因此,陆家嘴智慧社区建设是围绕城市社区有效运行和良性发展的综合设计,即围绕生活、学习、工作在社区中人的幸福生活、自身发展、社区生态发展而建设。所有项目必然有机组合、生态化组合,所有信息化应用必然使各部门的工作有机相融,从而促进区域整体工作有序推进,造福民生。因此,陆家嘴社区整合社区建设和发展的各项要素,提出构建智慧社区建设的逻辑框架(参见图 10.2)。

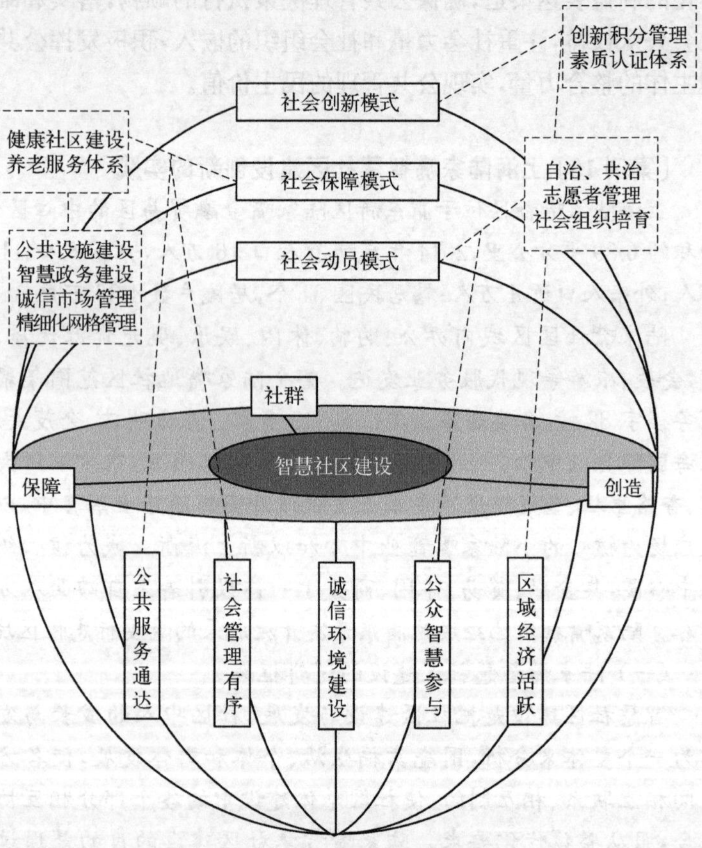

图 10.2 智慧社区建设逻辑框架

按照陆家嘴智慧社区建设逻辑框架，陆家嘴社区形成了由建设理念、建设目标、建设途径、建设要素、建设支撑等五个部分构成的智慧社区建设脉络图（参见图10.3）。

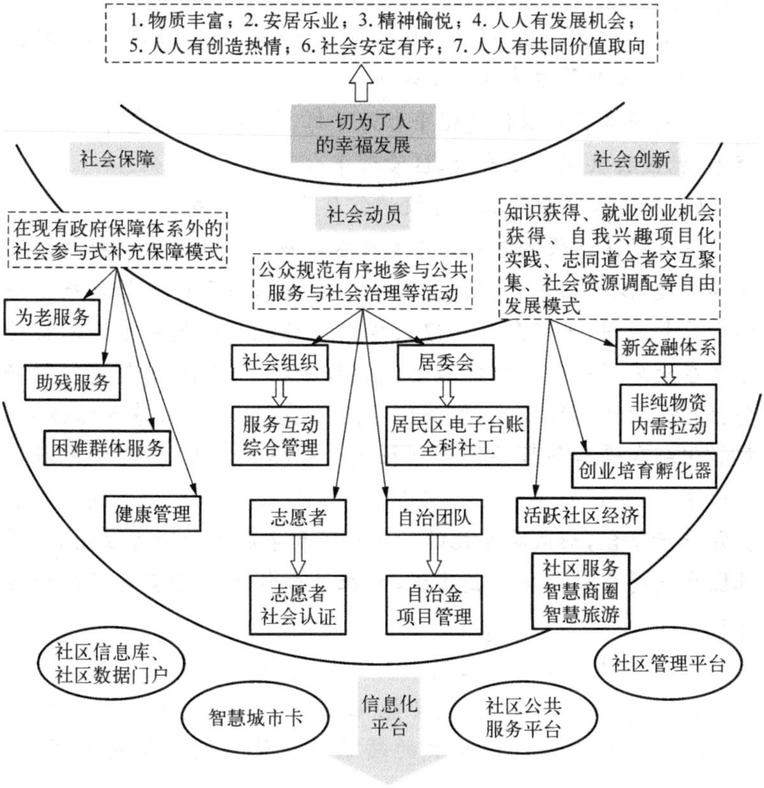

图10.3　陆家嘴智慧社区建设脉络

1. 建设理念：一切为了人的幸福发展，一切为了人的发展。

2. 建设目标：社会安定有序、物质丰富、安居乐业、精神愉悦、人人有发展机会、人人有创造热情、人人有共同价值取向。

3. 建设途径：社会保障（政府保障体系＋社会参与式补充保

障)、社会动员(公众规范有序地参与公共服务与社会治理等活动)、社会创新(知识获得,就业创业机会获得、自我兴趣项目化实践,志同道合者交互聚集,社会资源调配等的自由发展模式)。

4. 建设要素:服务供给、运作项目、社会组织、自治组织、社区经济、创新创业等要素的归类聚拢。

5. 建设支撑:以信息化平台为支撑,包括社区信息库、智慧城市卡、社区公共服务平台、社区管理平台等。

(二) 陆家嘴智慧社区建设的信息化平台构成

智慧社区建设的基础是信息技术的应用。随着大数据技术的异军突起,以移动化、集成化、智能化为特征的新一代信息技术得到普及和应用,为智慧社区建设提供了可能。智慧社区概念就是建立在应用新一代信息技术集成的基础之上,为社区居民提供安全、舒适、便捷的现代化、智慧化生活环境,进而形成基于信息化、智能化社会管理与服务的新型社区管理模式。因此,在智慧社区的框架下,要创新共享化的信息平台和载体,把社区分散的信息和资源进行整合,形成共享化的信息利用和集成化的服务供给,促进社区居民对公共利益达成共识,为社区合作治理培育充足的社会资本。

陆家嘴社区在对社区建设和发展的各种要素进行梳理的基础上,根据移动化、集成化、智能化的新一代信息技术发展的趋势,设计了由10个层次构成的陆家嘴智慧社区建设架构图(参见图10.4)。

陆家嘴智慧社区建设架构图把社区日常运行和管理的事务分为两个大类:公共服务和政务管理。从上到下分为10个层次:用户层、显示层、识别层、应用层、数据支持层、应用支持层、信息资源层、信息采集层、基础设施层、运维保障层。

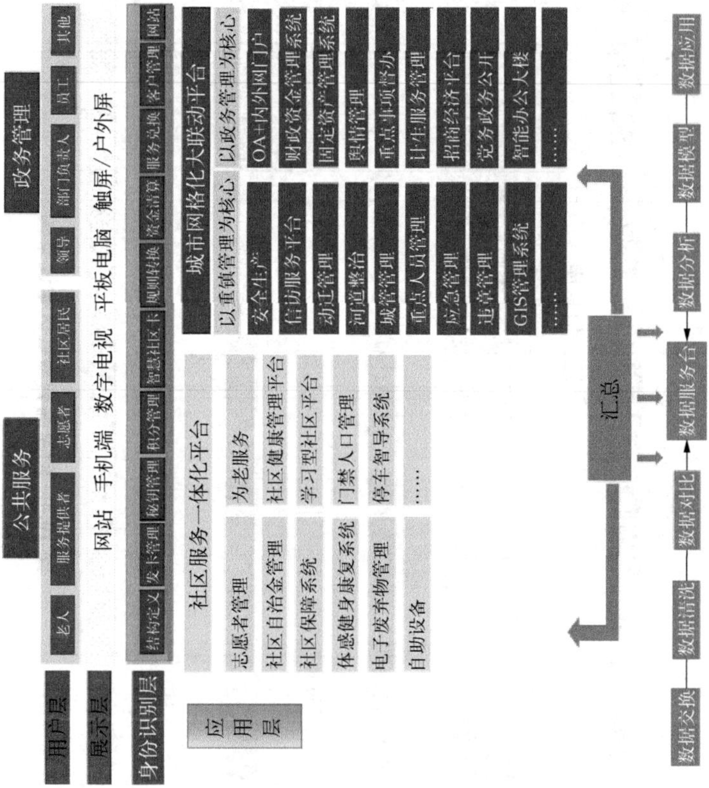
用户层
展示层
身份识别层
应用层
公共服务
老人
服务提供者
志愿者
社区居民
政务管理
领导
部门负责人
员工
其他
网站　手机端　数字电视　平板电脑　触屏 / 户外屏
结构定义
发卡管理
秘钥管理
积分管理
智慧社区卡
规则转换
资金清算
服务兑换
客户管理
网站
社区服务一体化平台
志愿者管理
为老服务
社区自治金管理
社区健康管理平台
社区保障系统
学习型社区平台
体感健身康复系统
门禁人口管理
电子废弃物管理
停车智导系统
自助设备
……
城市网格化大联动平台
以重镇管理为核心
以政务管理为核心
安全生产
OA+内外网门户
信访服务平台
财政资金管理系统
动迁管理
固定资产管理系统
河道整治
舆情管理
城管管理
重点事项督办
重点人员管理
计生服务管理
应急管理
招商经济平台
违章管理
党务政务公开
GIS管理系统
智能办公大楼
……
……
汇总
数据服务台
数据交换
数据清洗
数据对比
数据分析
数据模型
数据应用

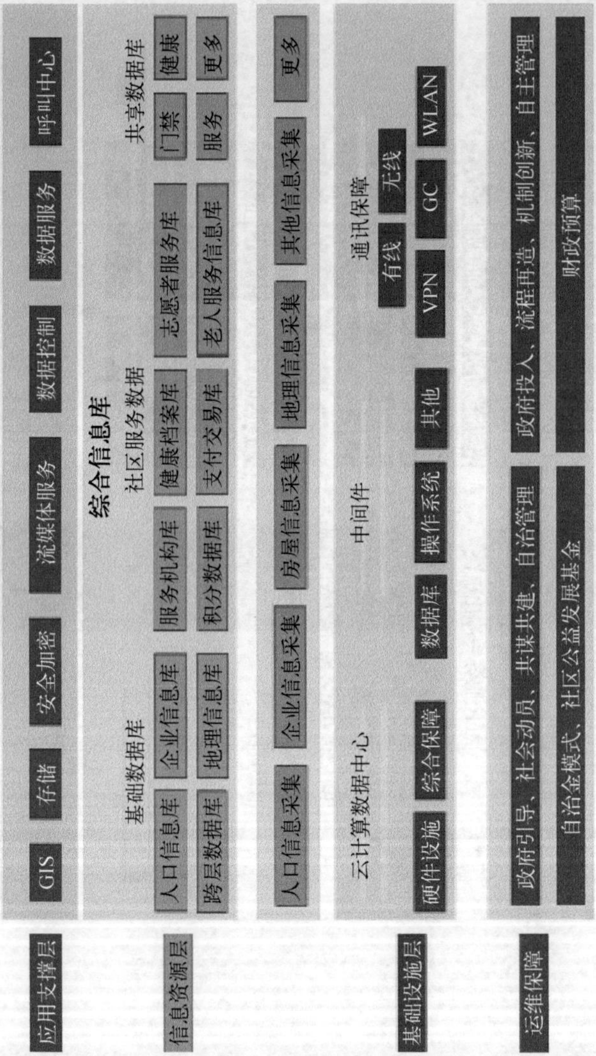

图 10.4　陆家嘴智慧社区建设架构

在陆家嘴智慧社区建设总体架构的基础上，设计了4个并联的功能平台(模块)，包括：智慧社区信息库(参见图10.5)、智慧社区管理平台(参见图10.6)、智慧社区服务平台(参见图10.7)和智慧城市卡(参见图10.8)，既保证智慧社区整体功能的实现，又保障不同功能模块的独立运行，做到总体设计、渐进建设、上下衔接、灵动延展。

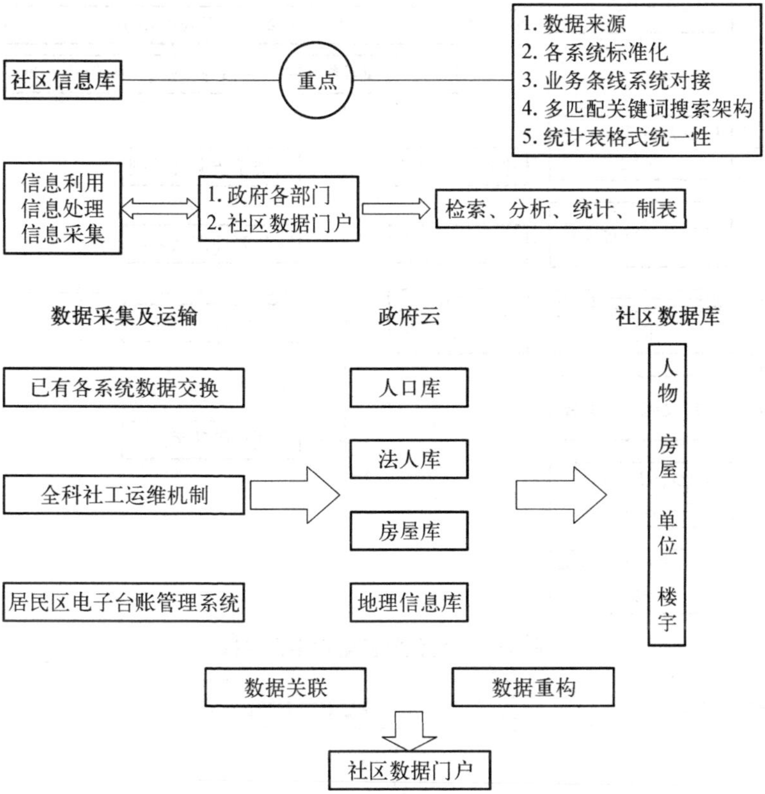

图10.5　智慧社区信息库结构

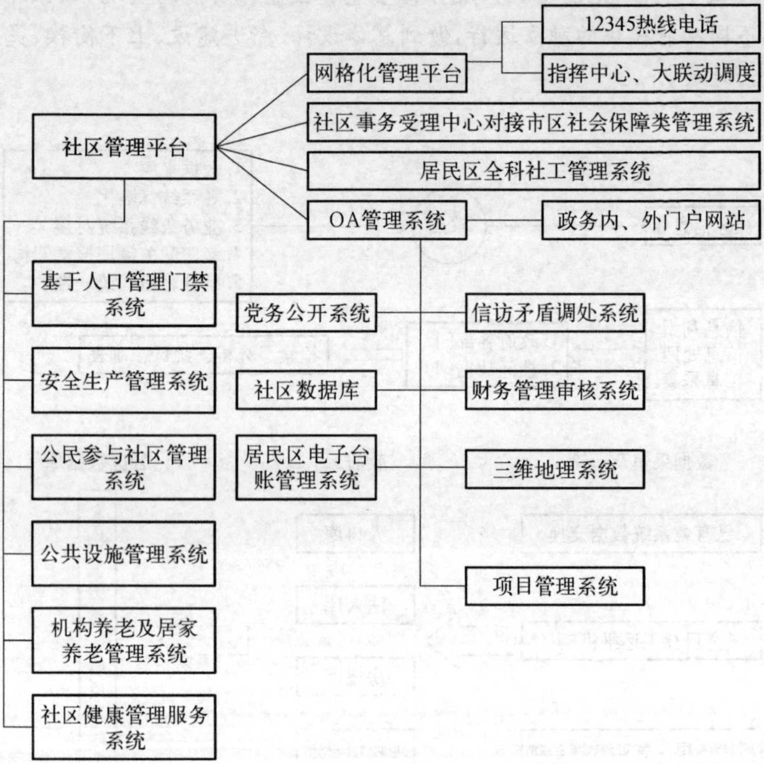

图 10.6 智慧社区管理平台结构

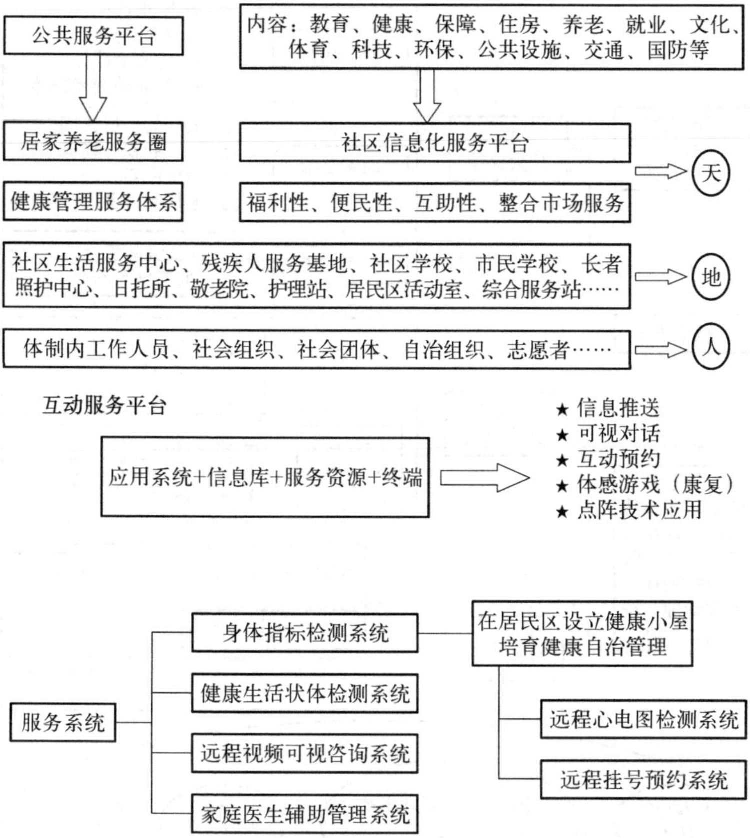

图 10.7　智慧社区服务平台结构

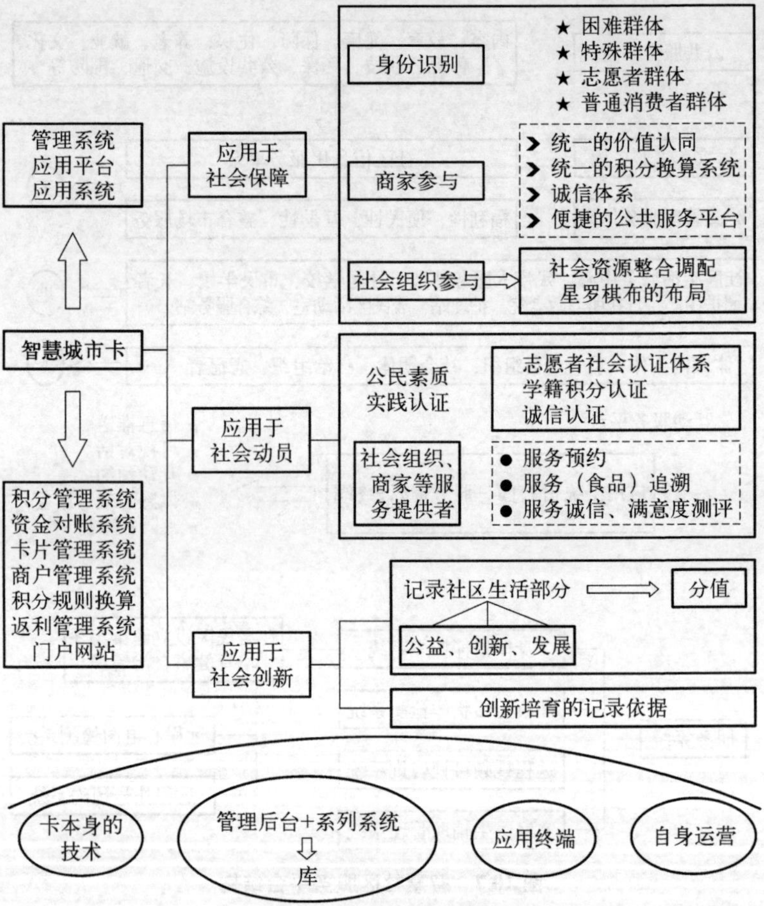

图 10.8　智慧城市卡结构

案例资料来源：2016—2017年陆家嘴智慧社区建设白皮书。

案例思考题：

(1) 陆家嘴社区为什么要花大力推进实现智慧社区建设的目标？

(2) 智慧社区建设中信息技术的发展和应用是如何改变社区治理模式的？

(3) 在推进智慧社区建设过程中政府是如何发挥作用的？

重要概念

1. 虚拟政府(virtual government)
2. 电子政府(electronic government)
3. 移动政务(mobile government)
4. 智慧政府(smart government)
5. 公共管理机构再造(public authority reinvent)
6. 组织结构扁平化(horizontal organization)
7. 政府业务流程再造(business process reengineering)
8. 政务公开(make government affairs public)

提示问题

1. 政务公开的含义是什么？
2. 电子政府有哪些主要的应用领域？
3. 为什么说信息技术发展为公共管理变革提供了新的契机？
4. 为什么说电子政府的建设有利于推动政治民主的发展？
5. 如何理解"网联网＋"正在重塑和重构当代社会？
6. 智慧政府和智慧管理将给公共管理未来发展带来哪些方面的重大变化？
7. 我国要从哪些方面加快改革步伐以适应信息技术发展推动下公共管理的持续创新？

章节文献

[1] 贾英健.当代技术革命与人类生存方式的变革——虚拟生存的出场逻辑及其对现实生存的虚拟性超越.中共浙江省委党校学报，2010(1).

[2] 周宏仁.信息化论.北京：人民出版社,2008.
[3] 谭海波,蔡立辉.基于电子政务的政府业务流程再造与实施.电子政务,2009(6).
[4] 陈振明.政府再造——西方新公共管理运动述评.北京：中国人民大学出版社,2003.
[5] 简·E·芳汀.构建虚拟政府.北京：中国人民大学出版社,2004.
[6] 张乾友.组织理论视野中的虚拟政府.学海,2015(2).
[7] 王颖.电子政府：中国政府改革的新取向.南京社会科学,1999(9).
[8] 张鹏翥.电子政务.北京：电子工业出版社,2011.
[9] 王海豹.移动电子政务发展问题分析及对策研究.电子政务,2011.
[10] 张锐昕.电子政府概念的演进：从虚拟政府到智慧政府.上海行政学院学报,2016(6).
[11] 罗荣渠.现代化新论.北京：北京大学出版社,1993.
[12] [美]塞缪尔·P·亨廷顿.变化社会中的政治秩序.北京：华夏出版社,1989.
[13] 陈剩勇,赵光勇.参与者治理研究述评.教学与研究,2009(8).
[14] 赵光勇.政府改革：制度创新与参与式治理——地方政府治道变革的杭州经验研究.杭州：浙江大学出版社,2013.

后　记

闲云潭影日悠悠，物换星移几度秋。当《公共管理学》第三版修订成稿时，距离本人 1997 年出版《公共管理导论》已不知不觉过去了整整 20 年。

在 20 世纪 90 年代中期，本人和华东理工大学的同事们观察到新公共管理改革运动的全球趋势，提出在行政管理专业建设中融入公共管理新内核的设想。本人与志同道合者合作出版了《公共管理导论》(张良、何云峰、郑卒编著，上海三联书店 1997 年 9 月版)，这是我国最早出版的公共管理学教材之一。此后，我国公共管理的实践探索和理论探讨日新月异，至今已是蔚为大观，在公共管理学的研究对象、学科性质、领域范围、发展方向等重大问题上形成了广泛的共识。

在本人看来，我国公共管理学的发展是一个“引—分—合”互动的过程。在 20 世纪 90 年代初，主要是“引入”国际上逐渐兴起的公共管理学，所做的工作是介绍和传播公共管理学的理论和方法，本人 1997 年出版的《公共管理导论》即属于这一情况。但是，公共管理学理论和方法在引入我国落地的过程中，却面对着传统计划经济模式下形成的管控型行政的巨大屏障，因此，公共管理学理论和方法的落地化首先就是要打破传统的行政管控体制的约束，“分离”出公共管理的专属元素，应该说，这是近二十多年我国公共管理学研究的重点内容。目前，我国公共管理学界对于公共管理达成的重要共识可以概括为两个“公共”四个“多”。两个“公共”是指：公共管理的对象是具有“公共性”的存在状态；公共管理的价值是“公共利益”的充分实现。四个“多”是指：公共管理目标的多重性、公共管理主体的多元性、公共管理手段的多样性、公共管理评价的多维性。本人 2001 年出版的《公共管理学》、2005 年出版的《公共管理学》第二版，以及《公共管理学》第三版就是上述研究成果的体现和反映。

近年来，在我国公共管理学界有越来越多的学者把研究重点集中到公共管理的“整合性”研究上，试图对“分离”出来的公共管理元素进行整合架构，通过不同的路径探索构建“本土化”语境下公共管理学的整体体系。在《公共管理学》第三版中，本人也对这一新的研究趋势做了介绍。在社会转型不断深刻、信息化智慧化迅速发展、融入全球体系多向性加重的大时代，“本土化”语境下公共管理学的整合性发展已是大势所趋。

在《公共管理学》第三版修订过程中，王寅申、刘蓉、时静、李玲、贺依鹏等研究生在案例编写、资料收集、文字核对、制表绘图等方面付出了辛勤的劳动。在《公共管理学》各版的编写和修订中，吸收了我国公共管理学界新的研究成果，虽然尽力做了说明和注释，但难免会有“遗珠”，在此向有关作者表示诚挚地感谢。同时，也对多年来使用本教材的全国众多高校的同行表示感谢。

春江潮水连海平，海上明月共潮生。期盼公共管理学的未来发展能生成情景交融的更美好图画。

张　良

2017 年 10 月于华东理工大学徐汇校区